D1986095

Christian Haasz

Digitale Fotoschule

Basiswissen

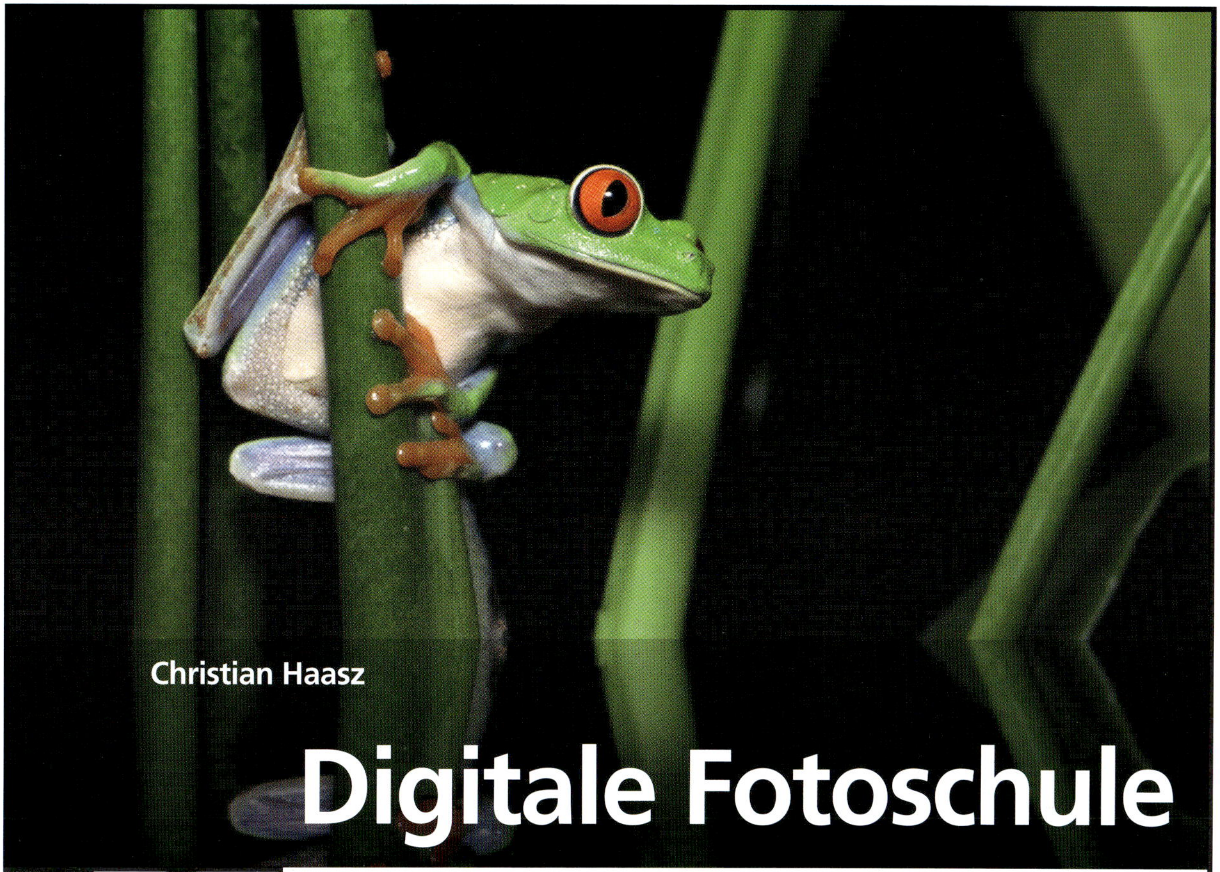

Christian Haasz

Digitale Fotoschule

Basiswissen

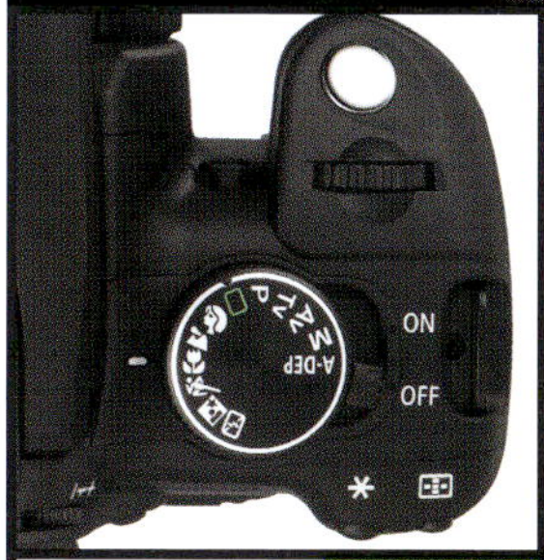

Mit 149 Abbildungen

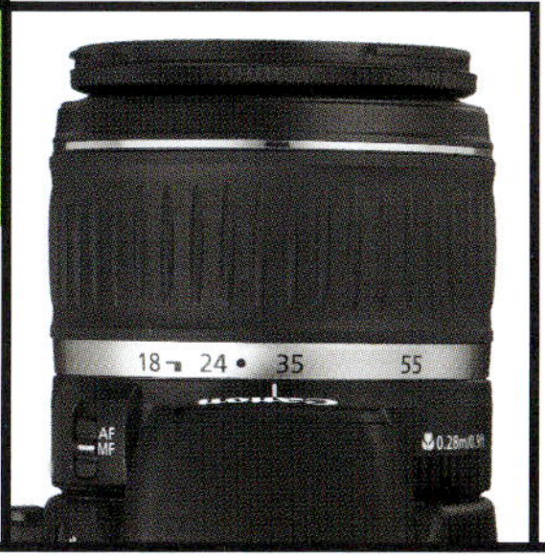

FRANZIS

Bibliografische Information der Deutschen Bibliothek
Die Deutsche Bibliothek verzeichnet diese Publikation in der Deutschen Nationalbibliografie; detaillierte Daten sind im Internet über **http://dnb.ddb.de** abrufbar.

Wichtiger Hinweis

Alle Angaben in diesem Buch wurden vom Autor mit größter Sorgfalt erarbeitet bzw. zusammengestellt und unter Einschaltung wirksamer Kontrollmaßnahmen reproduziert. Trotzdem sind Fehler nicht ganz auszuschließen. Der Verlag und der Autor sehen sich deshalb gezwungen, darauf hinzuweisen, dass sie weder eine Garantie noch die juristische Verantwortung oder irgendeine Haftung für Folgen, die auf fehlerhafte Angaben zurückgehen, übernehmen können. Für die Mitteilung etwaiger Fehler sind Verlag und Autor jederzeit dankbar.
Internetadressen oder Versionsnummern stellen den bei Redaktionsschluss verfügbaren Informationsstand dar. Verlag und Autor übernehmen keinerlei Verantwortung oder Haftung für Veränderungen, die sich aus nicht von ihnen zu vertretenden Umständen ergeben.
Evtl. beigefügte oder zum Download angebotene Dateien und Informationen dienen ausschließlich der nicht gewerblichen Nutzung. Eine gewerbliche Nutzung ist nur mit Zustimmung des Lizenzinhabers möglich.

Satz: Wissen Digital
art & design: www.ideehoch2.de
Druck: L.E.G.O. S.p.A., Vicenza (Italia)
Printed in Italy

Erinnerungen mit Wert

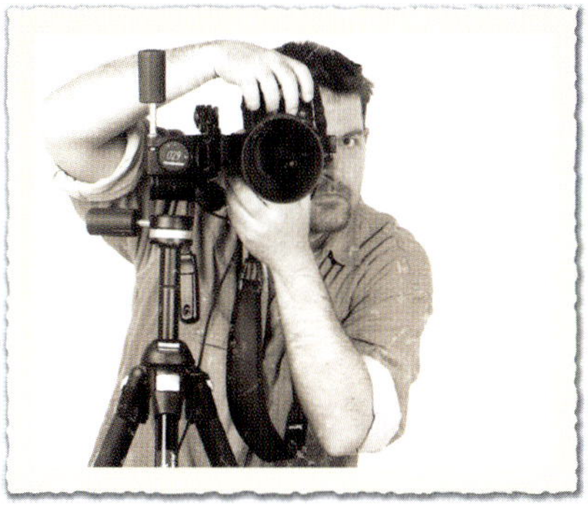

Sie wollen mit Ihrer Digitalkamera mehr als nur knipsen? Dann sind Sie hier genau richtig. Sie haben 160 Seiten voll mit handfesten Informationen zu zwölf klassischen Themen der Fotografie vor sich liegen.

Sie haben sich noch nie Gedanken über die Bildgestaltung gemacht? Höchste Zeit! Im ersten Kapitel ab Seite 8 erfahren Sie, wie Sie Ihren Blick für Motive und Gestaltung schärfen.

Lust auf Makro- und Nahaufnahmen? Blättern Sie zu Seite 36, dort lernen Sie alle wichtigen Grundlagen kennen, um Libellen oder Rosenblüten toll in Szene zu setzen. Oder spielen Sie gerade mit dem Gedanken, sich ein kleines Heimstudio einzurichten? Ab Seite 74 steht, wie Sie mit Kunstlicht fotografieren und welche Ausrüstung unbedingt in ein Heimstudio sollte.

Egal, ob Ihre Lieblingsmotive Ihre Kinder (ab Seite 63), Heim- und Wildtiere (ab Seite 49), die freie Natur (ab Seite 136) oder Bauwerke (ab Seite 100) sind – in diesem Ratgeber für den angehenden Fotoenthusiasten steht, wie Sie das Knipsen hinter sich lassen und Fotos machen, die in Erinnerung bleiben. Denn schließlich geht es beim Fotografieren doch meistens genau darum – bleibende Eindrücke festzuhalten, an denen man sich auch in vielen Jahren noch erfreut.

In diesem Sinne wünsche ich Ihnen viel Freude am kreativen Schaffen ganz persönlicher und wertvoller Erinnerungen.

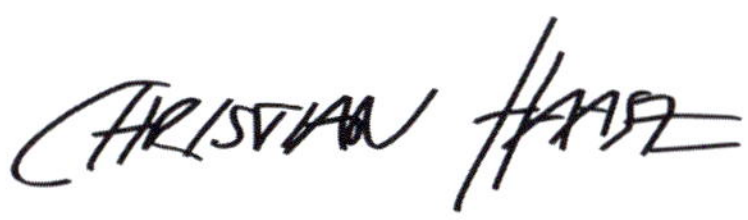

Inhaltsverzeichnis

Einstieg in die Digitalfotografie

Eine gute Fotoschule spricht nicht nur diejenigen Menschen an, die schon länger fotografieren und sich mit der Technik bereits auskennen. Sie gibt auch denen, die sich gerade ihre erste Kamera gekauft haben, einen vernünftigen Einstieg in die Technologie. Vernünftig bedeutet, dass der Fotoratgeber fundiertes Basiswissen schafft, sich dabei aber nicht in unnötigen Tiefen der Theorie verliert. Auf den folgenden Seiten werden die wichtigsten Grundlagen zur digitalen Fotografie angesprochen und, wo es notwendig ist, auch mal ein Blick in die Tiefe geworfen.

Digitalkameras bieten ein enormes Maß an Flexibilität. Sie können z. B. mit ein paar Knopfdrükken auf verschiedene Empfindlichkeiten (ISO) umstellen, um unterschiedlichen Beleuchtungssituationen gewachsen zu sein. Mit einer analogen Kamera haben Sie sich beim Einlegen des Films auf eine Empfindlichkeit z. B. von ISO 200 festgelegt. Kommen Sie in eine Situation mit wenig Licht, würden Sie für unverwackelte Fotos eigentlich Filme höherer Empfindlichkeit von ISO 800 oder noch mehr benötigen. Mit einer Digitalkamera kein Problem, der ISO-Wert wird einfach im Einstellmenü der Kamera erhöht, und Sie können trotz des wenigen Lichts scharfe Fotos machen. Allerdings gelten hier einige Einschränkungen in Bezug auf die Bildqualität, da höhere Empfindlichkeit zu mehr Bildrauschen führt. Mehr zu diesem Thema lesen Sie weiter hinten.

Ein weiteres Beispiel für die neu gewonnene Freiheit mit der Digitalkamera: Die Anzahl der Fotos, die auf eine Speicherkarte passen, kann je nach Kartengröße enorm sein. Bei einer angenommenen Bilddateigröße von 3 MB (Megabyte) – ein realistischer Wert, wenn die Kameraeinstellung für die Bildqualität auf „hoch“ steht – passen auf eine Speicherkarte mit einer Kapazität von 512 MB rund 170 Fotos. Mittlerweile gibt es sogar Speicherkarten mit bis zu 4 GB (Gigabyte). So eine Karte hätte unter oben genannten Bedingungen Platz für rund 1300 (!) Bilder. Die große Anzahl an möglichen Aufnahmen und flexible ISO-Einstellungen sind

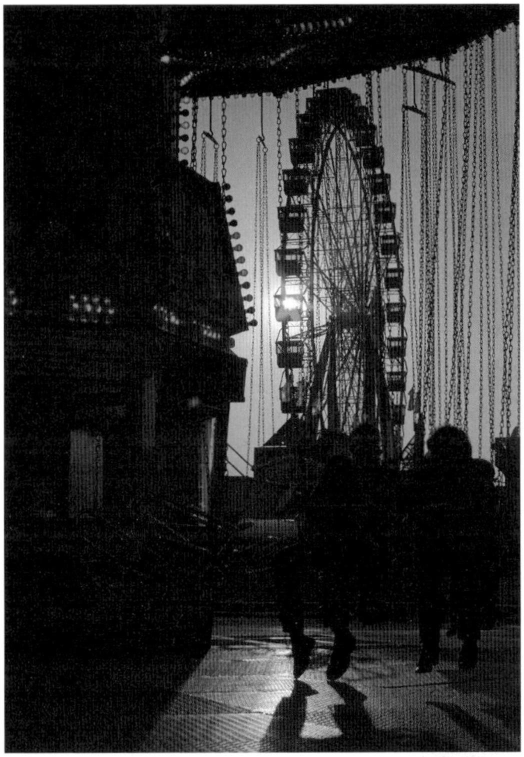

Gegenlichtsituationen sind für jede Kamera und jeden Fotografen eine Herausforderung. Mit einer Digitalkamera, deren Belichtungseinstellungen sich manuell verändern lassen, sind auch so schwierige Motive kein Problem mehr. Einfach eine Aufnahme machen, das Ergebnis auf dem Display kontrollieren und zur Not mit anderer Blende oder Verschlusszeit wiederholen, bis der gewünschte Effekt erzielt wird.

jedoch nur zwei der vielen Vorteile, die die digitale gegenüber der analogen Fotografie hat.

Warum digital besser ist

Alles, was man mit der analogen Kamera aufnehmen kann, lässt sich auch mit der Digitalkamera festhalten. Ob das Schnappschüsse, Porträts, Landschaften, Gebäude oder Stillleben sind – Sie sehen durch den Sucher der Kamera, legen den Bildausschnitt fest und drücken nach der manuellen oder automatischen Einstellung von Belichtung und Fokus ab. Welchen ästhetischen Wert ein Foto erreicht, entscheidet allein Ihr Blick für die Gestaltung eines interessanten Motivs, und nicht, ob es analog oder digital aufgenommen wurde. Die von Digitalkameras erzeugte Bildqualität hat heute ein

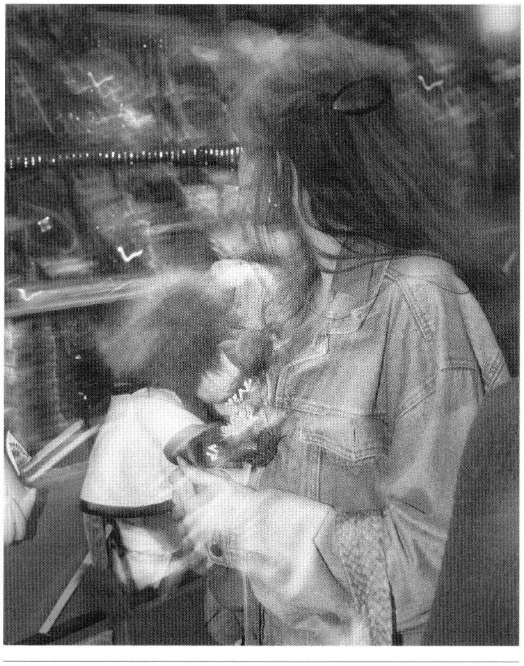

Mit einer Digitalkamera kann man völlig sorglos in jeder Situation einfach drauflos fotografieren. Auch Experimente wie hier die Kombination aus Blitzlicht und langer Verschlusszeit sind kein Problem mehr, da misslungene Aufnahmen sofort gelöscht und wiederholt werden können.

Niveau erreicht, welche der der analogen Kleinbildfotografie praktisch nicht mehr nachsteht.

Sofortige Bildkontrolle

Mit der größte Unterschied zwischen analog und digital dürfte in der sofortigen Überprüfbarkeit einer Aufnahme liegen. Ähnlich wie die altbekannten Sofortbild-Polaroids funktioniert eine Digitalkamera – abdrücken, Kameradisplay einschalten, Bild beurteilen. Zur schnellen Motiv- und Belichtungskontrolle gibt es nichts Besseres als eine Digitalkamera, auf deren Display das eine Sekunde zuvor geschossene Foto mit sämtlichen relevanten Informationen zur Belichtung (Blende, Verschlusszeit, Empfindlichkeit etc.) erscheint. Viele Kameras blenden zu den Belichtungswerten sogar noch ein so genanntes Histogramm – ein Balkendiagramm zur Beurteilung der Tonwertverteilung – ein. So kann man auf den ersten Blick erkennen, ob ein Bild aus technischer Sicht korrekt belichtet ist oder man die Aufnahme mit anderen Belichtungswerten wiederholen muss.

Handhabung von Digitalkameras

Haben Sie bisher mit einer analogen Kamera fotografiert, müssen Sie sie sich in Bezug auf die Bedienung einer Digitalkamera ein wenig umstellen. Eine Digicam besitzt zu den aus der analogen Fotografie bekannten Anschlüssen und Bedienelementen je nach Modell zusätzliche Buchsen, Knöpfe und Räder, mit denen Sie sich zunächst vertraut machen müssen.

Jede Digitalkamera benötigt elektrischen Strom, den sie üblicherweise aus einer austauschbaren und wieder aufladbaren Energiezelle (Akku) bezieht. Im Lieferumfang der Kamera ist entweder ein Ladegerät, oder der leere Akku muss geladen werden, während er in der Kamera steckt. In dem Fall besitzt die Kamera einen Anschluss für ein Netzgerät. Der Nachteil: Solange die Kamera mit dem Netzteil verbunden ist, ist sie praktisch nicht einzusetzen. Mit Ladegerät und Zweitakku können Sie flexibler fotografieren.

Damit Sie Ihre Fotos zum Computer übertragen können, verfügt eine Digitalkamera über eine spezielle Datenschnittstelle. Zurzeit – und vermutlich auch noch einige Jahre – ist hier der USB-Anschluss (Universal Serial Bus) in der Version 2.0 der Standard. Die aktuellen Versionen des Betriebssystems Windows erkennen ein neues Gerät, das an einen USB-Port des Rechners angeschlossen wird, automatisch. Die Inbetriebnahme ist auch für unerfahrene Computernutzer völlig unproblematisch.

Jede gute Digicam bietet verschiedene Aufnahmeprogramme. Einfachere Modelle haben neben der Vollautomatik, bei der die Kamera sämtliche Aufnahmefaktoren automatisch regelt, zumindest Einstellungen für Nah- und Weitwinkelfotografien. Je besser das Kameramodell, desto mehr Programme für fotografische Standardsituationen können Sie nutzen. Zu Einstellungen für Nah- und Landschaftsmotive kommen Programme für

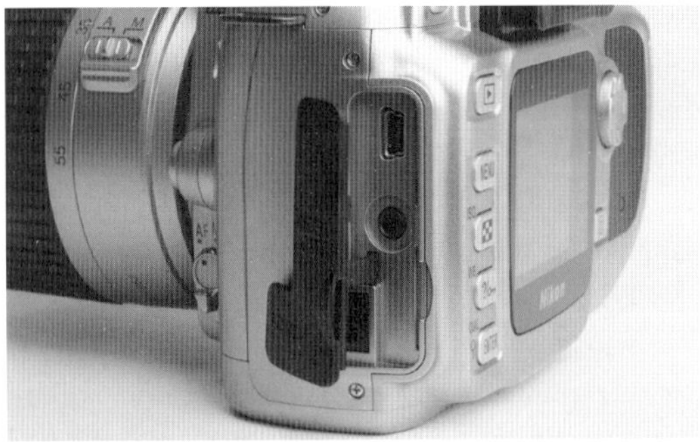

Hinter der Gummiabdeckung verbergen sich die Anschlüsse einer Nikon D50. Ganz oben befindet sich der USB-Anschluss für die Verbindung zum Computer.

Sport-, Nacht- und Porträtaufnahmen. Für maximale Kontrolle über die Belichtung gibt es noch die Zeitautomatik (Bezeichnung auf dem Wahlrad: A, Av), die Blendenautomatik (Bezeichnung auf dem Wahlrad: T, Tv) und eine Einstellung für die freie Auswahl von Belichtungszeit und Blende (Bezeichnung auf dem Wahlrad: M).

Zentrale Kontrollstelle: Display

Displays auf der Rückseite sind das zentrale Bedien- und Kontrollelement praktisch aller digitalen Kompaktkameras. Hier werden die Menüs mit sämtlichen Kameraeinstellungen z.B. zur Bildqualität, Empfindlichkeit, Aufnahmeprogramm und Belichtungswerten angezeigt. Außerdem können Sie beim Fotografieren das Motiv begutachten (bei digitalen Spiegelreflexkameras nur in Ausnahmen), ohne durch den kleinen Sucher oben an der Kamera blikken zu müssen. Manche Digitalkameras verzichten sogar ganz auf einen optischen oder elektronischen Sucher, die Kontrolle von Bildausschnitt und Gestaltung erfolgt ausschließlich über den Monitor.

Zwar ist ein Monitor auf der Rückseite einer Digitalkamera äußerst bequem und verschafft, wenn der Monitor ausgeklappt wird, Perspektiven, die mit einer Sucherkamera nicht möglich währen. Nachteil ist jedoch der große Energiehunger. Nicht umsonst können Displays bei Kameras, die einen zusätzlichen Sucher haben, abgeschaltet werden. Mit jeder neuen Kamerageneration nimmt der Energiebedarf von Displays ab; auch die erhöhte Lebensdauer von Akkus trägt dazu bei, dass man oft und ausgiebig mit eingeschaltetem Monitor arbeiten kann. Zeigt Ihre Kamera aber an, dass die Energie zur Neige geht, sollte die erste Maßnahme darin bestehen, das Display abzuschalten und nur noch mit dem Sucher zu fotografieren.

Zweiter Nachteil von Displays: Sie sind stark abhängig vom Umgebungslicht. Je mehr Licht auf den Monitor fällt, desto schlechter ist die Darstellung. Wenn Sie oft im Freien in der Sonne fotografieren, sollten Sie sich im Zubehörhandel nach einem Lichtschacht erkundigen. Diese kleinen Kästen werden hinten an die Kamera geklebt, um das Display abzudunkeln.

Grundeinstellungen festlegen

Hatten Sie Ihre Kamera bisher noch nicht in Betrieb, sollten sie zunächst einige Grundeinstellungen im Kameramenü vornehmen, die mit den eigentlichen Aufnahmen noch nichts zu tun haben. Sie können z.B. die Helligkeit des Displays festlegen, sollten auf jeden Fall Datum und Uhrzeit korrekt einstellen und die richtige Menüsprache auswählen. Außerdem lässt sich eine Zeitspanne definieren, nach der die Kamera in den Standby-Modus gesetzt wird, und die Fernsehnorm (in Mitteleuropa ist das PAL) für den Anschluss der Kamera an einen Fernseher angeben. All diese Voreinstellungen müssen sie nur einmal festlegen, die Kamera merkt sie sich auch in abgeschaltetem Zustand.

Je nach Kameramodell lassen sich mehr oder weniger viele Zusatzparameter an die eigenen Bedürfnisse anpassen, die auch direkten Einfluss auf Ihre Fotos haben. Einstellungen, die nicht in jeder Kamera verfügbar sind, betreffen z.B. den verwendeten Farbraum (sRGB ist die Standardeinstellung, AdobeRGB ist für professionelle Nacharbeit am PC gedacht) oder die Geschwindigkeit bei Serienaufnahmen. Weit verbreitet sind dagegen Einstellungen zu Blitztechniken wie Rote-Augen-Reduktion oder die Blitzsynchronisation auf den 1. oder 2. Verschlussvorhang. Immer auswählbar sind die Bildqualität und das Speicherformat für die Fotos. Gerade über die Qualitätsstufe sollten Sie sich vor den Aufnahmen ein paar Gedanken machen. Zwar passen mehr Fotos auf eine Speicherkarte, je niedriger die Bildqualität und höher die Datenkompression eingestellt ist. Für die Bildbearbeitung oder großformatige Ausdrucke haben Sie dann aber weniger Potential.

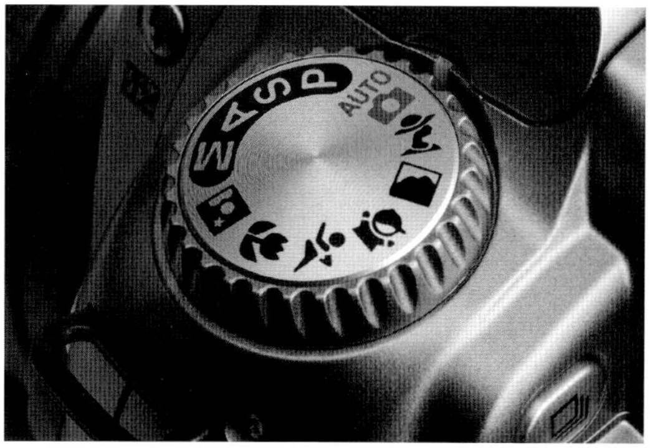

Mit dem Programmwahlrad lassen sich verschiedene Aufnahmeprogramme und Funktionen einer Digitalkamera aufrufen. Das hier abgebildete Wahlrad stammt von der digitalen Spiegelreflexkamera Nikon D50.

Wenn Sie zwischen verschiedenen Dateiformaten wählen können, ist das JPG-Format (beste Qualität) ein guter Kompromiss zwischen Dateigröße und Bildqualität. Zwar werden Bilder beim Speichern im JPG-Format komprimiert, wobei auf Pixelebene Qualitätsverluste entstehen; diese Einbußen werden jedoch erst sichtbar, wenn die Bilder extrem vergrößert ausgedruckt werden.

Sinnvolle Aufnahmeparameter

In einem der Einstellmenüs einer Digitalkamera können Sie schon vor der Aufnahme angeben, ob und wie stark ein Foto bereits beim Speichern nachgeschärft werden soll. In welchem Menüpunkt sich die Einstellung befindet, können Sie im Kamera-Handbuch nachlesen. Die Schärfung von Digitalfotos ist in gewissem Umfang notwendig, weil bei der Aufzeichnung einzelner Bildpunkte technisch bedingt leichte Unschärfen entstehen. Diese werden durch die Scharfzeichnung durch die Kamerasoftware ausgeglichen. Wenn Sie Ihre Fotos nicht am PC nachbearbeiten, sondern direkt z. B. mit einem Tintenstrahldrucker ausgeben, sollten Sie die Kamera so einstellen, dass die Bilder nachgeschärft werden. Die Standardeinstellungen der meisten Digitalkameras sind genau auf diesen Fall abgestimmt, so dass Sie hier nichts ändern müssen.

Möchten Sie Ihre Fotos dagegen noch am Computer korrigieren, stellen Sie die automatische Scharfzeichnung der Kamera am besten ab. Der Grund liegt darin, dass am Ende der Bildbearbeitung, also nach der Korrektur von Helligkeit, Kontrast, Farben, Bildgröße etc., immer die gezielte Scharfzeichnung stehen sollte, weil der Grad der Scharfzeichnung von der Ausgabegröße eines Fotos abhängt. Jedes Programm zur Bildbearbeitung hat einen Befehl, mit dem sich Fotos gezielt nachschärfen lassen. Außerdem sollten Digitalfotos jeweils nur ein einziges Mal künstlich geschärft werden, da sie sonst „pixelig" werden.

Weißabgleich – immer die richtige Farbe

Die Farbe des in einer Situation vorherrschenden Lichts kann Bilder mit kräftigen Farbstichen versehen. Kerzenlicht führt zu rotstichigen Fotos, das Licht mancher Straßenlaternen ist grün. Tageslicht ist bläulich, das künstliche Licht z. B. einer Glühbirne rötlich. Mit einer Digitalkamera kann der so genannte Weißabgleich genutzt werden, um farbneutrale Fotos zu erzeugen. Normalerweise wird der Weißabgleich von der Kamera automatisch vorgenommen. Das von einer Szene reflektierte Licht wird analysiert und die Aufnahmen werden je nach Qualität der automatischen Analyse farblich neutral wiedergegeben. Darüber hinaus gibt es für eindeutige Lichtsituationen mehrere Standardeinstellungen. Sie können Ihre Digitalkamera dann auf das Licht z. B. von Glühbirnen, der Mittagssonne oder bei bewölktem Himmel voreinstellen.

Für schwierige Mischlichtsituationen bieten viele Kameras noch eine dritte Möglichkeit, nämlich den manuellen Weißabgleich. Hierbei fotografiert man eine eigentlich farblich neutrale Stelle wie z. B. eine weiße Wand, grauen Asphalt oder eine so genannte Graukarte (gibt es im Fotofachhandel). Anhand dieses Referenzfotos erkennt die Kamera dann, was für einen Farbstich sie ausgleichen muss.Wenn Sie kreativ werden möchten, setzen Sie ruhig einmal ganz bewusst den falschen Weißabgleich ein. Stellen Sie z. B. bei einer Aufnahme bei hellem Tageslicht mit wolkenlosem Himmel den Weißabgleich auf Glühlampenlicht. Die Bilder werden dann knallig blau, was bei manchen Motiven wie z. B. Aktaufnahmen im Freien oder Architekturdetails sehr reizvoll sein kann.

Problem Bildrauschen

In der analogen Fotografie braucht man für wechselnde Lichtverhältnisse unterschiedliche Filme mit jeweils anderer Empfindlichkeit (ISO). Praktischerweise erübrigt sich dieser Aufwand in der Digitalfotografie, weil Sie den Sensor auf verschiedenen ISO-Stufen einstellen können. Meistens liegen die möglichen Werte zwischen ISO 100 und ISO 400. Je niedriger die Einstellung, desto besser die Bildqualität. Was so praktisch klingt, hat jedoch einen deutlichen Nachteil. Mit höheren ISO-Werten nimmt das so genannte Bildrauschen deutlich zu. Einfach ausgedrückt entsteht Bildrauschen, weil sich Sensoren bei der Aufnahme erwärmen. Je höher die Empfindlichkeit, desto höher der Strom, der am Sensor anliegt und ihn erwärmt. Das gleiche Problem stellt sich übrigens bei Langzeitbelichtungen, bei denen der Verschluss mehrere Sekunden lang geöffnet ist. Auch hier wird das Bildrauschen stärker, je länger der Sensor arbeitet.

In der Praxis zeigt sich, dass Empfindlichkeiten ab ISO 400 bei den wenigsten kompakten Digitalka-

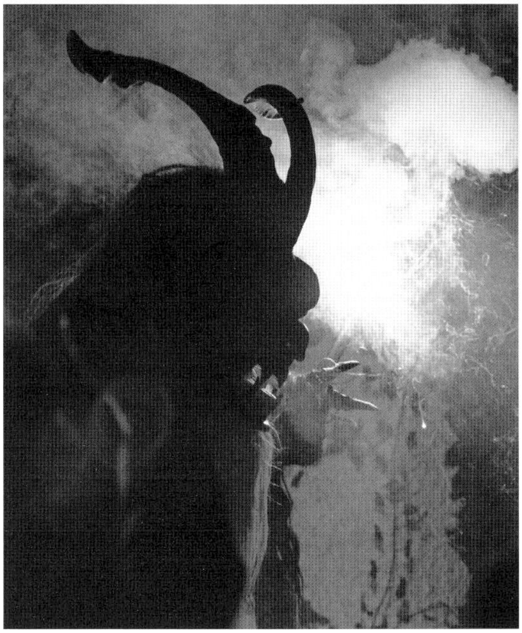

Diese Aufnahme entstand mit der Empfindlichkeit von ISO 1600, das Bildrauschen ist deutlich zu erkennen. Der Einsatz von Blitzlicht war nicht sinnvoll, weil die Gestalt einige Meter entfernt war und im Vordergrund stehende Menschen die Kamera bei der Ermittlung der korrekten Blitzstärke irritiert hätten.

meras noch zu wirklich guten Bildern führen. In Schnappschüssen, bei denen es ausschließlich aufs Motiv ankommt, mag das Rauschen nicht stören. Die Ästhetik bewusst gestalteter Fotografien leidet jedoch stark unter dem Phänomen. Besser als digitale Kompaktkameras in Bezug auf das Bildrauschen arbeiten digitale Spiegelreflexmodelle. Die hier eingesetzten Sensoren sind größer als die kleinen Chips von Kompakten – die Chip-Größe ist ein Faktor, der das Bildrauschen beeinflusst. Die neuesten Modelle von Canon, Nikon, Panasonic, Sony und Olympus liefern auch mit ISO 800 bis ISO 1600 noch Fotos, auf denen das Rauschen kaum wahrzunehmen ist. Allerdings hat diese Bildqualität ihren Preis, digitale Spiegelreflexkameras sind entsprechend teuer.

Viel mehr Schärfentiefe

Als Schärfentiefe bezeichnet man die Distanz vor und hinter derjenigen Entfernung im Bild, auf die scharf gestellt wurde. Die Schärfentiefe ist unter anderem abhängig von der eingestellten Brennweite. Je kleiner die Brennweite, desto ausgedehnter die Schärfentiefe. Digitale Kompaktkameras haben Sensoren, die im Vergleich zum Kleinbildformat viel kleiner sind. Um die gleiche Bildwirkung wie auf einem Kleinbildfoto zu erzielen und den gleichen Bildausschnitt zu erhalten, besitzen die in Digitalkameras eingebauten Objektive viel kleinere Brennweiten. Schauen Sie einmal in Ihrem Handbuch bei den technischen Daten nach. Dort wird der Brennweitenbereich Ihrer Kamera angegeben, dazu aber auch der zur Kleinbildfotografie äquivalente Wert. Die tatsächliche Brennweite ist weitaus geringer als das Kleinbildäquivalent, was dazu führt, dass mit einer Digitalkamera die Schärfentiefe viel ausgedehnter ist. Konkret: Fotografieren Sie von einem festen Standpunkt aus eine Szene mit der analogen und der digitalen Kompaktkamera, erfassen dabei jeweils den gleichen Bildausschnitt und fotografieren mit der gleichen Blende, zeigt die digitale Aufnahme mehr Schärfentiefe.

Dieser Effekt kann bei bestimmten Motiven wie z. B. Nahaufnahmen, bei denen es auf große Schärfentiefe ankommt, durchaus wünschenswert sein. Möchten Sie dagegen ein Motiv vom Hintergrund lösen, indem der Hintergrund in Unschärfe verschwindet, kann das mit einer Digitalkamera schwierig werden. Hier hilft nur, mit möglichst großer Blende (kleinem Blendenwert) und großer Brennweite bei geringer Motiventfernung zu arbeiten, wodurch die Schärfentiefe reduziert wird.

Technik der Digitalfotografie

Befasst man sich näher mit der Digitalfotografie und sucht allgemeine Informationen z. B. im Internet, wird man von technischen Details und Fachbegriffen förmlich erschlagen. Damit Sie sich nicht erst durch ein undurchdringliches Dickicht an wichtigen und unwichtigen Fakten kämpfen müssen, erhalten Sie auf den nächsten Seiten die wichtigsten Infos über die relativ junge Technologie, die für den erfolgreichen Um- und Einstieg in die Digitalfotografie nötig sind.

CCD und CMOS – wie funktionieren Sensoren

In der Digitalfotografie wird ein elektronisches Bauteil eingesetzt, welches das durch das Objektiv in die Kamera fallende Licht verarbeitet. Es gibt zwei grundsätzlich unterschiedliche Arten von optischen Sensoren, die für die gängigen Digitalkameras verwendet werden – den CCD-Sensor (Charged Coupled Device - ladungsgekoppeltes Halbleiterelement) und den CMOS-APS (Complementary Metal Oxide Semiconductor Active Pixel Sensor). Jeder der beiden optischen Sensortypen liefert ein von der auftreffenden Lichtmenge abhängiges elektrisches Signal als Grundlage für die Digitalisierung von Bildinformationen. Ein so genannter A/D-Wandler (Analog-Digital-Wandler) digitalisiert die elektrischen Impulse. CCD- und CMOS-Elemente in Digitalkameras sind Flächensensoren – beim Belichtungsvorgang wird in einem kurzen Augenblick eine rechteckige Fläche erfasst. CCD-Sensoren sind die mit Abstand am häufigsten in Digitalkameras eingesetzten Sensortypen. Das liegt unter anderem daran, weil CCDs in den Anfängen der Digitalfotografie deutlich bessere Bildqualität erbrachten. Heute sind die Unterschiede praktisch nicht mehr vorhanden, wie die Tatsache beweist, dass z. B. Canon oder Nikon in ihre digitalen Profi-Spiegelreflexkameras CMOS-Sensoren mit hervorragender Bildqualität einbaut.

Ein über- oder unterbelichtetes Digitalbild ist schwer oder überhaupt nicht zu retten. Der Vorteil digitaler Aufnahmetechnik gegenüber analogem Filmmaterial besteht jedoch darin, dass das Ergebnis sofort am Display der Kamera kontrolliert und die Aufnahme mit anderen Belichtungswerten wiederholt werden kann. Dazu muss Ihre Digitale natürlich den manuellen Eingriff in die Belichtung zulassen. Ähnlich wie bei analogen Kompaktkameras gibt es auch digitale Schnappschussmodelle, bei denen man Belichtung und Fokussierung nicht beeinflussen kann. Wer ein wenig bewusster fotografieren möchte, sollte sich beim Kamerakauf die Option manueller Belichtungskorrektur auf jeden Fall offen halten.

Was bedeutet „Auflösung"

Wenn man von der Auflösung einer Digitalkamera spricht, meint man damit die Anzahl an Pixeln, die der Sensor der Kamera aufnehmen und speichern kann. Was aber ist ein Pixel in einem Digitalfoto eigentlich? Ein Pixel oder Bildpunkt – Pixel setzt sich übrigens zusammen aus den englischen Begriffen ***picture*** und ***element*** – ist die kleinste Bildeinheit in der Digitalfotografie, sie hat einen bestimmten Helligkeits- bzw. Farbwert. Diese Werte und die Information zu seiner Lage im Bild definiert ein Pixel in einer so genannten Bitmap. Je höher die Auflösung eines Fotos ist, desto mehr Pixel hat es und desto mehr digitale Informationen stehen in der Bilddatei, die das Foto definiert.

Ein Bildpunkt in der computergestützten Welt der digitalen Bildverarbeitung ist rechteckig, in der Digitalfotografie üblicherweise quadratisch. Je höher die Auflösung eines Sensors bzw. der aufgenommenen Fotos, desto weniger werden einzelne Bildpunkte auf einem Ausdruck sichtbar. Ein extremes Beispiel zur Verdeutlichung: Hätte ein Foto die theoretische Auflösung von 600 Pixeln – moderne Kameras liefern 8 Millionen Pixel –, würde es aus 30 x 20 quadratischen und deutlich sichtbaren Bildpunkten zusammengesetzt (siehe Abbildung).

Damit ist klar: Je höher die Auflösung, desto weniger sichtbar die einzelnen Bildpunkte eines Fotos und desto mehr und feinere Details eines Motivs sind zu erkennen.

Allerdings sagt die Auflösung allein noch nichts darüber aus, welche Qualität Digitalfotos tatsächlich haben. Hier spielen viele Faktoren wie die Güte des Objektivs und des Sensors oder die interne Datenverarbeitung der Kamera mindestens ebenso große Rollen. Es kann also durchaus sein, dass eine Kamera mit vier Millionen Bildpunkten ebenso gute oder sogar bessere Bilder macht, als ein billiges 6-Megapixel-Modell, das man in einer Internet-Auktion ersteigert hat.

Auflösung bedeutet Zweierlei

Die Auflösung einer Digitalkamera wird in Megapixel (Millionen Pixel) angegeben. Der Wert besagt, wie viele einzelne Bildpunkte der Sensor einer Digitalkamera aufzeichnen kann. Zeichnet der Sensor z. B. 3000 x 2000 (6 Millionen) Pixel auf, hat die Kamera eine Auflösung von 6 Megapixeln.

Auch Monitore haben eine Auflösung, wobei diese nicht in Megapixeln, sondern in Bildpunkten pro Inch (ppi – pixel per inch) angegeben wird. Die Monitorauflösung beträgt je nach Modell bauartbedingt zwischen 72 und 96 ppi. Lassen Sie sich nicht dadurch verwirren, dass die Monitorauflösung in Fachzeitschriften oder Prospekten in der Einheit dpi (dots per inch) angegeben wird. Das

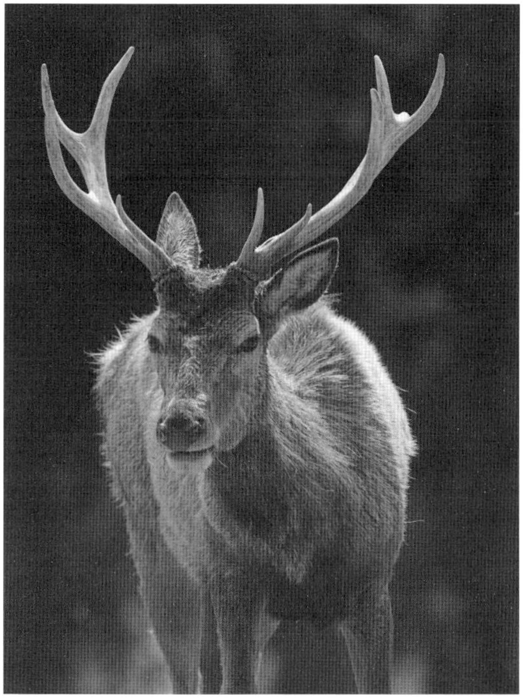

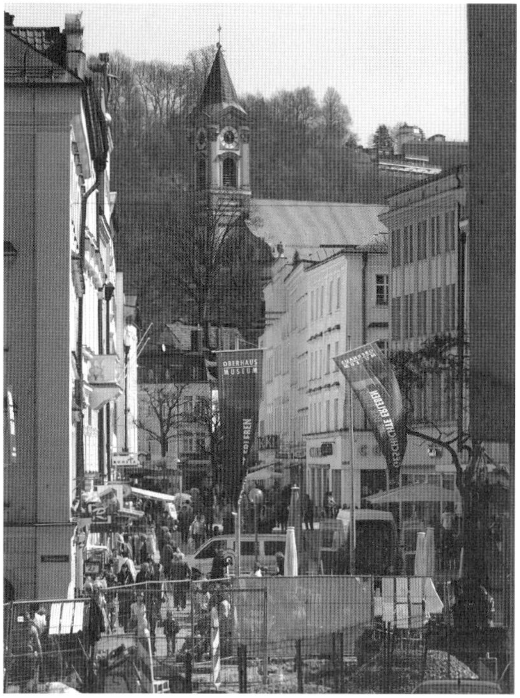

Die Stadtansicht zeigt, was große Schärfentiefe bedeutet: Die gesamte dargestellte Distanz ist praktisch gleichmäßig scharf abgebildet. Anders beim Porträt des Hirsches. Hier wurde mit großer Blendenöffnung (kleiner Blende) gearbeitet, um den Hintergrund in Unschärfe verschwimmen zu lassen. Die Schärfentiefe ist sehr gering.

ist genau genommen nicht ganz richtig. Denn die Maßeinheit dpi bezieht sich korrekterweise auf Drucker oder andere Geräte, die in irgendeiner Weise Punkte auf ein Medium setzen. Die Monitorauflösung wird außerdem auch in der Form Höhe x Breite (z. B. 1.024 x 768 Bildpunkte) ausgedrückt. Das bedeutet für die Praxis: Hat Ihr Monitor eine Auflösung von 1.280 x 1.024 Bildpunkten (1,3 Megapixel) und würden Sie für eine Aufnahme eine 1,3-Megapixel-Kamera verwenden, hat das Digitalfoto in Originalgröße exakt die Darstellungsfläche des Monitors. Das heißt, jeder von der Kamera produzierte Bildpunkt wird von einem Bildpunkt des Monitors dargestellt. Würden Sie Ihre Bilder ausschließlich am Monitor anzeigen, genügte also eine 1,3-Megapixel-Kamera. Warum Digitalkameras höhere Auflösungen haben, liegt in der Drucktechnik begründet.

Die Auflösung von Druckern wird in dpi (dots per inch – Druckpunkte pro Inch) angegeben. Der Wert besagt, wie viele Druckpunkte von einem Drucker erzeugt werden können. Manche Drukker wie z. B. Sublimationsdrucker arbeiten mit 300 dpi, setzen also 300 Farbpunkte auf der Strecke von einem Inch (2,54 cm). Diese Auflösung reicht aus, um Bilder in Fotoqualität zu drucken. Ein Pixel einer Digitalkamera entspricht hier einfach gesagt einem Druckpunkt. Am weitesten verbreitet ist jedoch der Tintenstrahldruck, der mit viel höheren Auflösungen (4800 dpi und mehr) wirbt. Die Auflösung muss so hoch sein, weil ein mit der Digitalkamera aufgenommener Bildpunkt aus vielen einzelnen Druckpunkten gemischt wird.

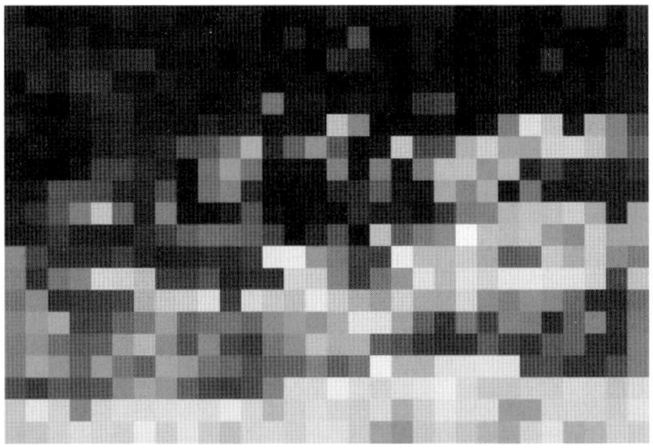

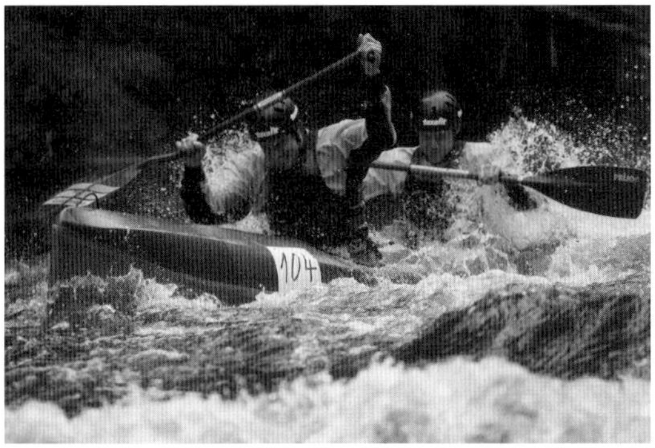

Gäbe es eine Digitalkamera, die ein Foto aus lediglich 30 x 20 Pixeln aufnehmen würde, sähe die während eines Kajakrennens entstandene Aufnahme aus, wie hier zu sehen – man würde nur 600 quadratische Bildpunkte erkennen (0,006 Megapixel). Das Originalfoto, das für die 600-Pixel-Darstellung per Bildbearbeitung verkleinert wurde, hat eine Auflösung von ca. 8 Megapixeln und besteht aus ca. 3520 x 2350 Bildpunkten.

Motive suchen und überlegt in Szene setzen

Viele Hobbyfotografen, die ein interessantes Motiv entdecken, stellen meist die Vollautomatik ein, um sich keine Gedanken über die richtige Belichtung machen zu müssen. Sie nehmen das Motiv ins Visier und drücken den Auslöser. Das Motiv ist im Kasten und weiter geht's zum nächsten Schnappschuss. Später bei der Sichtung der Abzüge oder der Fotos am PC stellen sie fest, dass die vermeintlich atemberaubenden Blickfänge auf den Bildern kaum mehr zu Geltung kommen. Warum ist das so?

Sie haben eine moderne Digitalkamera, die auf dem neuesten Stand der Technik ist. Das Motiv war interessant, die Belichtung perfekt. Was viele bei der Begeisterung über ein Motiv vergessen (oder einfach nicht wissen), sind grundlegende Regeln zur Bildgestaltung. Erst wenn Sie sich Gedanken darüber machen, was den Reiz eines Motivs oder einer Situation ausmacht, wie Sie den Blickfang vor seinem Hintergrund und in seiner nächsten Umgebung zeigen möchten und welchen Bildausschnitt Sie wählen sollten, werden Ihre Schnappschüsse zu ansprechenden Fotografien. Die Bildgestaltung ist ein kreativer Prozess. Es

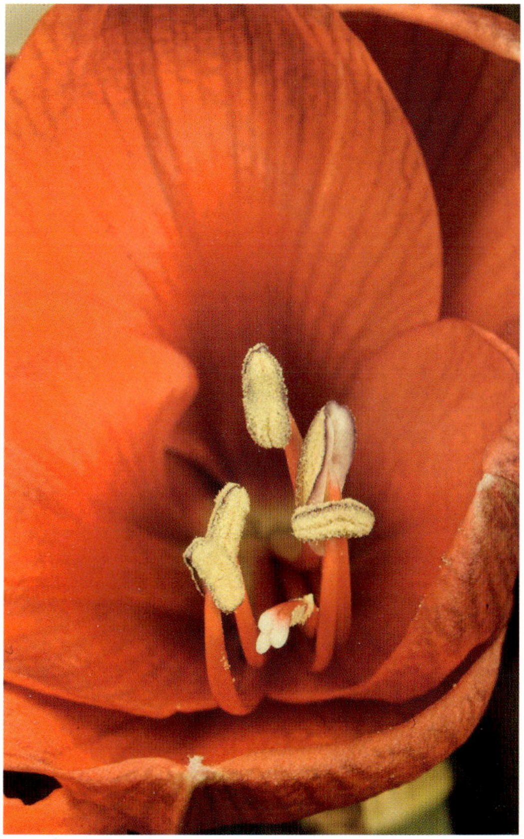

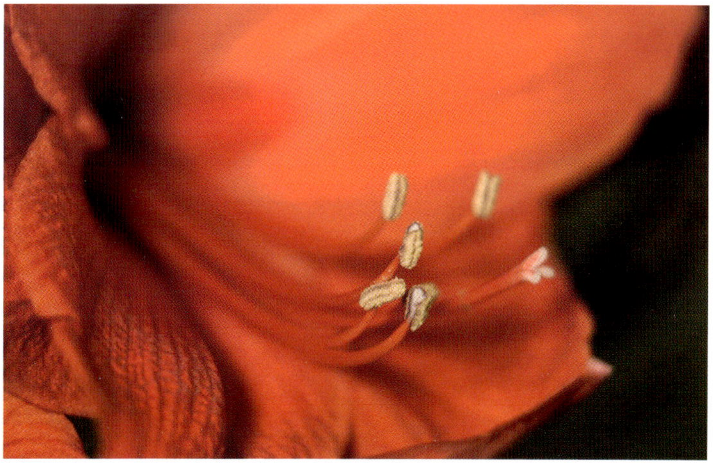

Ein Motiv, zwei Wirkungen: Fast jedes Fotomotiv kann im Hoch- oder Querformat aufgenommen werden.

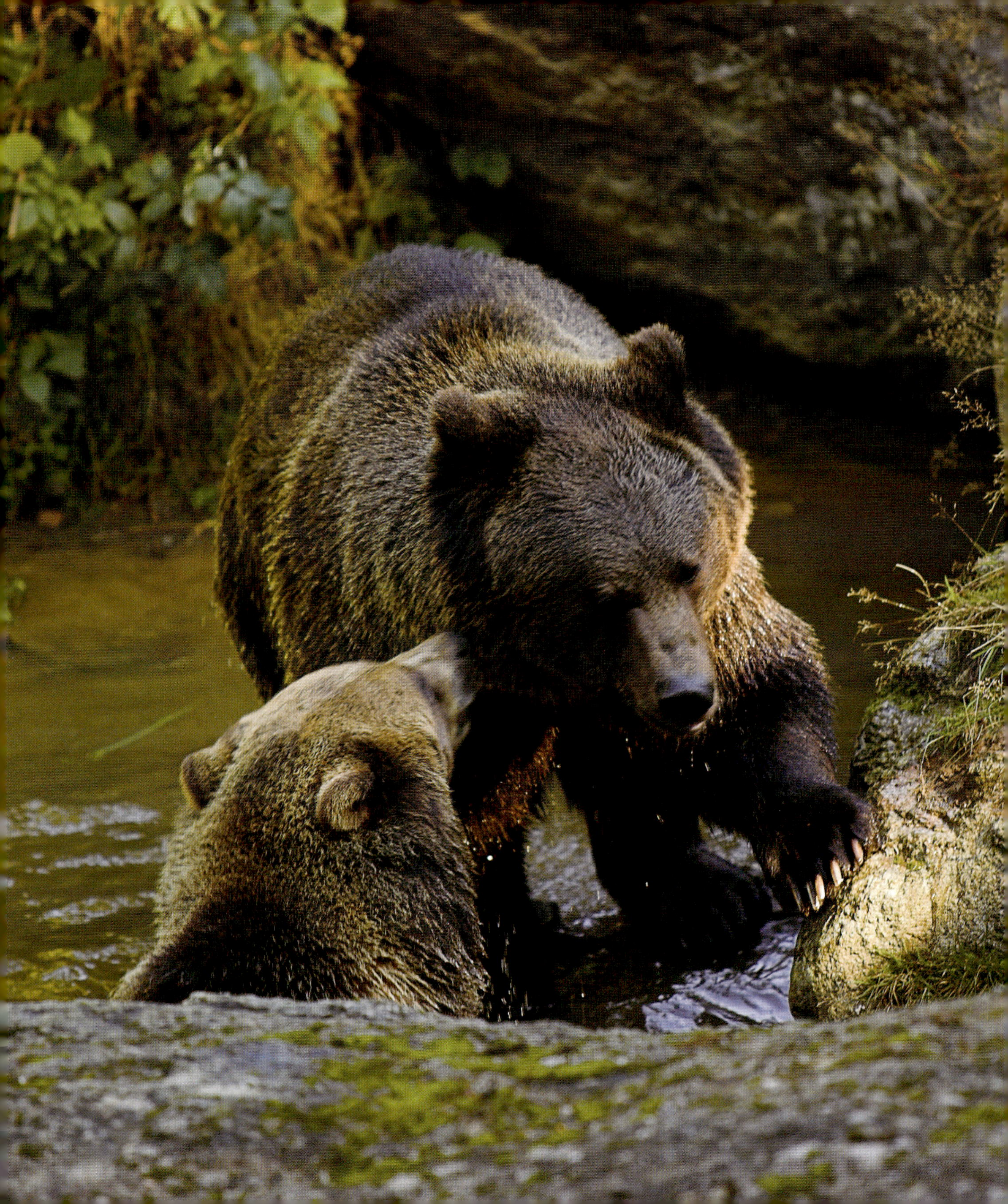

Tipp

Motiv im Hoch- oder im Querformat aufnehmen

Vermutlich halten Sie die Kamera meist so, dass Querformataufnahmen entstehen. Betrachten Sie jedoch immer zuerst Ihr Motiv und entscheiden Sie dann, ob es besser im Hoch- oder im Querformat fotografiert werden sollte. Wenn es um besonders dynamische Motive wie Sportler, tobende Kinder oder ein riesenhaft aufragendes Hochhaus geht, können Sie die Kamera auch mal schräg halten, um ungewöhnliche Ansichten zu erhalten.

gibt jedoch eine ganze Reihe von hilfreichen Gestaltungsmitteln, die sich erlernen und üben lassen und die auch von jedem Hobbyfotografen angewendet werden können.

Eines sollten Sie sich außerdem klar machen, wenn Sie über gestalterische Regeln nachdenken und sie für die Bildkomposition nutzen: Gestaltung und ästhetisches Empfinden hängen stark davon ab, in welchem Kulturkreis man sich befindet. Das bewusste Brechen ästhetischer Empfindungen kann bereits ein außergewöhnliches Bild hervorbringen, will aber dazu auch gekonnt eingesetzt sein. Die in den folgenden Kapiteln vermittelten Informationen über Bildgestaltung und -komposition dienen dazu, Ihnen den Unterschied zwischen einem Schnappschuss und einem arrangierten und überlegten Foto nahe zu bringen. Sie werden mithilfe der hier vorgestellten Gestaltungsregeln fotografisch weiterkommen und im Laufe der Zeit feststellen, dass Ihre Fotografie sehr viel ansprechender wird. Wenn dann daraus so viel Kreativität erwächst, dass Sie

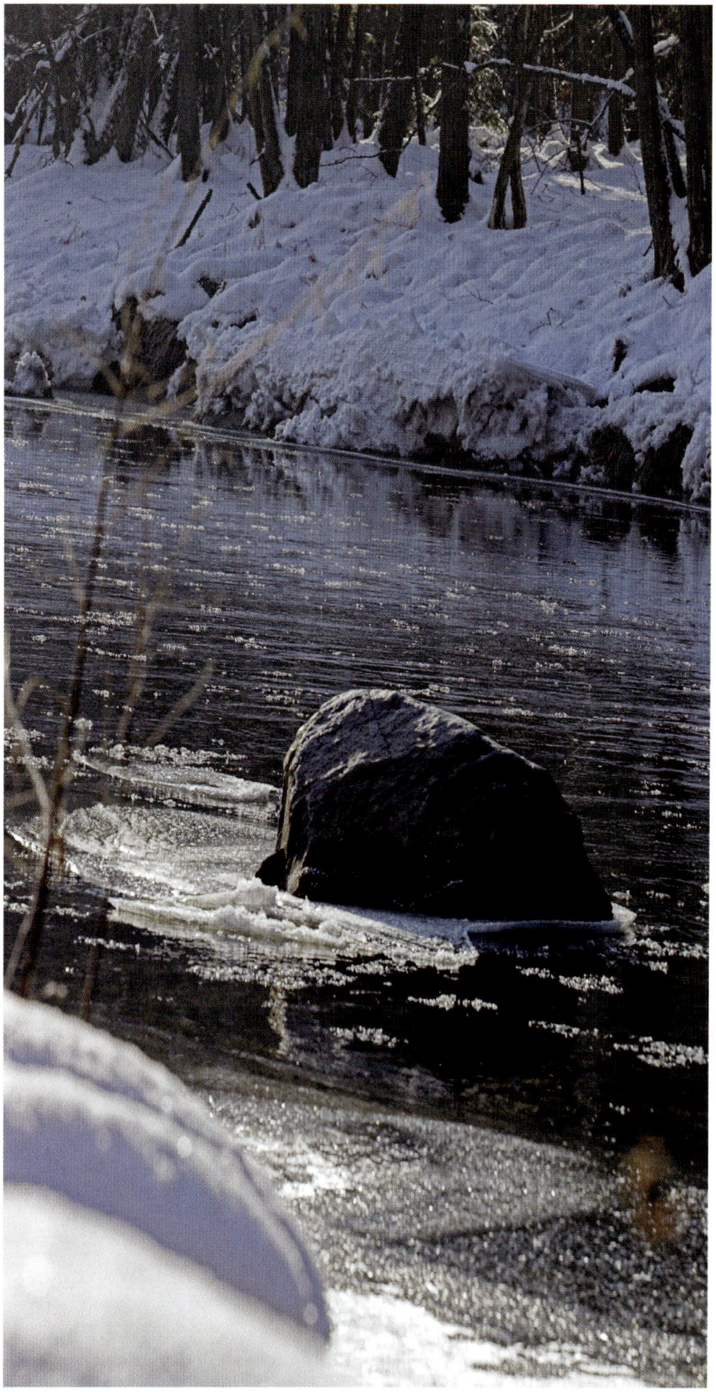

Selbst ein einzelner Felsen in einem Fluss kann ansprechend in Szene gesetzt werden, wenn er als Hauptmotiv erkennbar und spannend im Bild positioniert wird.

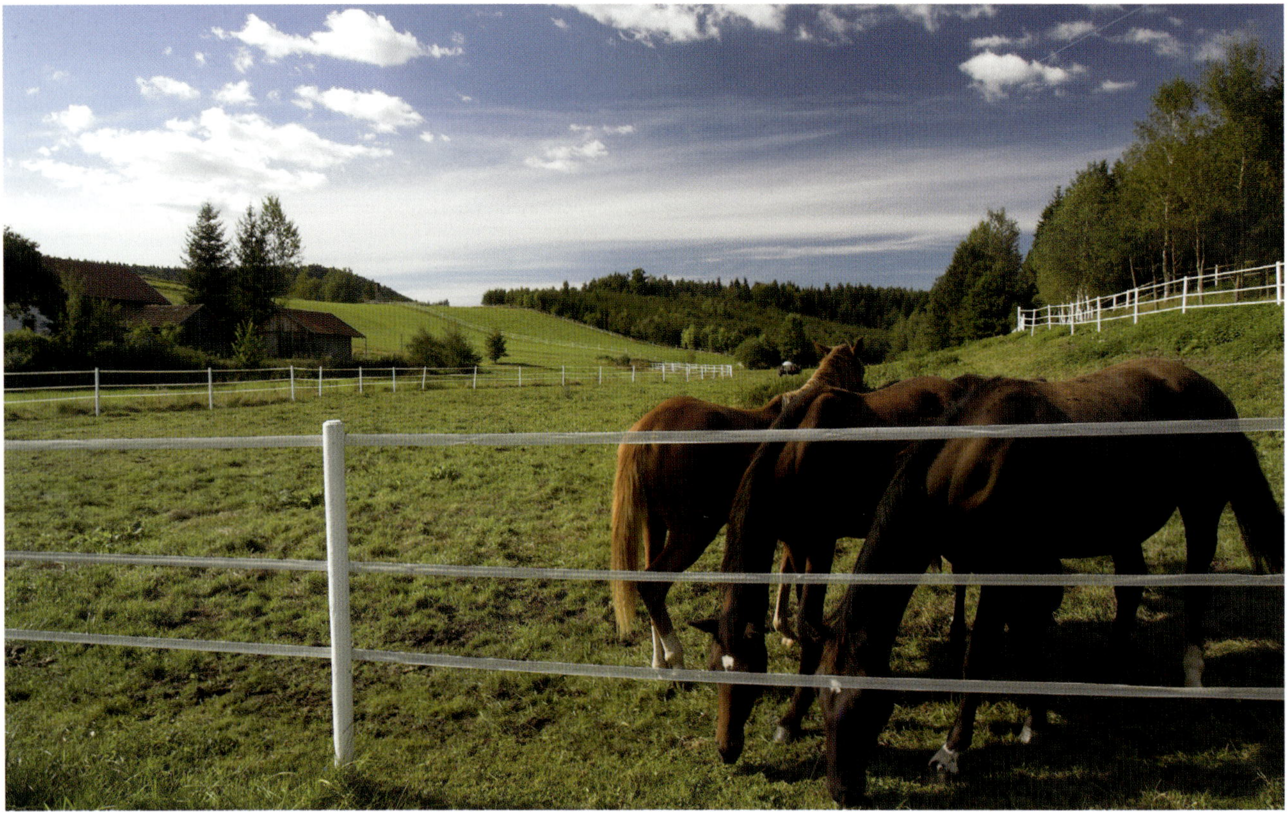

Die Pferde sind als Hauptmotiv unschwer zu erkennen, um die weite Landschaft zu betonen, wurden sie jedoch an den Bildrand gerückt.

mit Motiven und Ausschnitten spielen können – umso besser.

Hauptmotiv im Bild positionieren

Die grundlegendste Frage beim Fotografieren ist, an welcher Stelle das Hauptmotiv im Bild platziert werden soll. Unerfahrene Fotografen neigen dazu, die Motive in die Mitte des Suchers zu stellen. Zwar gibt es Gelegenheiten, bei denen die Mittelposition sinnvoll ist. Fotografieren Sie z. B. eine Spiegelung im Wasser, kann es angebracht sein, die Schnittkante zwischen Motiv und Spiegelung in der Mitte des Bildes anzuordnen. In den meisten Fällen

Tipp

Die Wirkung unterschiedlicher Positionen testen

Um sich die Wirkung unterschiedlicher Positionen eines Objekts im Bild zu vergegenwärtigen, machen Sie ein paar Versuche mit einem simplen Aufbau. Stellen Sie z. B. eine Vase auf einen Tisch vor einer kahlen Wand. Machen Sie eine Reihe von Fotos, bei denen die Vase jeweils an einer anderen Stelle im Bildaufbau erscheint. Verändern Sie zusätzlich die Entfernung zur Vase und die Brennweiten, mit denen Sie fotografieren. Auf diese Weise bekommen Sie ein Gefühl für die Auswirkungen der Bildgestaltung durch die unterschiedliche Position und Entfernung zum Motiv.

jedoch erzielen Sie mehr Spannung, wenn das Hauptmotiv nicht direkt mitten im Bild steht.

Der Goldene Schnitt

Eine wichtige Grundregel zur Positionierung von Haupt- und Nebenmotiven in einem Bild ist der goldene Schnitt. Es ist eine Tatsache, dass Gebäude, Gemälde, Skulpturen und Fotografien besonders harmonisch wirken, wenn sie nach den Prinzipien des Goldenen Schnitts gestaltet sind. Bereits in der Antike setzten Künstler den Goldenen Schnitt als gestalterisches Mittel in Bauwerken und Skulpturen ein. Sehen Sie sich griechische Tempel unter diesem Gesichtspunkt an! Sie werden feststellen, dass dort der Goldene Schnitt die Architektur bestimmt. Heute verwenden nicht nur Künstler, sondern auch Grafiker und Designer diese alte Regel, und Sie als Fotograf sollten sich ebenfalls mit diesem Gestaltungsmittel vertraut machen.

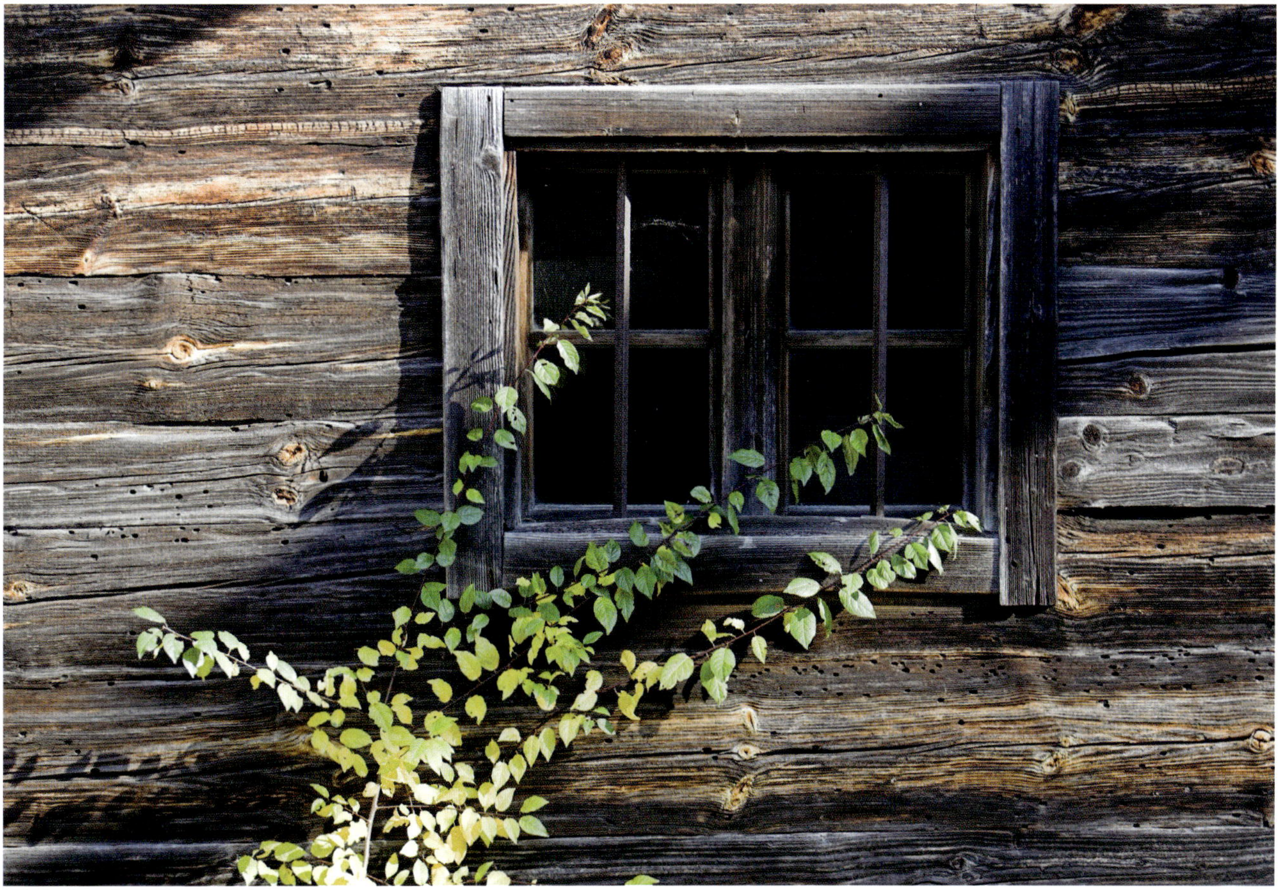

Motive, die in der Bildmitte liegen, wirken meist wenig spannungsreich. Hier weist der Ast zum Fenster, das weit außerhalb der Mitte angeordnet ist. Dadurch wird die Gestaltung weitaus interessanter.

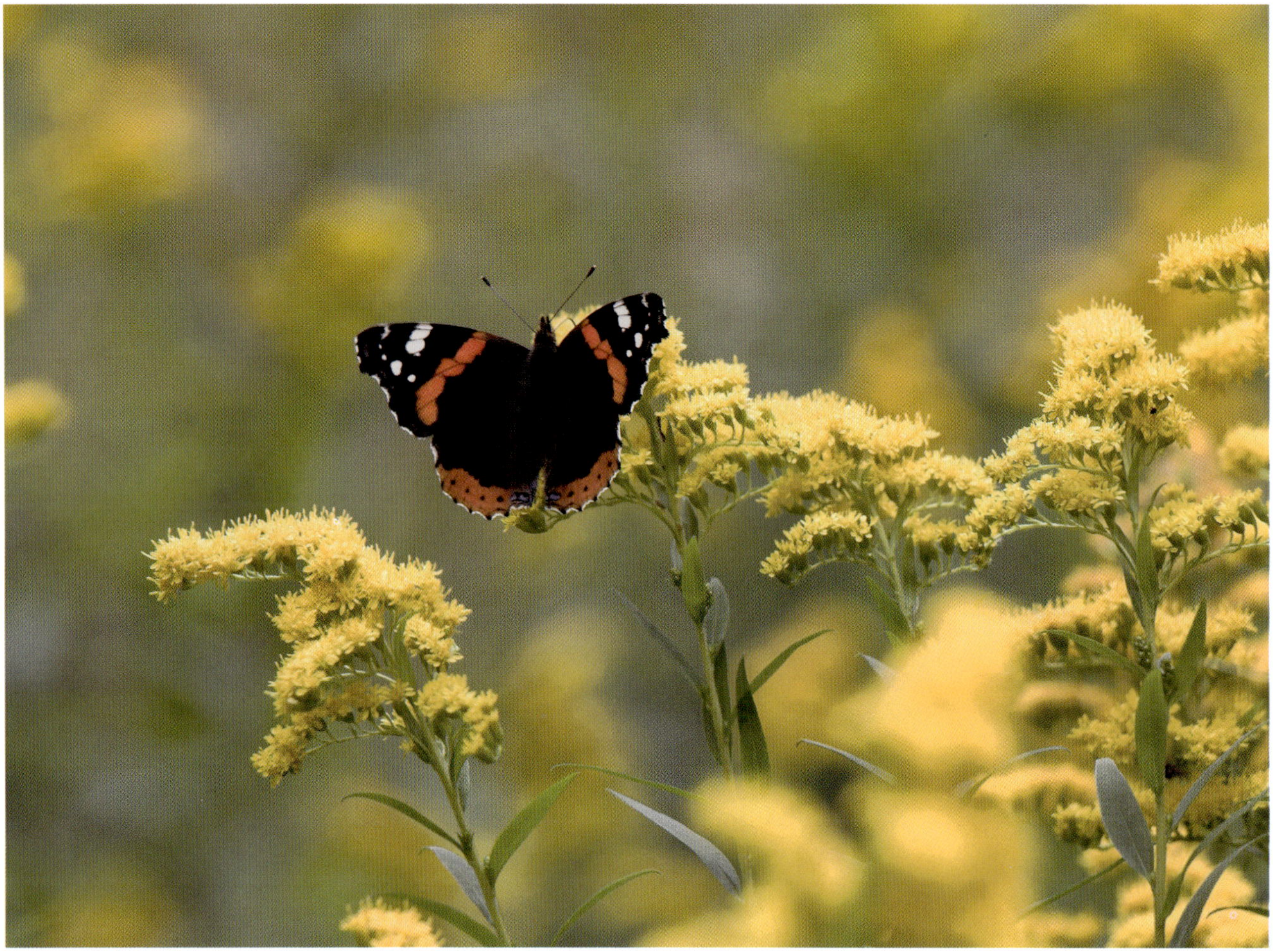

Mit ein wenig Übung ist die Bildgestaltung nach dem Goldenen Schnitt auch beim spontanen Fotografieren machbar.

Definition des Goldenen Schnitts

Was ist nun der Goldene Schnitt? Er ist ein oft angewendetes Teilungsverhältnis und bestimmt ein exaktes Längenverhältnis nicht nur bei der Gestaltung von Drucksachen, sondern auch bei Fotos. Der Goldene Schnitt wird so definiert: Ein Punkt P teilt eine Strecke mit den Endpunkten X und Y dann im Goldenen Schnitt, wenn das Verhältnis von XP (längere Teilstrecke) zu PY (kürzere Teilstrecke) dem Verhältnis von XY (Gesamtstrecke) zu XP entspricht. Teilt man die Länge der größeren Teilstrecke (XP) durch die Länge des kürzeren Abschnitts (PY), muss das Ergebnis der Division von Gesamtstrecke (XY) und längerer Teilstrecke (XP) entsprechen. Der Zahlenwert der Division

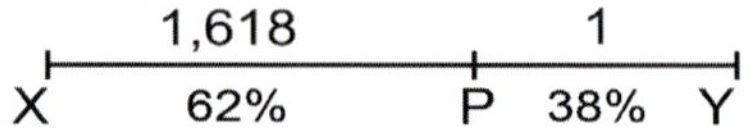

beträgt in beiden Fällen ca. 1,618. Das Maß entspricht in etwa dem Längenverhältnis zwischen menschlichem Unter- und Oberarm.

Berechnung von Teilstrecken

Mit folgender Formel können Sie die längere (XP) der beiden Teilstrecken ausrechnen, die durch den goldenen Schnitt entstehen, wenn Sie die Gesamtbreite (XY) bzw. Gesamthöhe zugrunde legen:

$$P = XY : 1{,}618$$

Für die fotografische Praxis bedeutet die Definition des Goldenen Schnitts, dass eine Strecke im Verhältnis von etwa 62:38 (oder einfacher 60:40) geteilt wird, um ein Foto nach dem Goldenen Schnitt zu gestalten. Wenn Sie also ein Hauptmotiv in etwa dort platzieren, wo die Bildbreite oder Bildhöhe in diesem Verhältnis geteilt wird, wirkt der Gesamtaufbau der Aufnahme besonders harmonisch. Der Blick des Betrachters wird so eher am Bild hängen bleiben.

Hauptmotiv und Nebenmotiv

Vor dem Fotografieren sollten Sie sich immer zunächst klar machen, wo das Hauptmotiv und eventuell Nebenmotive liegen. Haupt- und Nebenmotive können außerdem durch so genannte Führungslinien verbunden sein. Legen Sie für einen harmonischen Bildaufbau die Motive und Linien dorthin, wo Strecken im goldenen Schnitt geteilt

Tipp

Gitternetzfunktion zur Bildgestaltung einsetzen

Einige Kameras können so eingestellt werden, dass auf dem Display bzw. im Sucher ein Gitternetz eingeblendet wird, das das Sucherbild horizontal und vertikal drittelt. Sehen Sie im Handbuch Ihrer Kamera nach, ob sie diese Funktion unterstützt. Sie ist zur Bildgestaltung äußerst hilfreich und bringt Sie fast automatisch dazu, die Motive nach der Drittelregel zu platzieren. Außerdem lässt sich die Kamera anhand der Linien exakt am waagerechten Horizont ausrichten.

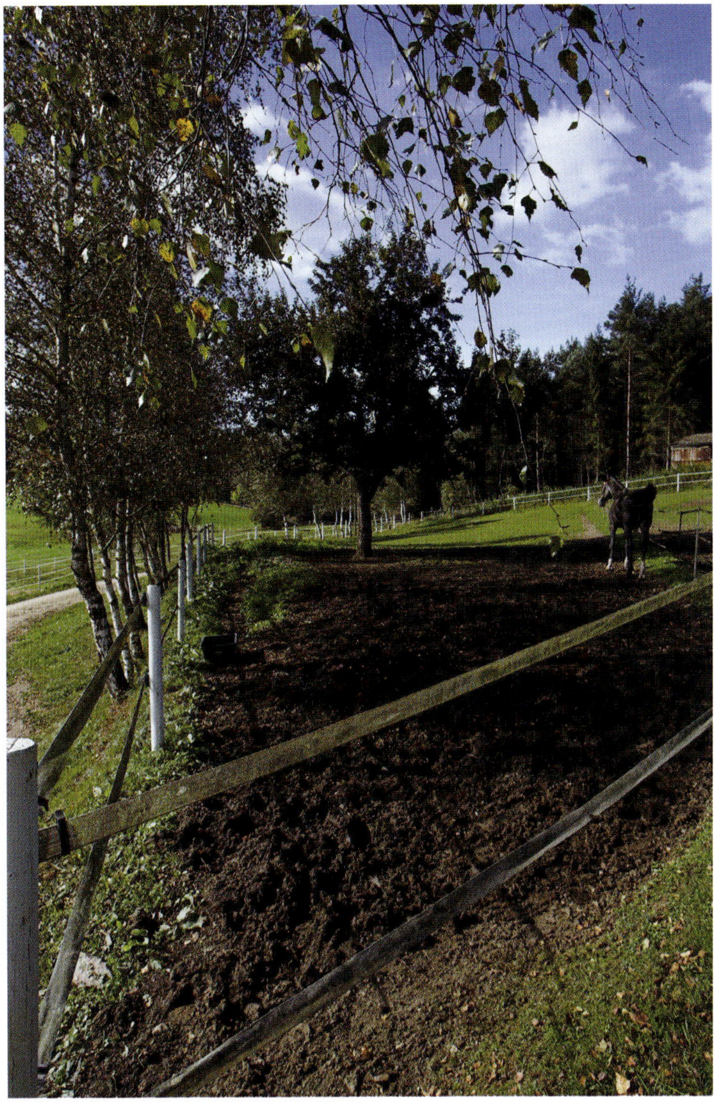

Die dominanten Linien im Vordergrund führen den Blick zum Pferd rechts hinten. Haupt- und Nebenmotiv sind zwar nicht klar erkennbar, das Bild fesselt aber trotzdem den Blick.

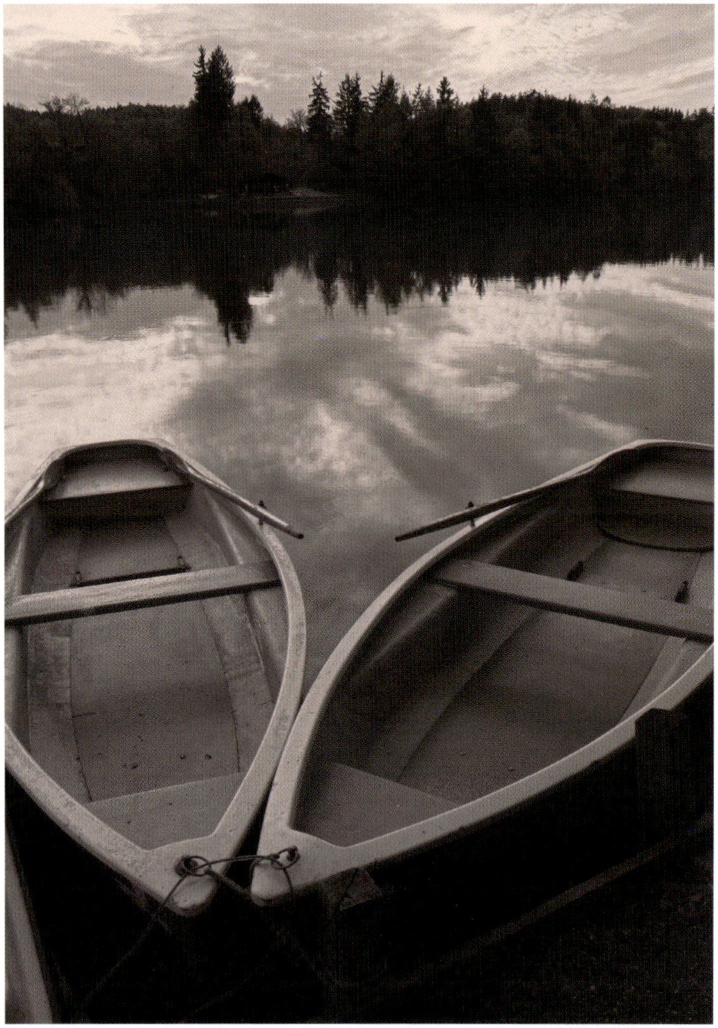

Gerade bei Hochformatfotos kann der Horizont, wenn das Vordergrundmotiv besonders prägnant ist, auch mal weit nach oben rutschen. Das Bild ist trotzdem interessant gestaltet.

werden. Ihre Aufnahmen werden dadurch ganz automatisch besser und spannungsreicher.

Das Prinzip der Bilddrittelung

Eine Vereinfachung des Goldenen Schnitts, die ebenfalls zu einer harmonischen Bildgestaltung beiträgt, ist die Drittelregel. Sie ist in der Praxis aufgrund der optisch einprägsameren Längenverhältnisse besser anzuwenden. Wenn es schnell gehen soll, bringt Sie das Prinzip der Bilddrittelung fast genauso gut zum Ziel wie der Goldene Schnitt.

Für deutlich mehr Spannung

Stellen Sie sich beim Blick durch den Sucher oder auf das Display je zwei horizontale und vertikale Linien vor, die die Ansicht in neun gleich große Bereiche aufteilt. Haupt- und Nebenmotive sowie bildwichtige Linien sollten entweder an den Schnittpunkten oder entlang der gedachten Linien platziert werden. Der Blick des Betrachters wird ganz automatisch auf die im Bild entsprechend positionierten Motive gelenkt, weil Ihre Fotos deutlich mehr Spannung erhalten. Gerade auch horizontale und vertikale Führungslinien wie der Horizont, eine Hauskante oder eine Baumreihe sind gut geeignet, um ein Bild aufzuteilen. Diese Führungslinien müssen dazu auf den gedachten Linien zur Bilddrittelung verlaufen.

Tipp

Horizont nach den Regeln der Bilddrittelung ausrichten

Nach der Regel der Bilddrittlung richtet man den Horizont am besten an einer der beiden imaginären Linien aus, die das Bild im oberen oder unteren Drittel teilen. Meistens bietet es sich an, den Horizont an die untere Linie zu legen, sodass im unteren Bilddrittel z. B. eine Landschaft, im oberen hauptsächlich Himmel zu sehen ist. Seien Sie nicht zu vorschnell bei dieser Entscheidung, und probieren Sie beide Varianten aus – einmal mehr, einmal weniger Himmel. Die Ergebnisse wirken völlig unterschiedlich

Hauptmotive müssen nicht unbedingt nach Goldenem Schnitt oder Drittelregel im Bild angeordnet sein. Probieren Sie einfach aus, ob nicht eine andere Bildaufteilung mehr Spannung bringt.

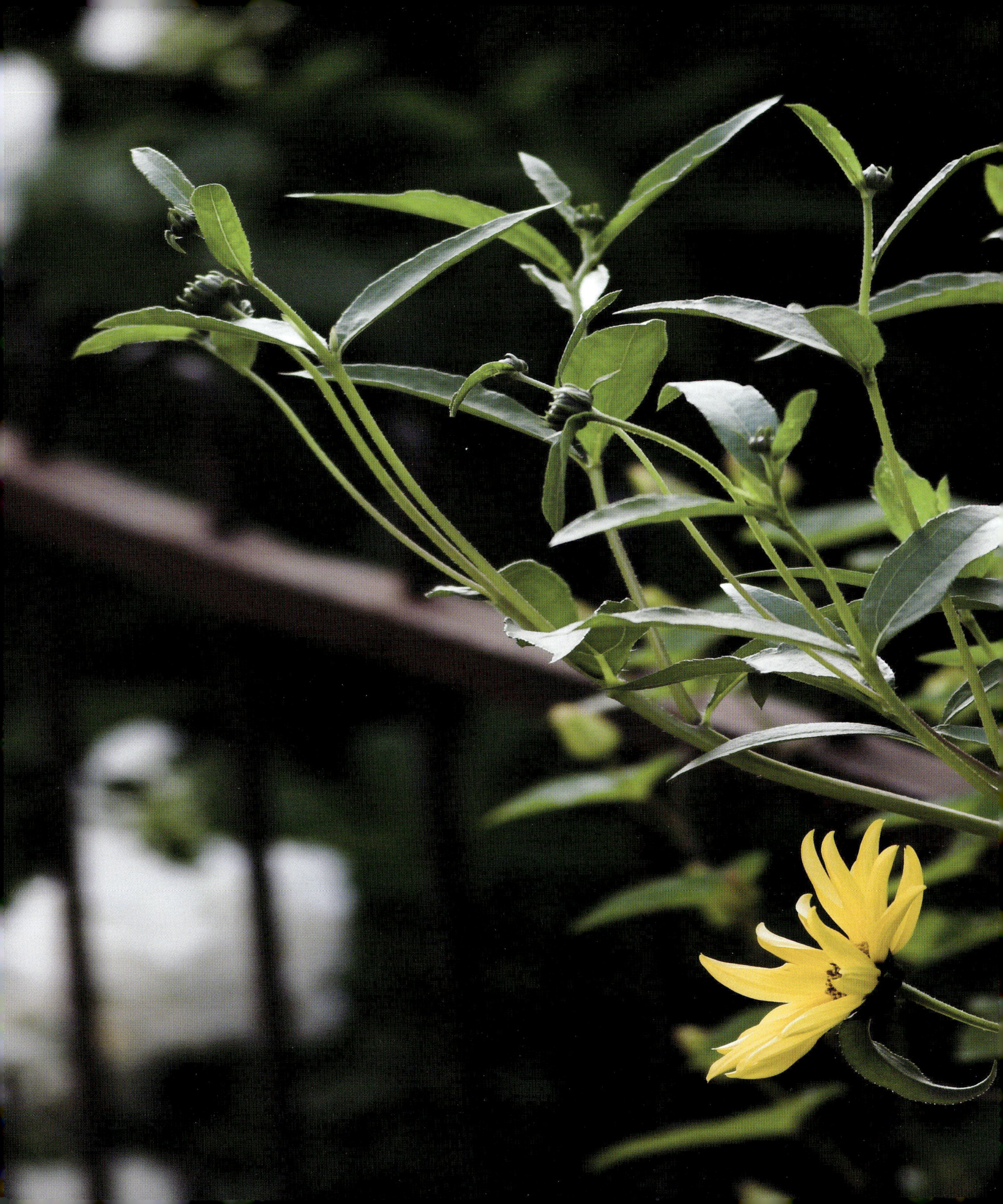

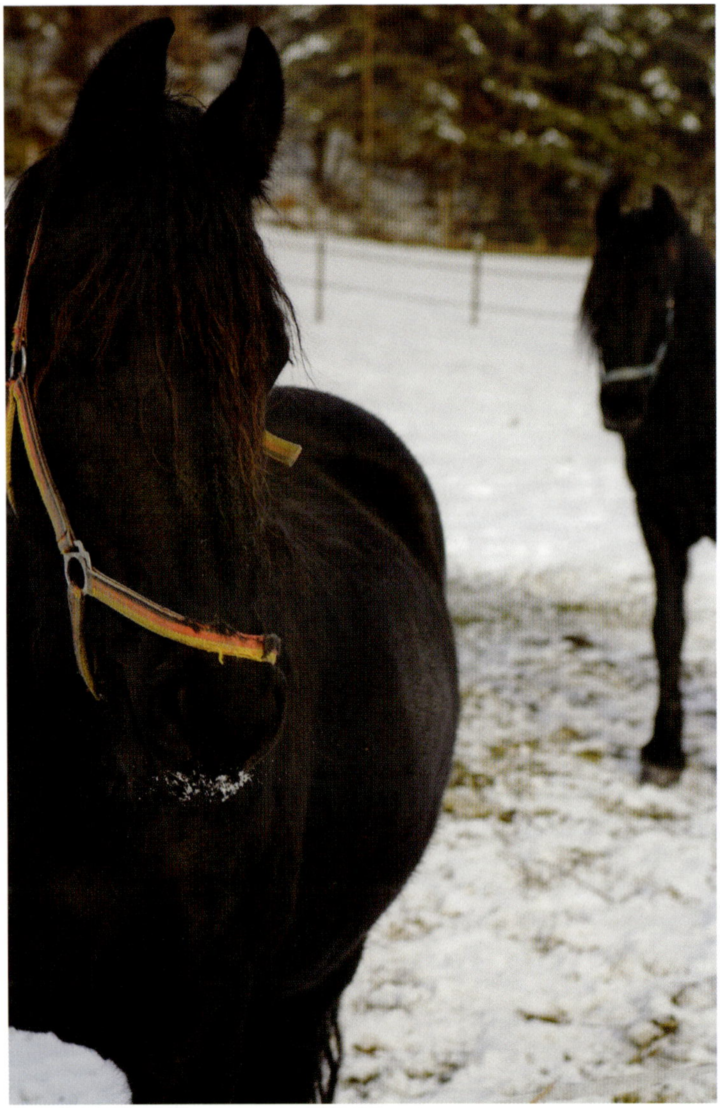

Hier ist klar, was das Hauptmotiv ist. Weil die beiden Pferde klar getrennt sind, wirkt die Komposition aufgeräumt.

Hauptmotiv deutlich herausstellen

Die Unterscheidung von Haupt- und Nebenmotiven wird immer dann wichtig, wenn mehrere Details in einem Bild den Blick des Betrachters auf sich lenken. Überlegen Sie genau, wie Sie das Hauptmotiv am besten herausstellen können, und gestalten Sie den Bildausschnitt entsprechend. Lenken andere Objekte vom Hauptmotiv ab? Dann können Sie sie entweder fotografisch in den Hintergrund rücken, indem Sie näher ans Hauptmotiv herangehen oder heranzoomen, oder Sie verändern den Bildausschnitt so, dass störende Details nicht mehr sichtbar sind. Ein unruhiger Hintergrund,

> **Tipp**
>
> **Überlappende Motive lenken vom Wesentlichen ab**
>
> Überlappen sich verschiedene Motive, führt das schnell zu einem chaotischen Bildaufbau. Der Blick kann sich dann nicht mehr auf das oder die wichtigen Motive konzentrieren. Überschneidungen wie z. B. der Strommast, der aus einem Kopf zu wachsen scheint, machen die Stimmung eines Fotos völlig zunichte. In manchen Fällen lassen sich die Bilder noch mithilfe der Bildbearbeitung retten, indem die ablenkenden Details retuschiert werden.

Überschneidungen mit Nebenmotiven und farblich oder strukturell auffällige Objekte lenken meistens ab. Allerdings können Nebenmotive auch in den Bildaufbau integriert werden, indem Sie sie nach dem Goldenen Schnitt oder der Drittelregel positionieren. Nebenmotive sollten erst auf den zweiten Blick auffallen. Um das zu erreichen, sollten sie kleiner als das Hauptmotiv abgebildet oder mit großer Blende in Unschärfe verschwommen aufgenommen werden.

Führungslinien zur Orientierung nutzen

Der Mensch ist so ausgerichtet, dass er beim Betrachten einer Szene nach Strukturen sucht, an denen er sich orientieren kann. Die Aufgabe einer guten Bildgestaltung besteht darin, den Blick zu

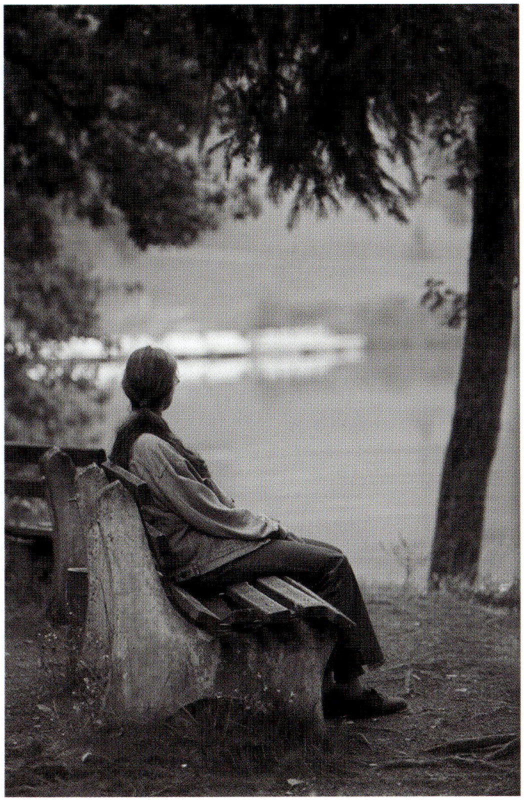

Auch die Blickrichtung eines Menschen kann wie eine Führungslinie wirken. Der Betrachter folgt dem Blick der auf der Bank sitzenden Person tiefer ins Bild hinein.

bestimmten Punkten zu führen und möglichst lange zu fesseln. Besonders wichtig für die Gestaltung sind so genannte Führungslinien. Dies können sowohl sichtbare Linien wie eine gewundene Straße oder die ins Bild ragenden Äste eines Baumes sein, aber auch imaginäre Linien wie die Blickrichtung zweier Menschen oder die Verbindung von zwei oder drei auf irgendeine Weise miteinander in Beziehung stehenden Motiven.

Führungslinien in der Landschaftsfotografie

Besonders wichtig sind Führungslinien in der Landschaftsfotografie, wenn es schwierig ist, einen Blickfang oder ein Hauptmotiv einzubauen. Führungslinien können hierbei aus Baumreihen, Straßen oder Zäunen bestehen. Eine von unten links ins Bild laufende Straße führt den

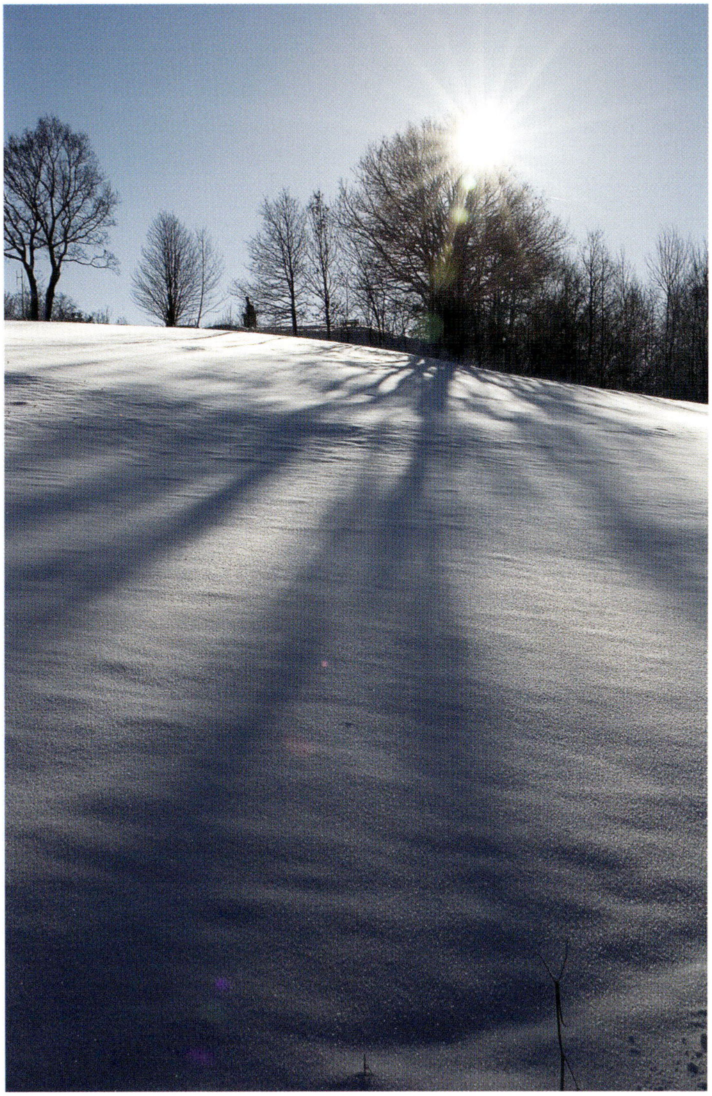

Führungslinien müssen nicht immer handfest sein. In diesem Fall dienen die langen Schatten, die die hinter den Bäumen untergehende Sonne verursacht, als Blickfänge, die den Blick ins Bild geleiten. Achten Sie in der Landschaftsfotografie auf jedes Detail, das eine Richtung vorgibt.

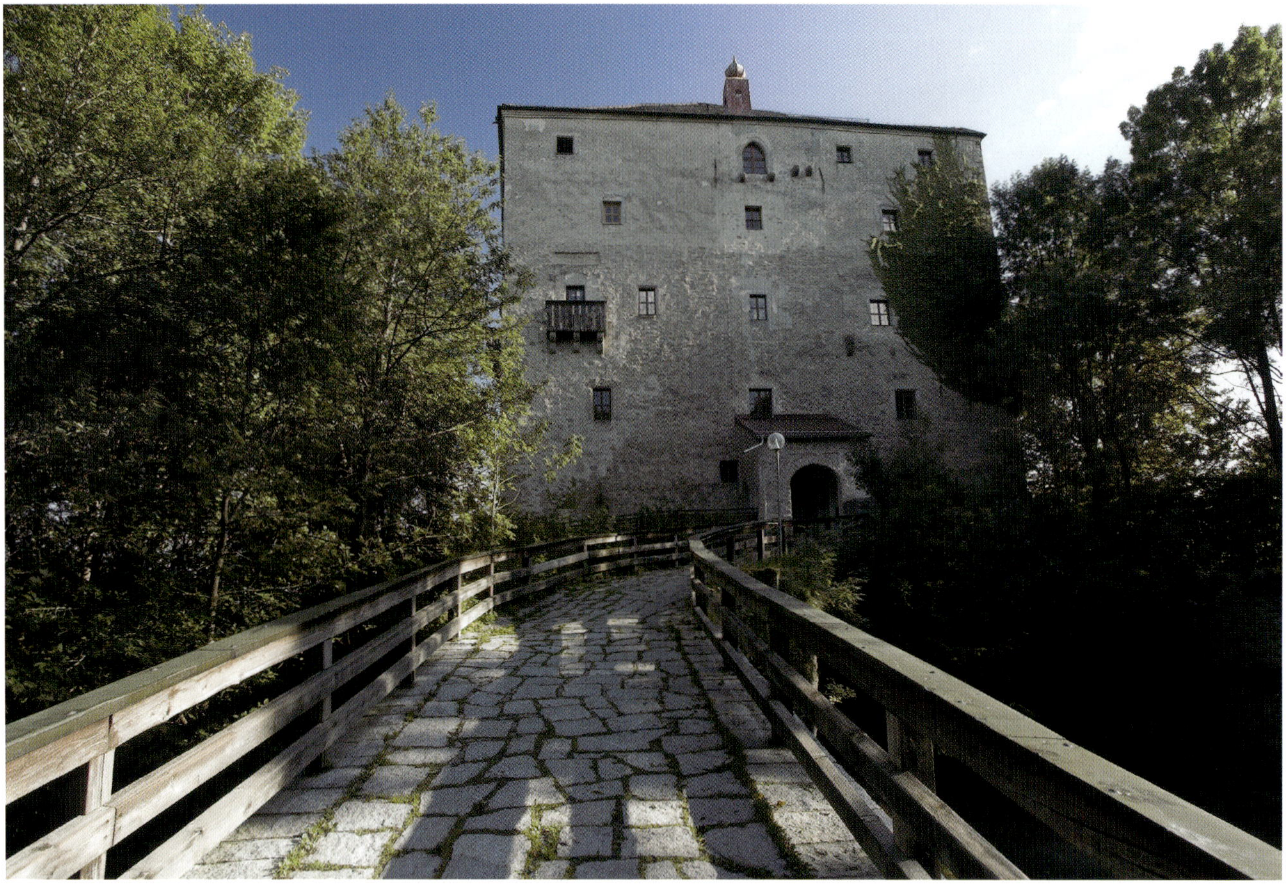

Deutlicher können Führungslinien kaum sein. Die Brücke samt Geländer zieht den Blick des Betrachters förmlich ins Bild hinein und führt ihn zum Hauptmotiv, der kantigen Burg.

Blick des Betrachters ins Foto – im Idealfall zu einem Blickfang oder, sofern vorhanden, zum Hauptmotiv.

Ein Motiv auswechselnden Perspektiven

Wie gute analoge Kompaktkameras sind kompakte Digitalkameras meistens mit Zoomobjektiven ausgestattet, die je nach Kamera größere Brennweitenbereiche abdecken. Es kann recht bequem sein, sich für ganz unterschiedliche Ansichten nicht vom Fleck bewegen zu müssen und lediglich verschiedene Brennweiten zu wählen. Man würde den Fähigkeiten eines Zoomobjektivs dadurch aber nicht gerecht werden. Denn in erster Linie dient es dazu, den Bildausschnitt exakt festzulegen, nachdem man sich im Hinblick auf eine gute Bildgestaltung für einen bestimmten Standort entschieden hat.

Brennweite und Standort wechseln

Vor allem Einsteiger in die Fotografie meinen, mit der Veränderung der Brennweite würde sich die Perspektive in einem Foto verändern. Da gerade die Perspektive, also der durch seine Position

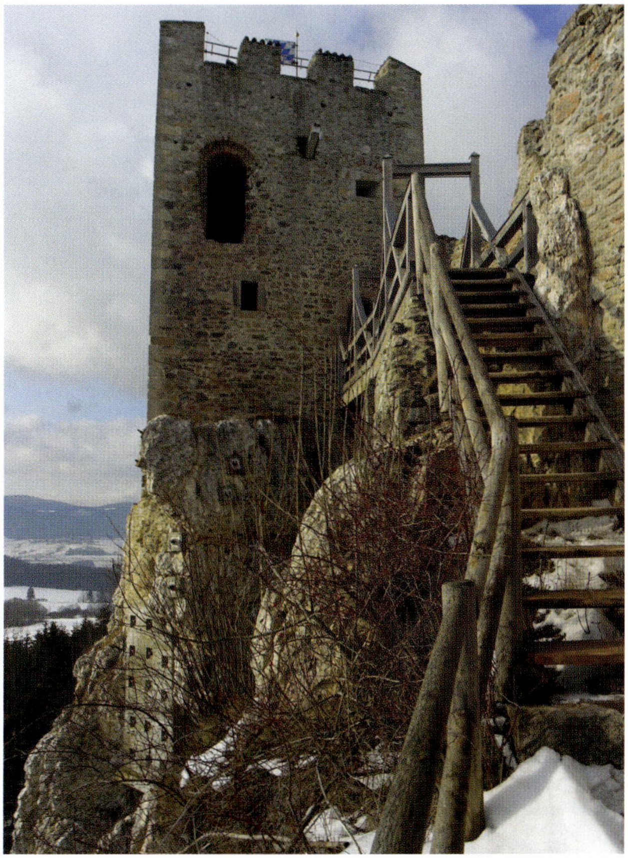

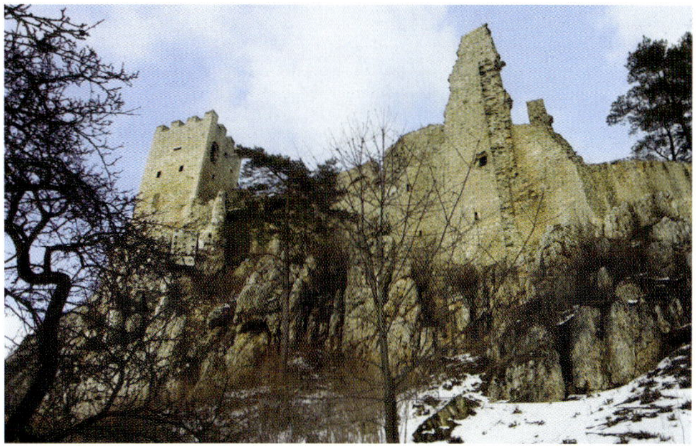

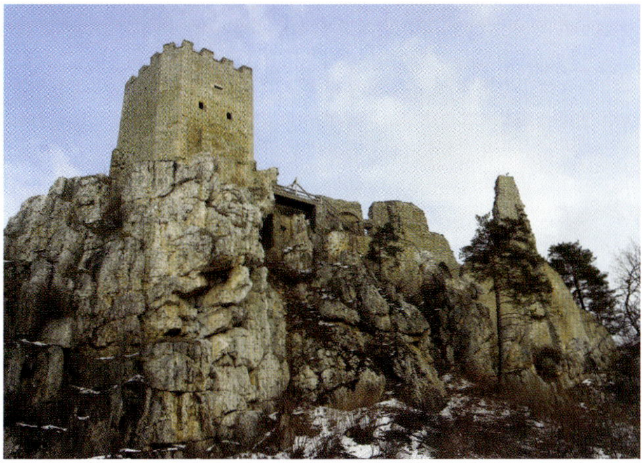

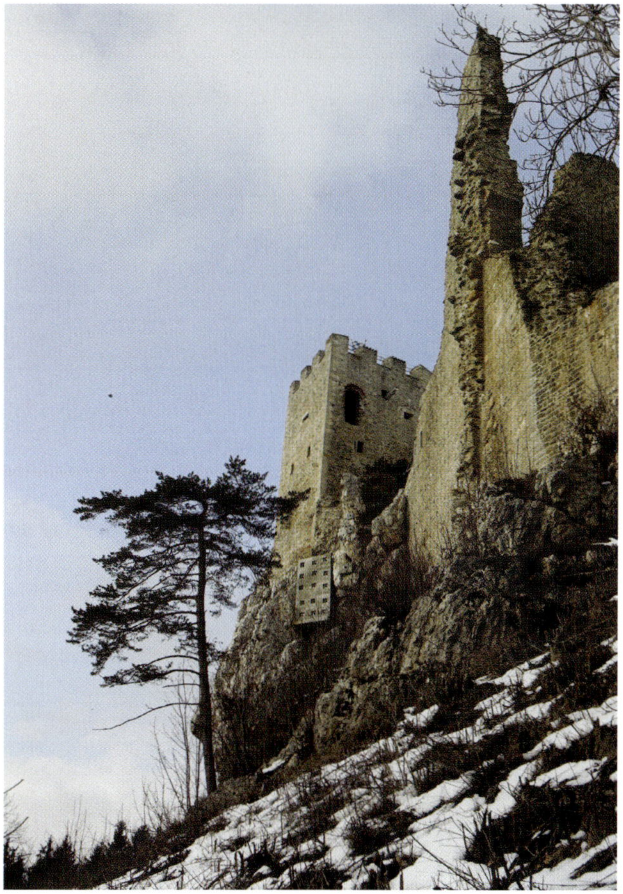

Ein Motiv, vier Standorte. Um ein Motiv optimal zu erfassen, sollten Sie es sich beim Fotografieren von allen Seiten ansehen.

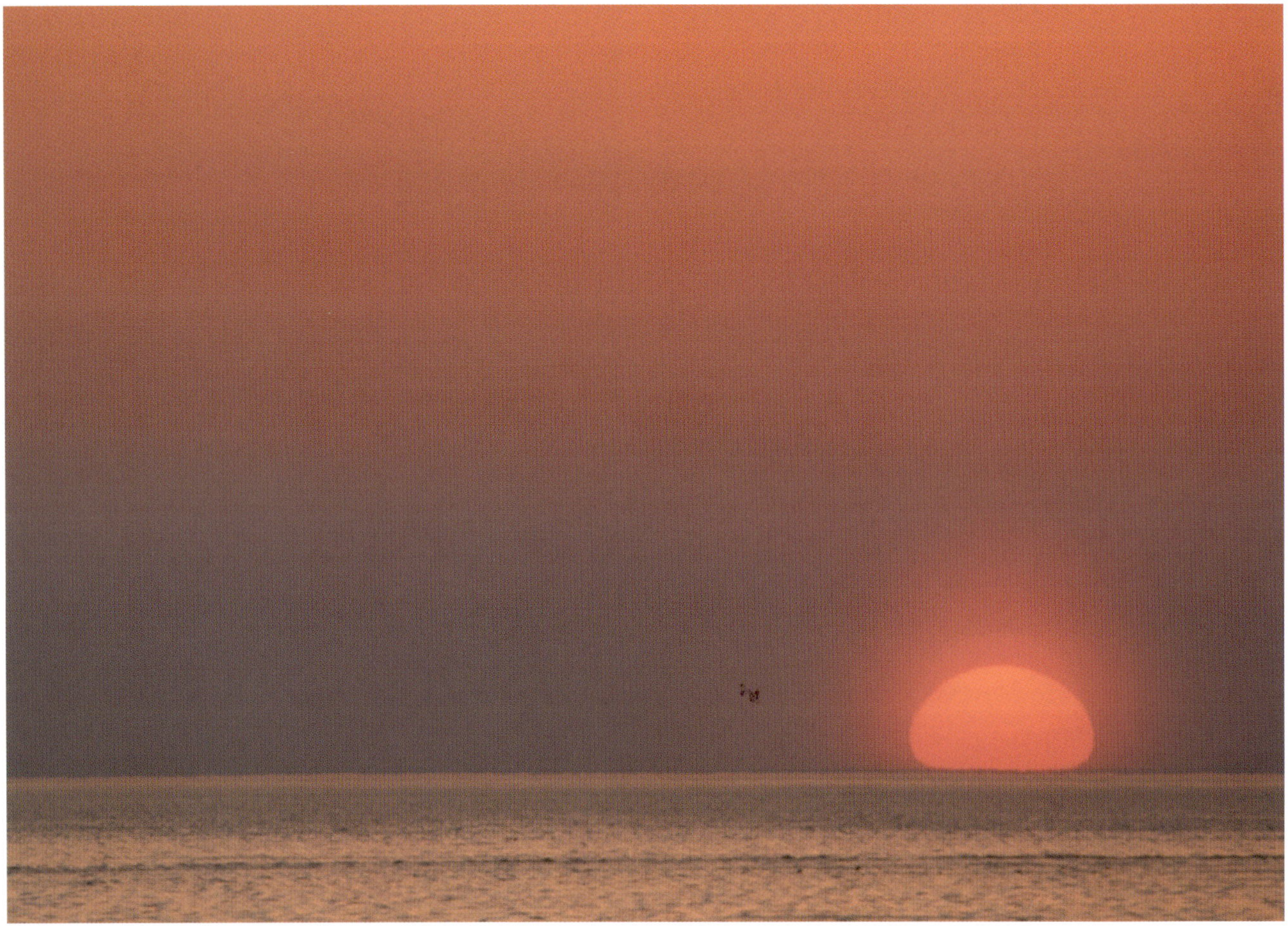

Sonnenuntergänge am Meer sind schwierig in Szene zu setzen. Hier sind es die Farben, die Ruhe und Weite vermitteln.

bestimmte Blick des Fotografen auf ein Motiv, darüber entscheidet, ob eine Komposition als spannungsreich empfunden wird, kann es fatal sein, nur die Brennweite, nicht aber den Standort für neue Ansichten zu wechseln. Probieren Sie es aus, und machen Sie von einem bestimmten Standort aus mehrere Fotos mit unterschiedlichen Brennweiten. Lassen Sie in einer zweiten Fotoserie die Brennweite – am besten eine Weitwinkeleinstellung – gleich, und verändern Sie den Standort bei gleichem Abstand zu einem Hauptmotiv so, dass es aus den verschiedenen Perspektiven immer etwa gleich groß im Sucher zu sehen ist. Sie werden erkennen, wie unterschiedlich die Ergebnisse durch den Standortwechsel ausfallen, während die Aufnahmen mit unterschiedlichen Brennweiten relativ gleichförmig wirken.

Endlose Weiten wirkungsvoll darstellen

Bei manchen Motiven – gerade bei Landschaften und Meeresansichten – kann es schwierig werden, ein Bild spannend zu gestalten, selbst wenn man den Standort und damit die Perspektive wechselt. Eine weite Landschaft ohne offenkundigen Blickfang oder die Meeresoberfläche gibt fotografisch scheinbar nicht viel her. Um Weite darzustellen, sollten Sie sich zunächst der Wirkung des Horizonts bedienen, den Sie nach den Regeln des Goldenen Schnitts oder der Bilddrittelung entweder im oberen oder unteren Drittel der Aufnahme platzieren. Schon allein dadurch entsteht Spannung. Ein mittiger Aufbau bringt hier nie gute Bilder.

Motive, die Weite verdeutlichen

Suchen Sie nach Motiven, die die Weite besser verdeutlichen. Ein kleines Boot weit draußen auf dem Meer, ein einzelnes Gebäude, ein Auto oder ein paar Bäume in einer Landschaft bringen einen Maßstab ins Bild. Wenn keine Nebenmotive zu finden sind, helfen Führungslinien als weiteres Gestaltungsmittel. Gibt es auch keine Zäune, Wege oder Wellenmuster, haben Sie vielleicht etwas, was als Blickfang im Vordergrund dient. Ein Schwimmreifen oder Badetuch, Wanderschuhe oder ein Rucksack – verwenden Sie, was zum Motiv passt. Und natürlich gibt es immer noch die Möglichkeit, dass Sie sich selbst in einigem Abstand ins Bild stellen, um einen Blickfang zu schaffen. Dazu benötigen Sie ein Stativ oder eine passende Unterlage für die Kamera, die dann mit dem Selbstauslöser aktiviert werden muss.

Auf die richtige Perspektive kommt es an

In der Bildgestaltung kommt es fast immer auf die Perspektive an. Sie können die Perspektive sowohl horizontal als auch vertikal veränder. Bedenken Sie, dass Sie einem Betrachter Ihrer Fotos immer vermitteln, aus welcher Position Sie die Aufnahmen gemacht haben. Er sieht das Motiv genau wie Sie im Moment des Auslösens.

Fotos aus der Froschperspektive

Bei Schnappschüssen – in den meisten Fällen steht oder sitzt man – macht man sich in der Regel keine Gedanken darüber, wie ein Motiv vielleicht aus einer anderen Perspektive wirken könnte. Wenn Sie in Bezug zu Ihrem Motiv einen besonders tiefen Blickpunkt einnehmen, die Perspektive also vertikal nach unten variieren, spricht man von der Froschperspektive. Alles, was Sie fotografieren, wirkt dann viel größer. Je kleiner die gewählte Brennweite ist, und je näher Sie sich am Motiv befinden, desto stärker wirkt der Effekt. Besonders interessant ist die Froschperspektive immer dann, wenn Sie Objekte ablichten, von denen der Betrachter weiß, dass sie eigentlich sehr klein sind. Eine Blume oder ein Pilz von schräg unten – mit ausklappbarem Kameradisplay zur Bildkontrolle kein Problem –, Kinder oder kleine Haustiere sind tolle Motive für die Froschperspektive. Durch den ungewöhnlichen Blickwinkel erregen Sie beim Betrachter mit Sicherheit Aufmerksamkeit.

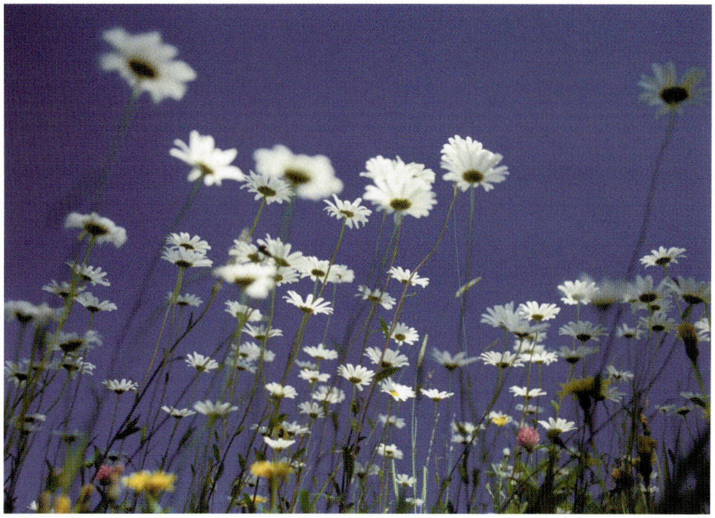

Fotografieren Sie etwas Kleines von unten aus der Froschperspektive, kann es plötzlich gigantisch wirken.

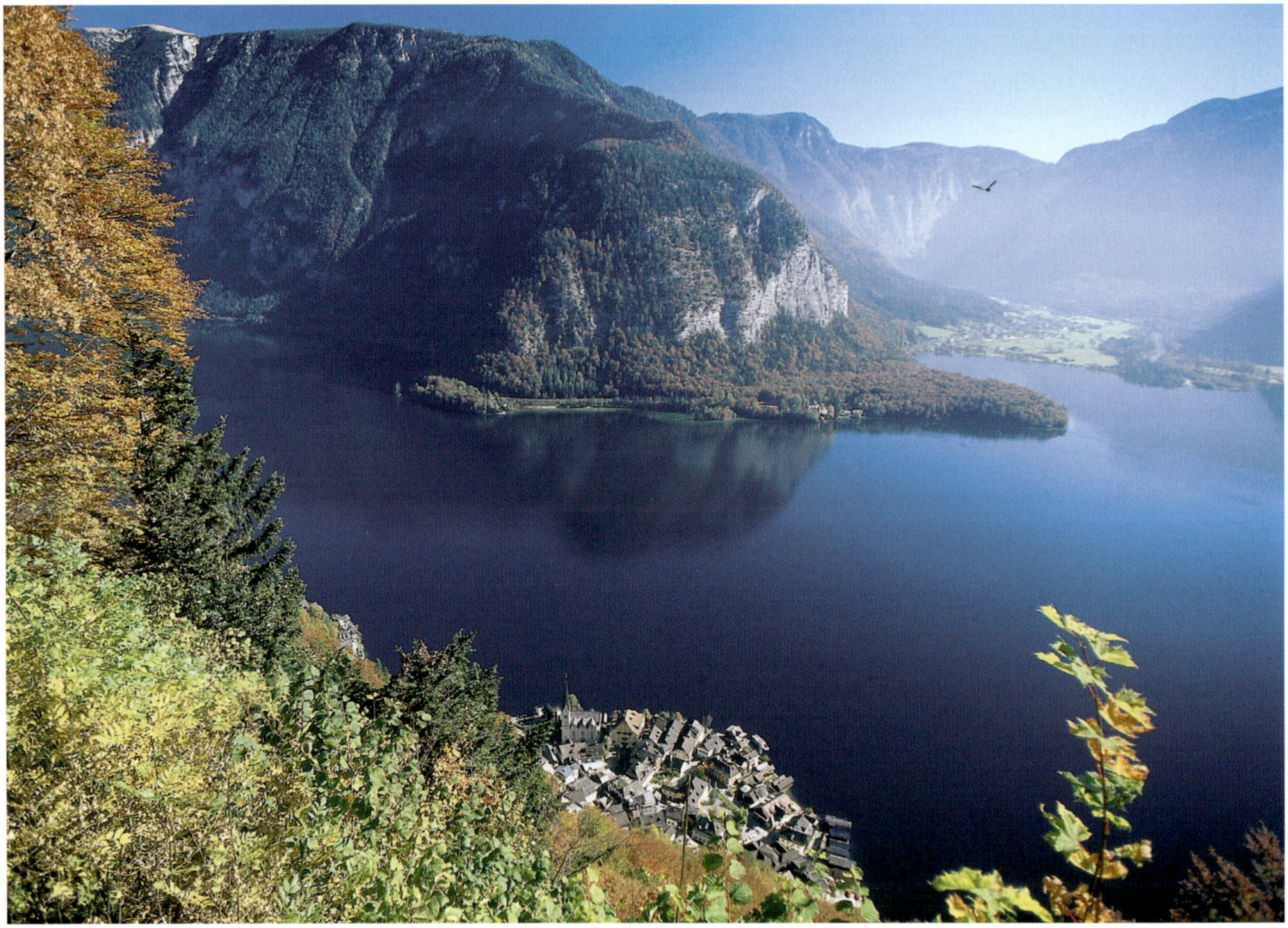

Man bemerkt das weit unten liegende Dorf kaum, durch die erhöhte Kameraposition – die Vogelperspektive – wirken die Gebäude fast wie Spielzeug.

Aber nicht immer ist die Froschperspektive eine Frage der bewussten gestalterischen Entscheidung. Fotografieren Sie z. B. in der Häuserschlucht einer Großstadt Wolkenkratzer, bleibt Ihnen oft keine andere als die Froschperspektive. Meist ist nicht genügend Platz, Hochhäuser aus der Entfernung aufzunehmen. Das kann einerseits reizvoll sein, um die Größe der Gebäude zu verdeutlichen, andererseits führt diese Art der Perspektive unweigerlich zur schrägen Darstellung eigentlich senkrecht in den Himmel ragender Gebäude – eine extreme Form der stürzenden Linien, die sich nur in gewissen Grenzen mithilfe der Bildbearbeitung korrigieren lässt.

Tipp

Menschen als Maßstab mit einbeziehen

Möchten Sie verdeutlichen, wie groß ein Gebäude, wie weit eine Landschaft ist, beziehen Sie Menschen als Maßstab mit ins Bild ein. So erkennt man auf den ersten Blick, wie groß (oder klein) die Umgebung ist.

Fotos aus der Vogelperspektive

Fotografieren Sie im Gegensatz zur Frosch- aus der Vogelperspektive, wirken Menschen und Objekte klein, zuweilen zerbrechlich. Besonders deutlich empfindet man den Reiz der Vogelperspektive, wenn man größere Objekte – Gebäude und Landschaften – etwa aus einem Flugzeug aufnimmt – übrigens eine tolle Möglichkeit, sein Urlaubsalbum aufzuwerten. Wenn Sie in eine Großstadt fliegen, machen Sie Fotos aus dem Flugzeug und stellen diese Aufnahmen denen im Album gegenüber, die in den Straßen aus der Froschperspektive geschossen wurden. Auch hohe Gebäude, Türme und Brücken, Berge und Hügel können einen tollen Blick auf die Landschaft weit unten bieten. Es kommt hier darauf an, ein Motiv in den Bildaufbau mit einzubeziehen, das die Entfernung und den eigenen Standpunkt verdeutlicht.

Eindruck von räumlicher Tiefe erwecken

Wie erweckt man in einer zweidimensionalen Abbildung den Eindruck von räumlicher Tiefe? Auch hier kommt es in erster Linie auf die Perspektive des Fotografen an. Zunächst geht es darum, ein Motiv in Vorder-, Mittel- und Hintergrund einzuteilen. Ein Hauptmotiv kann in jeder dieser Ebenen stehen, es kommt nur darauf an, das Auge des Betrachters auch auf diesen Blickfang hinzulenken. Sind Vorder-, Mittel- und Hintergrund klar voneinander zu unterscheiden, entsteht ganz automatisch der Eindruck räumlicher Tiefe.

Räumliche Tiefe erzeugen

Eine häufig eingesetzte Methode, räumliche Tiefe zu erzielen, bedient sich des Effekts, der durch parallel verlaufende Linien wie Eisenbahnschienen, Straßenränder oder Häuserzeilen entsteht: Streben sie einem Punkt in der Ferne zu, nähern sie sich einander an und scheinen sich „nach hinten" ins Bild zu erstrecken. Eine weitere Möglichkeit: Dinge, die gleich groß sind, werden im Bild schräg hintereinander platziert. Die Objekte werden mit zunehmender Entfernung scheinbar immer kleiner. Bei jeder Art, räumliche Tiefe zu

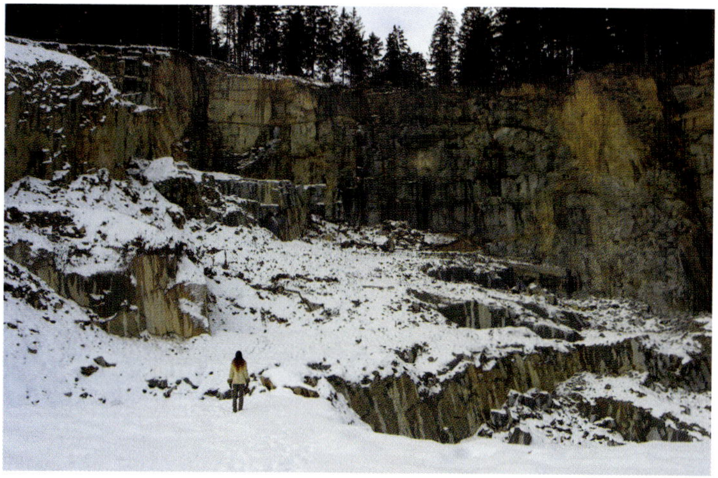

Erst der im Bild winzig scheinende Mensch macht klar, welche Ausmaße der alte Steinbruch hat. Wann immer Sie Raum, Weite und Tiefe ausdrücken möchten – suchen Sie nach etwas, dass Sie als Maßstab verwenden können und dessen Größe jeder kennt.

Die Gebäude machen deutlich, wie weit sich die Landschaft erstreckt. Durch die Luftperspektive – weit in der Ferne liegende Bereiche werden durch die Luft immer trüber und bläulicher – wird der Eindruck räumlicher Tiefe weiter unterstützt.

erzeugen, kommt ein zusätzlicher Gesichtspunkt zum Tragen, den man leicht übersieht: Je weiter ein Objekt entfernt ist, desto weniger Details sind erkennbar – ein Effekt, der in der Landschaftsfotografie automatisch entsteht. Der Tiefeneindruck in einer solchen Aufnahme wird dadurch verstärkt, dass weiter entfernte Landschaftselemente immer bläulicher wirken. Man spricht hier von der Luftperspektive, weil sich das Phänomen durch die zwischen Kameraposition und verschiedenen landschaftlichen Ebenen zunehmende Menge an Luft erklärt.

Farbe als Mittel der Bildkomposition

Ein weiterer Schritt zur perfekten Fotografie ist die Einbeziehung von Farben in die Bildkomposition. Es erfordert sehr viel Erfahrung und Zeit für das Fotografieren, Farben bewusst zu erkennen und zu arrangieren. Allerdings gibt es einige grundlegende Regeln, die man auch als unerfahrener Fotograf bereits von Anfang an beachten kann.

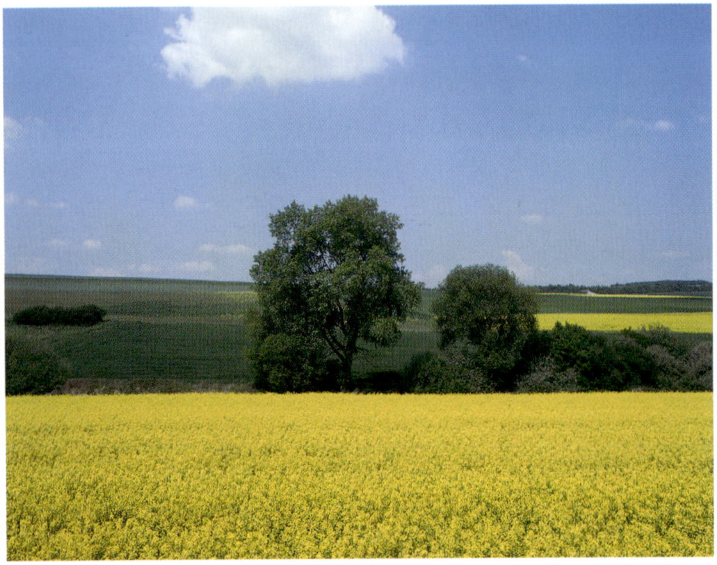

Spannung in ein Foto bringen

Es gibt einige Farbkombinationen, die ganz besonders eindringlich und kontrastreich wirken und Spannung in ein Foto bringen. Das sind vor allem die Kombinationen Gelb-Blau, Grün-Magenta (Pink) und Rot-Cyan (Hellblau). Motive mit diesen Farbkombinationen werden in den Vordergrund gerückt. Ein echter Klassiker in unserem Kulturkreis ist das gelbe Rapsfeld vor strahlend blauem Himmel.

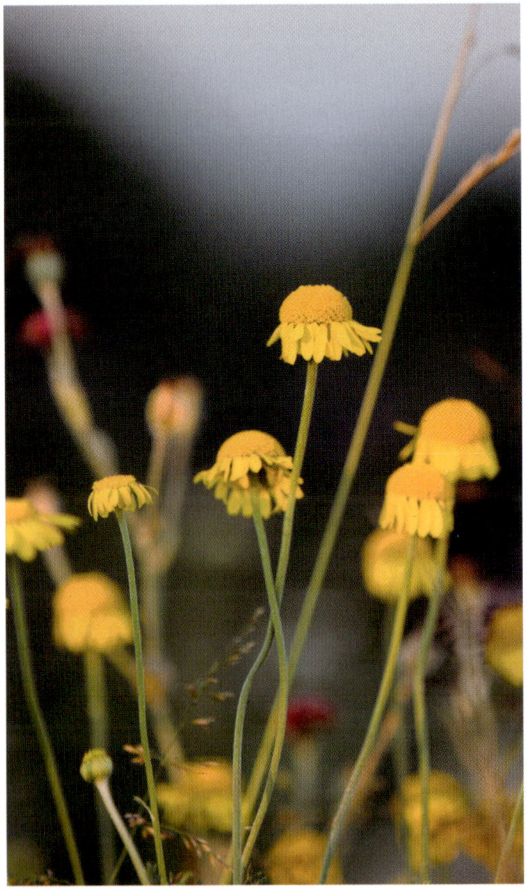

Der Blau-Gelb-Kontrast zwischen Rapsfeld und Himmel bringt enorme Intensität ins Bild. Im oberen Bild ist der Kontrast abgeschwächt, weil der bläuliche Hintergrund nicht ganz so kräftig leuchtet.

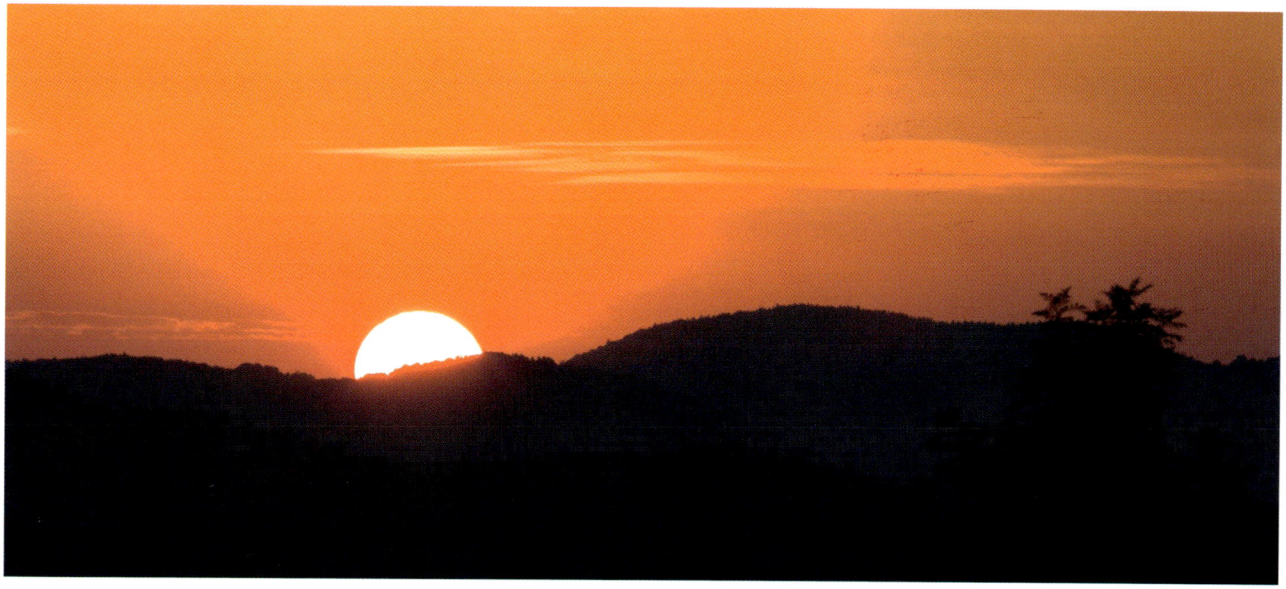

Mal abgesehen davon, dass Sonnenuntergänge sowieso immer beruhigend wirken – die warmen Farben des abendlichen Sonnenlichts lassen sich toll für pastellartig wirkende Landschaftsaufnahmen nutzen.

Ruhe und Monotonie ausdrücken

Wollen Sie dagegen Ruhe oder vielleicht sogar Monotonie ausdrücken, wählen Sie für Ihre Bildkompositionen eher Farben, die sich nicht allzu sehr voneinander unterscheiden und auf dem Farbkreis nah beieinander liegen. Ein Bild, das lediglich aus roten, orangefarbenen und gelben Farbtönen besteht, wirkt eher beruhigend auf den Betrachter. Melancholische Landschaften oder sanft ausgeleuchtete Stillleben setzen sich oft aus zarten Pastellfarben zusammen, um die Stimmung zu transportieren.

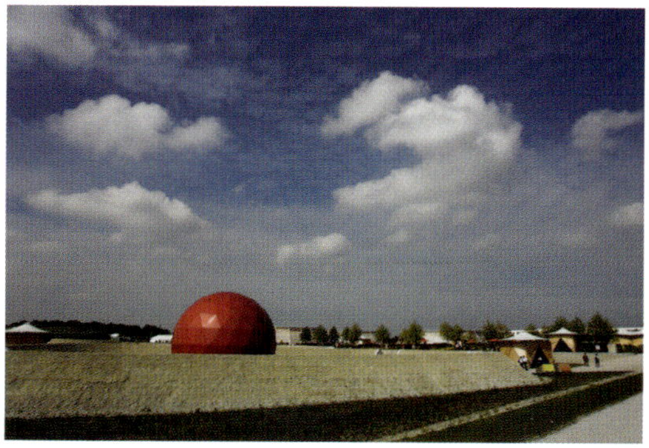

Setzen Sie die Farbe bewusst ein, ist Rot immer ein Hingucker.

Tipp

Rote Farbtupfer wirken Wunder

Von allen Farben am aufdringlichsten ist das Rot. Wenn einem Motiv ein echter Blickfang fehlt, kann ein roter Farbtupfer wahre Wunder wirken. Ein knallrotes Auto in einer eintönigen Landschaft, eine rote Nelke im Knopfloch eines dunkel gekleideten Mannes – Rot zieht die Blicke magisch an.

An der Grenze zur Nah- und Makrofotografie

Hatten Sie als Kind ein Vergrößerungsglas, vielleicht sogar eine richtig gute Lupe? Wenn ja, erinnern Sie sich vielleicht daran, wie fasziniert Sie damals von einer Welt waren, die mit bloßem Auge nicht oder nur schwer zu erkennen war und die dank der Vergrößerung plötzlich kleinste Details erschloss. Aus einem ganz ähnlichen Grund erfreuen sich die Nah- und Makrofotografie großer Beliebtheit. Doch wo endet die „normale" Fotografie, wo liegt die Grenze zur Nah- und Makrofotografie? Die Antwort darauf ist sicher nicht mit der Festlegung auf eine bestimmte Entfernung zwischen Kamera und Motiv zu geben.

Bei Nahaufnahmen geht es um die vergrößerte Darstellung von Dingen und Details, die zu klein sind, um sie auf den ersten Blick als lohnendes Fotomotiv zu erkennen, oder die innerhalb eines Bildes eher schmückendes Beiwerk als Hauptmotiv oder Blickfang sind. Die Nahfotografie erschließt neue Welten, wenn plötzlich eine einzelne Blüte mit ihren Blättern und Staubgefäßen ins Zentrum des Blicks rückt.

Im Bereich der Makrofotografie

Der in der Nahaufnahme geübte Fotograf hat einen Blick für solche Motive, löst sie mit der Kamera aus ihrem Kontext und stellt ihnen die gesamte Fläche des Bildes zur Verfügung. Sobald die Motive noch kleiner werden, sodass man ihre Details mit dem bloßen Auge nicht mehr erkennen kann, kommt man in den Bereich der Makrofotografie. Diese ist mit einfachen Kameras und ohne

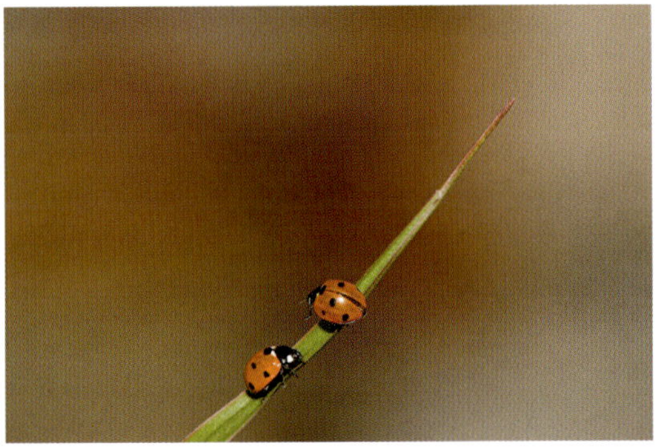

Für das Bild wurde ein wenig gemogelt: Die Marienkäfer waren in einem Glas gefangen, während die Kamera aufgestellt und auf die Blattspitze fokussiert wurde. Erst als alles bereit war, wurden die Käfer schließlich auf das Blatt gesetzt.

Spezialzubehör nur in einem begrenzten Rahmen möglich, weil für die Objektive von digitalen und analogen Kameras bestimmte physikalische Grenzen gelten, und man die Kamera nur bis zu einer gewissen Entfernung an ein Motiv heranbringen kann.

Die Nahfotografie ist mit nahezu jeder Digitalkamera ohne besonderes Zubehör machbar. Einfache Makroaufnahmen z. B. von Insekten sind mit einer guten Kompaktkamera meistens auch noch kein Problem, wenn die Kamera über ein Makroaufnahmeprogramm (verdeutlicht durch ein Blu-

Das Foto rechts wurde mit einen Spezialobjektiv für Makroaufnahmen an einer Spiegelreflexkamera gemacht.

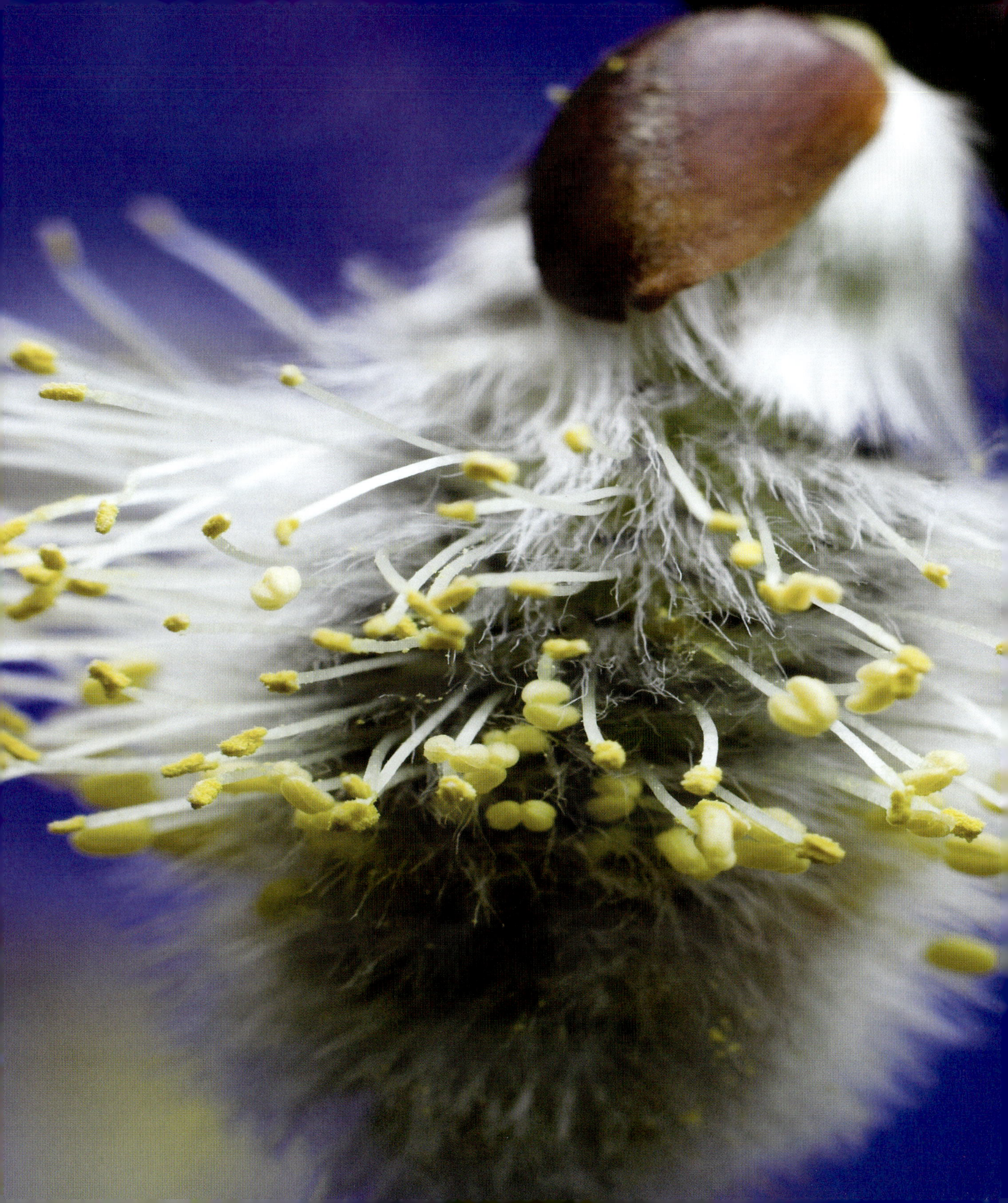

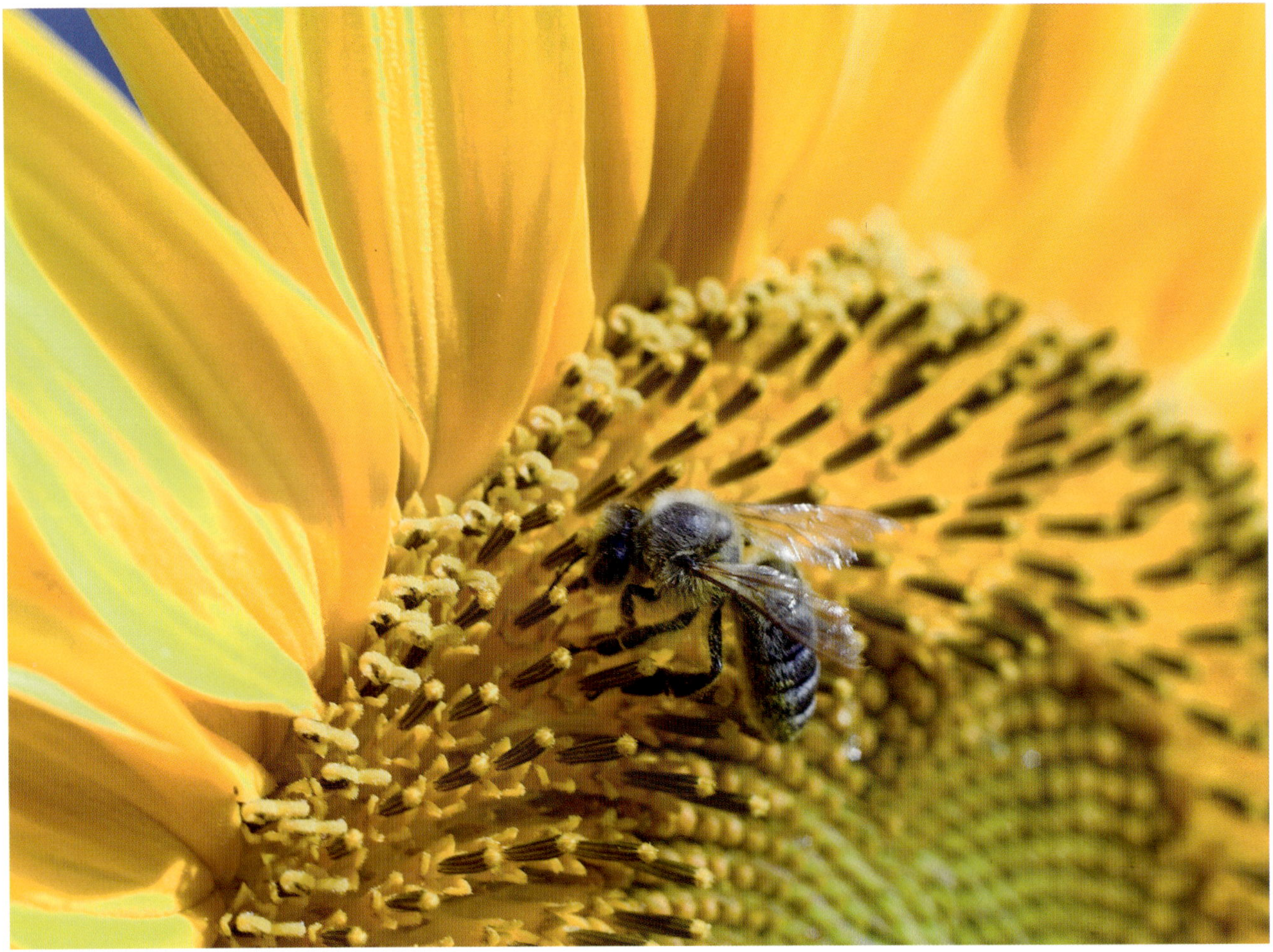

Wenn Sie eine Biene auf einer Sonnenblume fotografieren möchten, sollten Sie die Kamera samt Stativ aufbauen, die Belichtungswerte ermitteln, auf eine bestimmte Stelle manuell fokussieren und abwarten. Ein Fernbedienung hilft, Verwacklungen zu vermeiden.

mensymbol) verfügt. Wenn Sie aber nicht nur die auf einer Blüte sitzende Fliege, sondern einzelne Facetten ihrer Augen deutlich in den Aufnahmen darstellen wollen, benötigen Sie je nach Kameratyp unterschiedliches Spezialzubehör.

Reizvolle Blickfänge

Nah- oder Makroaufnahmen sind reizvolle Blickfänge für die unterschiedlichsten Gelegenheiten. Aus einer Rosenblüte wird schnell ein Motiv für eine Geburtstags- oder Hochzeitskarte, aus einer Fotosammlung von Strandblumen ein Kalender. Auch ein individueller Bildschirmhintergrund ist mit Makroaufnahmen möglich. Wenn Ihre Kamera über 5 Megapixel oder mehr verfügt, können Sie Ihre gelungensten Makroaufnahmen auch als Vergrößerung ausgeben lassen.

Erste Schritte in der Nah- und Makrofotografie

Was fällt Ihnen zum Stichwort Nahaufnahme ein? Viele denken vermutlich sofort an stimmungsvolle Bilder von traumhaft zarten Blüten, an Schmetterlinge oder z. B. an Details eines menschlichen Gesichts.

Für die ersten Schritte in der Nah- und Makrofotografie sind Blumen und Blüten am besten geeignet. Zunächst strahlen viele Blüten eine ganz natürliche Ästhetik aus. Zudem lassen sie sich in jeder beliebigen Umgebung arrangieren und bewegen sich nicht, wenn nicht gerade der Wind über die Pflanzen hinwegstreicht. Außerdem werden Sie beim Fotografieren sehr schnell die Probleme kennen lernen, die sich aus den unterschiedlichen Formen, den verschiedenen Strukturen und der Tiefenausdehnung ergeben. Sie werden sehen, wie schwierig es sein kann, genügend Schärfentiefe zu erzielen, um eine Blüte in ihrer Dreidimensiona-

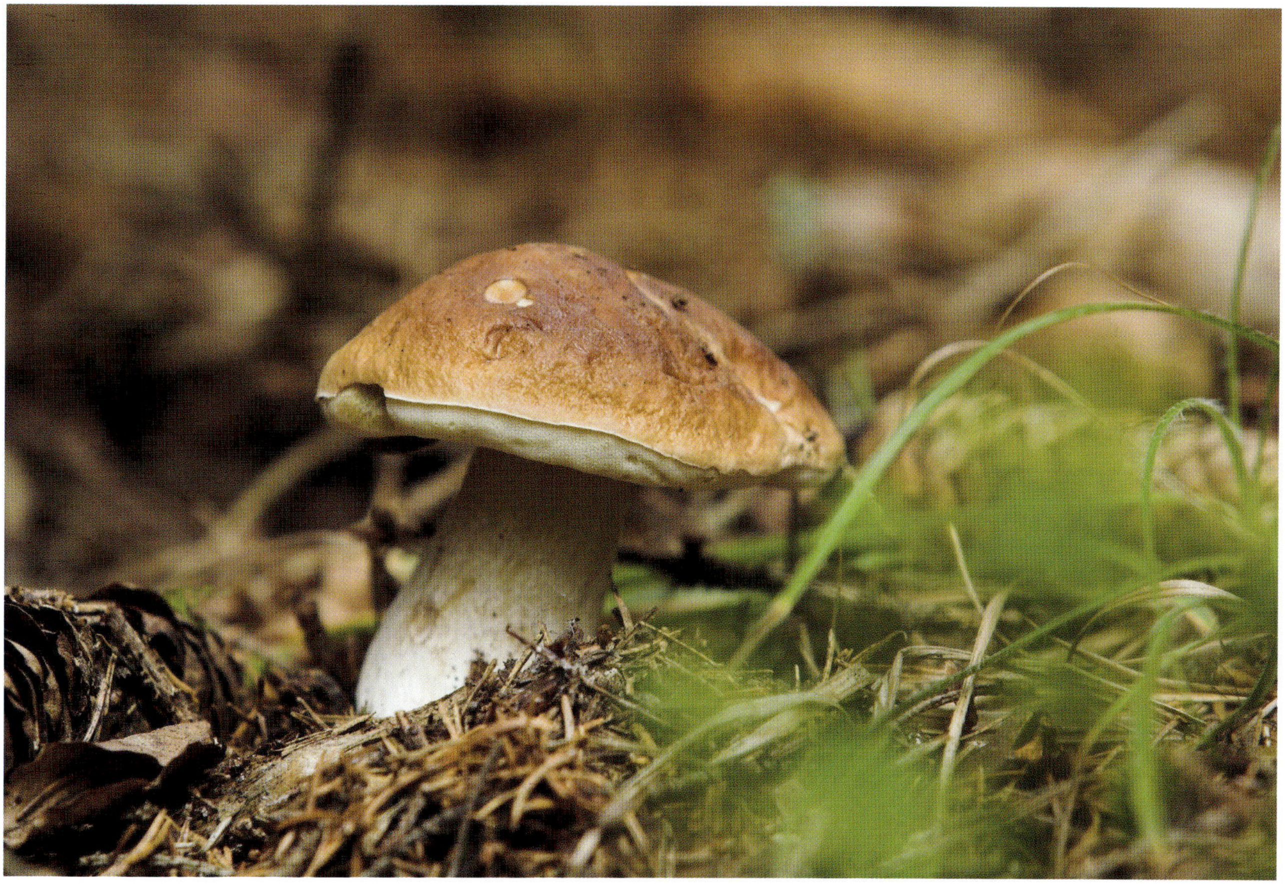

Kleine Objekte wirken immer dann am ungewöhnlichsten, wenn man sie aus einer ungewohnten Perspektive fotografiert. Der Steinpilz wurde am Boden liegend mit einem 200-mm-Teleobjektiv aufgenommen, um Vorder- und Hintergrund unscharf zu gestalten.

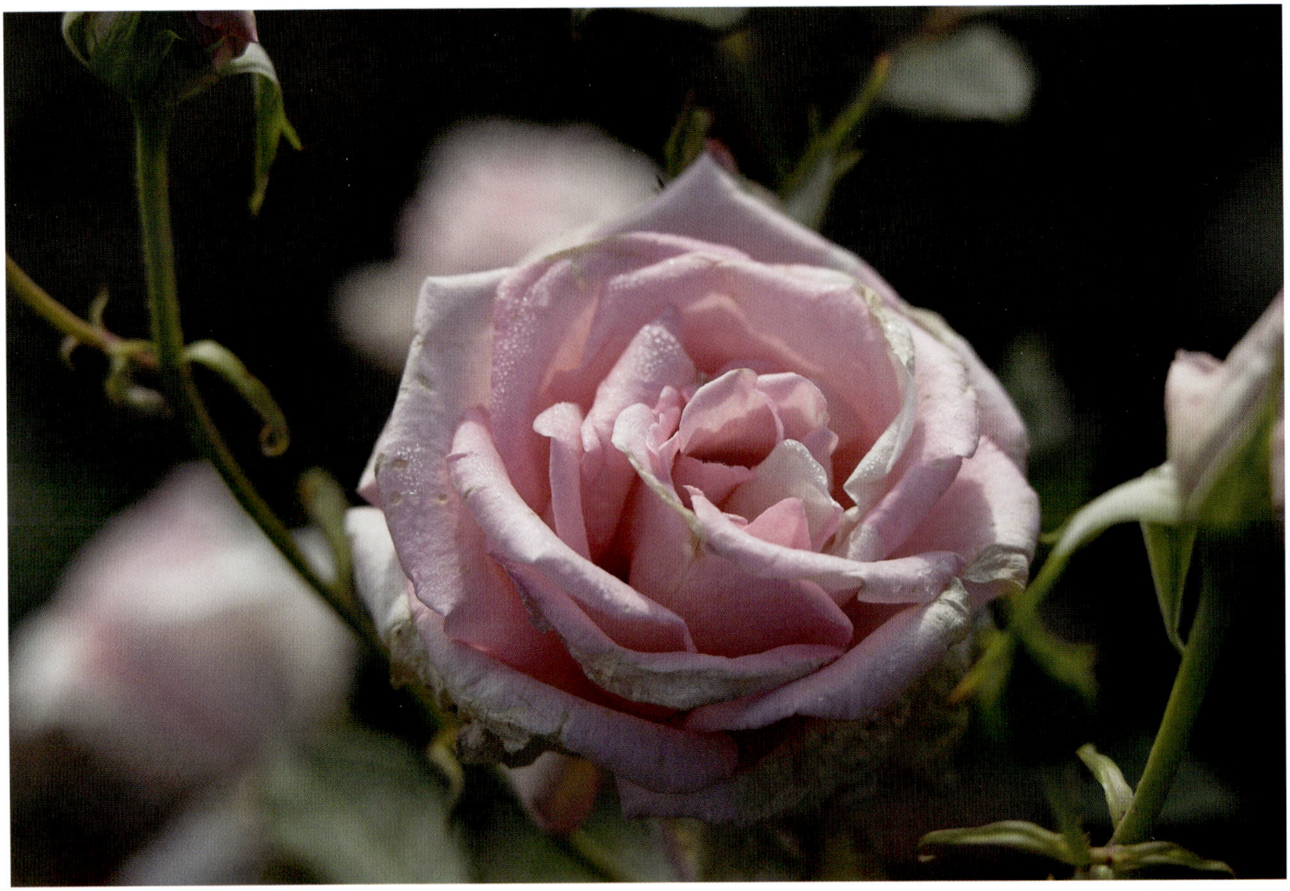

Ein Klassiker: Für die Rose im Morgentau ist kein Spezialequipment nötig. Verfügt Ihre Kamera über ein Programm für Nahaufnahmen, sind solche Bilder kein Problem.

lität zu erfassen, eine kunstvolle Beleuchtung zu arrangieren und den richtigen Bildausschnitt für gekonnte Gestaltungen auszuwählen. Die Tipps in diesem Kapitel helfen Ihnen jedoch, diese Schwierigkeiten der Nah- und Makrofotografie in den Griff bekommen.

Tipps für gelungene Nahaufnahmen

Wenn Sie noch keine Erfahrung in der Nahfotografie haben, suchen Sie sich zunächst ein paar geeignete Objekte. Das können Münzen, Miniatureisenbahnen, Früchte oder Blumen sein, bei denen Sie zum Fotografieren nah herangehen müssen.

Mit Blumen üben

Wenn Sie den Ratschlag befolgen, zunächst mit ein paar Blumen zu üben – selbst nicht so perfekte Fotos exotischer Blüten können als 20-x-30-Ausdruck toll wirken –, besorgen Sie sich größere Blüten. Um einen Blick für Strukturen und einen vorteilhaften Bildausschnitt zu entwickeln, sind flächige Blüten am besten geeignet. Stellen Sie Ihre Kamera entweder auf den Automatik- oder, falls vorhanden, auf den Makromodus ein und fotografieren Sie die Blüte zunächst frontal aus relativ geringer Entfernung. Wie dicht Sie im Makromodus herangehen können oder müssen, erfahren Sie im Kamera-Handbuch. In den meisten Fällen beginnt der Makrobereich bei etwa 30 cm. Mit guten Objektiven können Sie auf bis zu 5 cm an Ihr Motiv herangehen. Viele Kameras passen auch die automatische Scharfstellung, den Autofokus, an das Makroprogramm an und bieten Ihnen dann nur im Makrobereich der Kamera eine passende

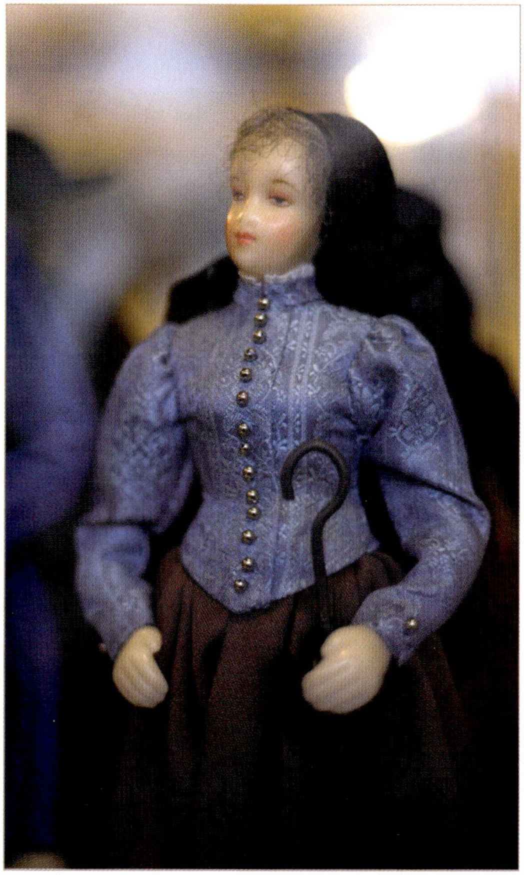

Diese Nahaufnahme musste mit langer Brennweite in schlecht beleuchteter Umgebung gemacht werden. Die Kamera war auf ein Einbeinstativ montiert, um Unschärfe durch Verwackeln zu vermeiden.

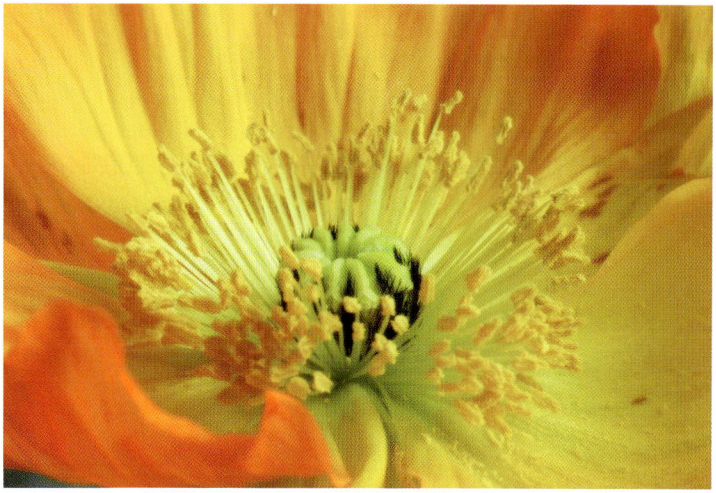

Mohn ist immer ein Blickfang. Besorgen Sie sich im Blumenladen ein paar Mohnblüten, die noch nicht aufgegangen sind. Verfolgen Sie das über ein paar Tage fortschreitende Öffnen der Blüten mit Ihrer Kamera.

Scharfstellung. Das ist eine gute Hilfe, denn wenn Sie zu weit weg sind, kann die Kamera nicht scharf stellen.

Verwacklern vorbeugen

Sie werden sehen, dass für die Wahl des Bildausschnitts und zum Ruhighalten der Kamera ein Stativ eine große Hilfe ist. Die Gefahr zu verwackeln ist bei Nahaufnahmen sehr hoch, wenn Sie aus der Hand fotografieren – es sei denn, Ihre Kamera bietet einen Bildstabilisator, der das leichte Verwackeln kompensiert. Fotografieren Sie die Blüte frontal, spielt die Schärfentiefe nur eine geringe Rolle, denn die Blüte liegt mehr oder weniger parallel zur Sensorebene. Es kommt hier mehr darauf an, auf Beleuchtung, Bildausschnitt und Hintergrund (falls sichtbar) zu achten. Wenn Sie im Freien arbeiten, liefert die Sonne Licht. Fotografieren Sie drinnen, stellen Sie die Blumen am besten neben ein Fenster. Das einfallende Licht beleuchtet die Blumen so sanft von der Seite.

Geringe Schärfentiefe bei Nahaufnahmen

Drehen Sie für eine zweite Aufnahmereihe die Blüte so, dass sie nicht mehr parallel zur Sensorebene steht. Sehen Sie sich im Sucher oder auf dem Bildschirm genau an, wo der schärfste Punkt auf der Blüte liegt, und machen Sie ein paar Aufnahmen mit unterschiedlicher Fokussierung. Wenn Ihre Kamera es erlaubt, sollten Sie manuell fokussieren, um z. B. auch auf einen Bereich außerhalb der Bildmitte scharf zu stellen. Wenn Sie die Fotos der zweiten Aufnahmereihe am Computer kontrollieren, werden Sie sehen, wie gering die Schärfentiefe bei Nahaufnahmen ist.

Tipp

Histogramm in der Vorschaufunktion

Sehen Sie im Handbuch Ihrer Kamera nach, ob die Vorschaufunktion ein Histogramm bietet. Das Histogramm ist die zuverlässigste Möglichkeit zur Kontrolle der Helligkeitsverteilung. Es zeigt in einer Grafik, ob die aufgenommenen Tonwerte innerhalb des von der Kamera erfassbaren Helligkeitsspektrums liegen. Ist eine Aufnahme über- oder unterbelichtet, sind Teile der grafischen Darstellung des Histogramms an den Rändern abgeschnitten.

Makro-Motive perfekt ausleuchten

Haben Sie Ihre Kamera auf das Aufnahmeprogramm für Nah- und Makroaufnahmen gestellt, steuert sie die Werte für Blende und Verschlusszeit mithilfe des internen Belichtungsmessers automatisch. Ist nicht genügend Licht vorhanden, wird je nach Kameramodell auch der Blitz zugeschaltet. Wenn die automatisch gesteuerten Aufnahmen nichts geworden sind, verändern Sie die Belichtungswerte.

Das Licht muss stimmen

Die schönsten Nah- und Makroaufnahmen entstehen, wenn nicht nur das Motiv und die Bildgestaltung, sondern vor allem auch das Licht stimmt. Allein viel Licht von oben oder von der Seite reicht für gute Bilder selten aus. Ein Motiv muss so ausgeleuchtet werden, dass alle Details sichtbar sind, trotzdem aber die Plastizität eines Objekts durch den Wechsel von Licht und Schatten, hellen und dunklen Partien verdeutlicht wird. Winzige Spitzlichter können zusätzlich für Stimmung sorgen.

Schatten modellieren Oberflächen

Wenn Sie ein detailreiches und sich in die Tiefe erstreckendes Objekt direkt von oben oder von vorn mit einem Blitz oder einer Lampe anstrahlen, flachen dessen Strukturen ab. Die Dreidimensionalität des Objekts lässt sich so nicht in den zweidimensionalen Raum eines Fotos hinüber-

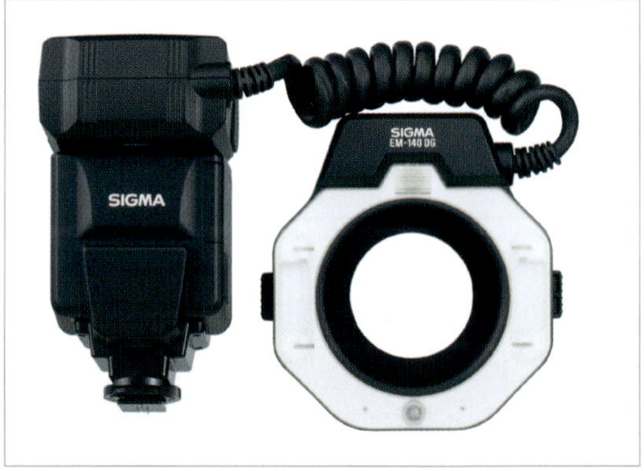

Das Ringblitzgerät für Makroaufnahmen wird vorn am Objektiv befestigt. Dadurch kann fast schattenfrei ausgeleuchtet werden.

Um die Feder interessanter zu gestalten, wurde sie mit einem Zerstäuber mit Wasser benetzt.

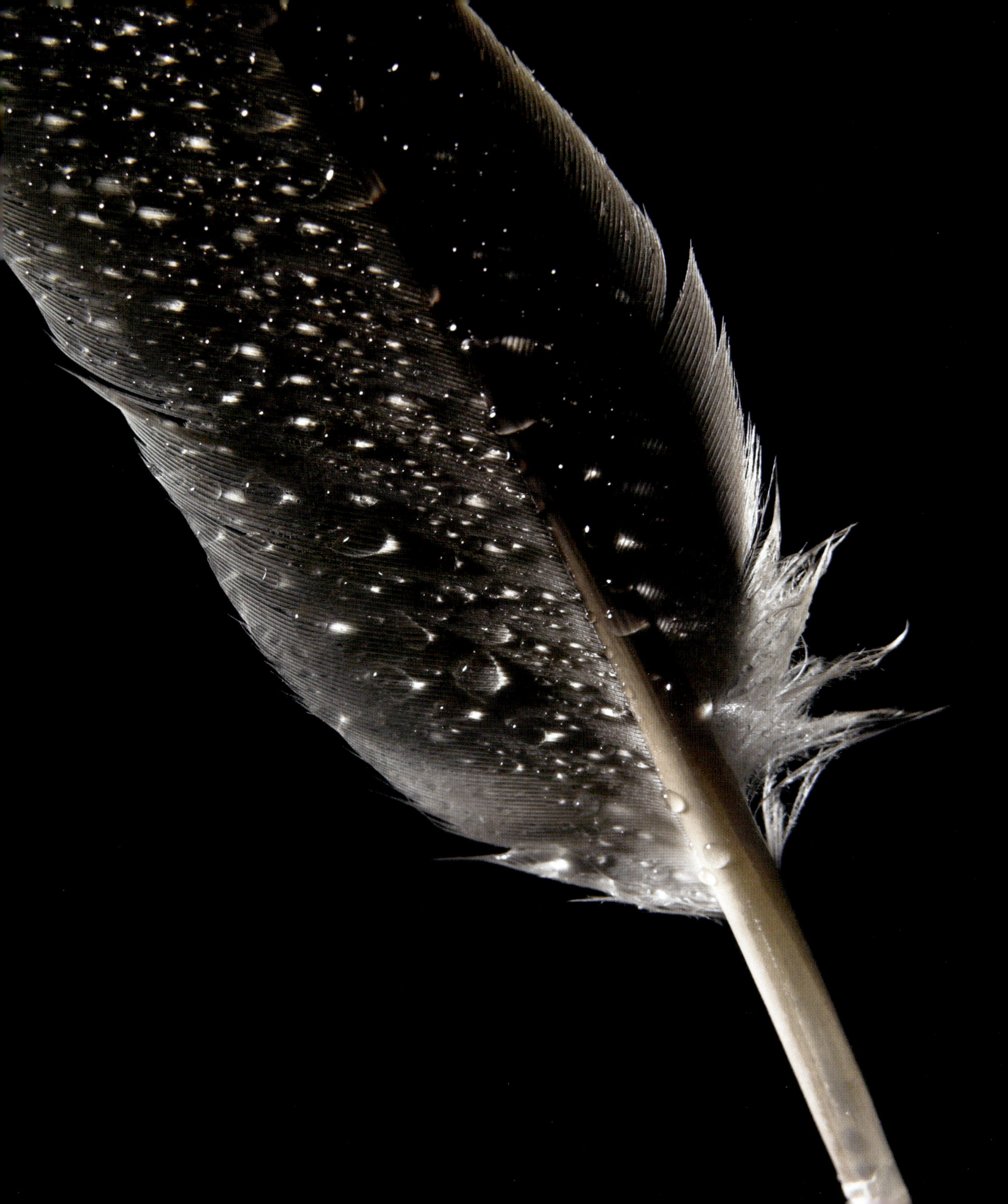

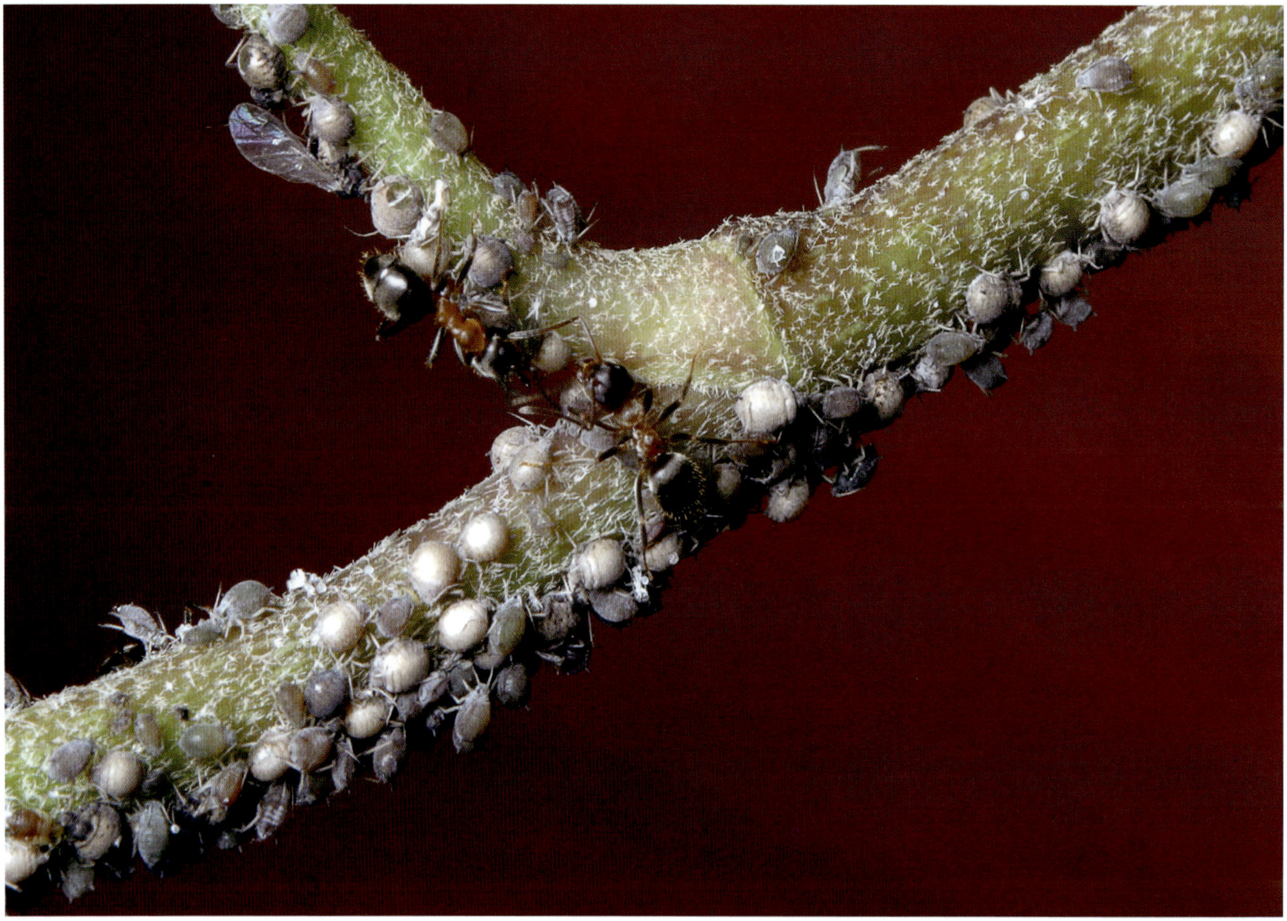

Für die Ausleuchtung der Blattläuse und Ameisen an einem Efeuzweig wurde ein Blitzgerät mit Softbox links von der Kamera aufgestellt. Da der schlecht beleuchtete Hintergrund weit entfernt war und die Belichtungszeit bei 1/250 sek lag, blieb der Hintergrund relativ dunkel.

transportieren, und es entsteht nicht der Eindruck räumlicher Tiefe. Erst Schatten modellieren Oberflächen. Machen Sie Ihre Nah- und Makrofotos also zunächst mit einer schräg seitlich positionierten Lichtquelle. Ob Sie ein Blitzlicht, einen Strahler oder das Tageslicht verwenden, ist dabei zweitrangig. Das Kernproblem bei einer seitlichen Lichtquelle ist, dass die dem Licht abgewandte Seite des Motivs je nach Umgebungshelligkeit im Schatten liegt.

Arbeiten mit Reflektoren

Arbeiten Sie in diesem Fall für eine weichere und gleichmäßigere Ausleuchtung mit Reflektoren. Ein Spiegel oder eine mit Alufolie bespannte Fläche wirft das Licht von der gegenüberliegenden Lichtquelle zurück und erhellt so im Schatten liegende Bildteile. Falls Sie das vom Reflektor zurückgeworfene Licht noch weicher gestalten möchten, verwenden Sie anstelle einer glänzenden Fläche eine weiße Styroporplatte oder eine andere weiße Fläche.

Motive, die sich schnell bewegen

Haben Sie schon einmal versucht, spielende Kinder oder einen herumtollenden Hund zu fotografieren? Immer wenn man sein Motiv gerade in der Schärfe hat, bewegt es sich vom Fleck, und man kann mit dem Scharfstellen von vorn beginnen. Arbeiten Sie mit größeren Motiven, lässt sich die Problematik etwas abschwächen, indem Sie mit Weitwinkel und kleiner Blende für mehr Schärfentiefe arbeiten. Diese Möglichkeiten haben Sie in der Nah- und Makrofotografie nicht unbedingt. Hier heißt es, nah heranzugehen und mit längeren Brennweiten zu fotografieren, um kleine und winzige Motive formatfüllend zu erwischen.

Insekten fotografieren

Insekten und andere kleine Lebewesen können sich mit erstaunlicher Geschwindigkeit bewegen.

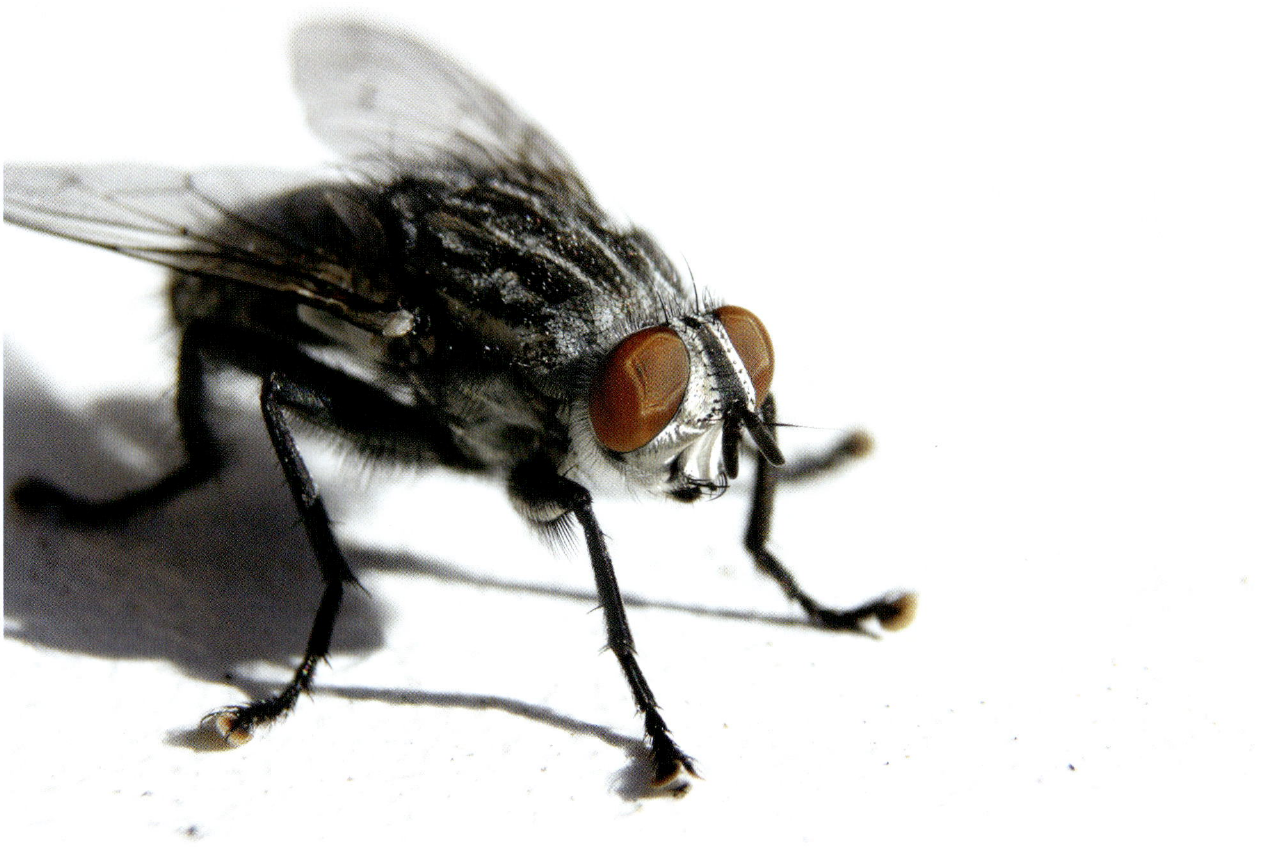

Derart detaillierte Aufnahmen von Insekten sind nur mit Spezialzubehör wie Nahlinsen, Makroobjektiven, Zwischenringen oder Balgengeräten möglich. Nur wenige Kompaktkameras bieten Naheinstellgrenzen von wenigen Zentimetern.

Deshalb sollten Sie den Punkt, an dem Sie die Tiere fotografieren möchten, zuvor exakt manuell festlegen. Arbeiten Sie hierbei mit Stativ, zusätzlich am besten mit Fernauslöser, um die Kamera beim Auslösen nicht mehr zu berühren. Ebenfalls hilfreich ist ein Einstellschlitten, mit dem die Kamera zum Fokussieren millimetergenau vor- und zurückbewegt werden kann, ohne die Fokussierung an der Kamera verändern zu müssen.

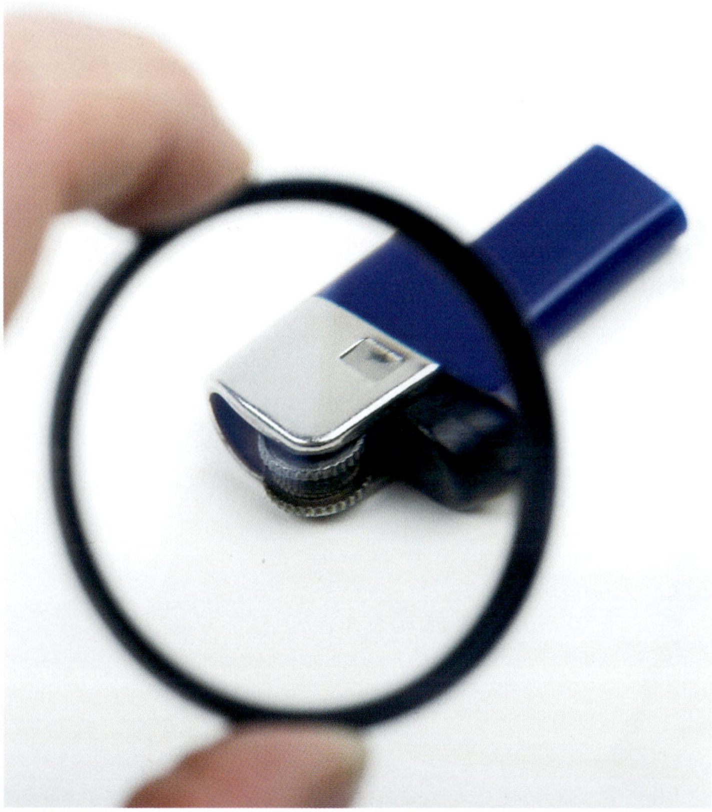

Nahlinsen sind nichts anderes als Vergrößerungsgläser. Die Abbildungsqualität des Objektivs wird durch eine Nahlinse mehr oder weniger gemindert, weshalb Sie hier auf Qualität achten und lieber etwas mehr ausgeben sollten. Nahlinsen gibt es in verschiedenen Stärken, die Stärke wird in Dioptrien angegeben.

Tipp

Reflektoren gezielt einsetzen

Ein Reflektor dient nicht nur dazu, Licht zu streuen und die Ausleuchtung weicher zu gestalten. Im Freien ist z. B. eine an einem Stativ befestigte Styroporplatte ein guter Windschutz. Je zarter Motive wie z. B. Gartenblumen sind, desto eher führen auch leichte Windstöße zu ungewollter Bewegungsunschärfe.

Schrauben Sie die Kamera auf ein Stativ, und legen Sie mithilfe des Monitors oder Suchers den Bildausschnitt fest. Fokussieren Sie anschließend auf den Punkt, an dem das Motiv festgehalten werden soll. Zur Kontrolle der Belichtungswerte (für große Schärfentiefe empfiehlt es sich, mit kleiner Blende zu arbeiten oder das Makro-/Nahprogramm der Kamera einzustellen) sollten Sie einige Aufnahmen machen und anschließend sofort auf dem Display überprüfen. Sind die Aufnahmen zu hell oder zu dunkel, verändern Sie die Belichtung entsprechend.

Kurze Verschlusszeiten

Bei Motiven, die sich schnell bewegen, müssen Sie mit sehr kurzen Verschlusszeiten (1/250 sek und weniger) arbeiten, um die Motive in ihrer Bewegung „einzufrieren“. Kurze Verschlusszeiten erfordern relativ weit geöffnete Blenden, um noch genügend Licht auf den Sensor fallen zu lassen. Hierdurch wird die Schärfentiefe wieder reduziert. Ein Kompromiss aus möglichst kurzer Verschlusszeit und kleiner Blende ist also notwendig, um ein Optimum aus der Aufnahme eines Motivs in Bewegung herauszuholen. Abhilfe schafft hier entweder eine geeignete Lichtquelle oder ein für die Nahfotografie geeignetes Blitzgerät, mit dem Sie allerdings lebende Motive schnell vertreiben.

Tipp

Durch ein Nordfenster hereinfallendes Licht nutzen

Fotografieren Sie im Haus, können Sie das durch ein Nordfenster hereinfallende Licht nutzen. Dieses Licht ist diffus, weil die Sonne nicht direkt ins Fenster scheint. An trüben Tagen ist das Licht besonders weich. Es lässt sich zusätzlich aufweichen, indem Sie das Fenster mit Backpapier verkleiden. In jedem Fall verursacht das Licht eines Nordfensters sehr sanfte Schatten, die sich in Nah- und Makromotiven besonders gut machen.

Kamerazubehör für einwandfreie Aufnahmen

Nah- und Makroaufnahmen gelingen in den meisten Fällen nur mit einem Stativ wirklich gut. Mit einem stabilen Dreibeinstativ wird es einfacher, exakt auf das Hauptmotiv zu fokussieren. Weil für maximale Schärfentiefe kleine Blenden nötig sind, die durch relativ lange Verschlusszeiten von der Kameraautomatik kompensiert werden, verhindert ein Stativ – am besten in Kombination mit Fern- oder Selbstauslöser –, dass Sie Ihre Aufnahmen verwackeln.

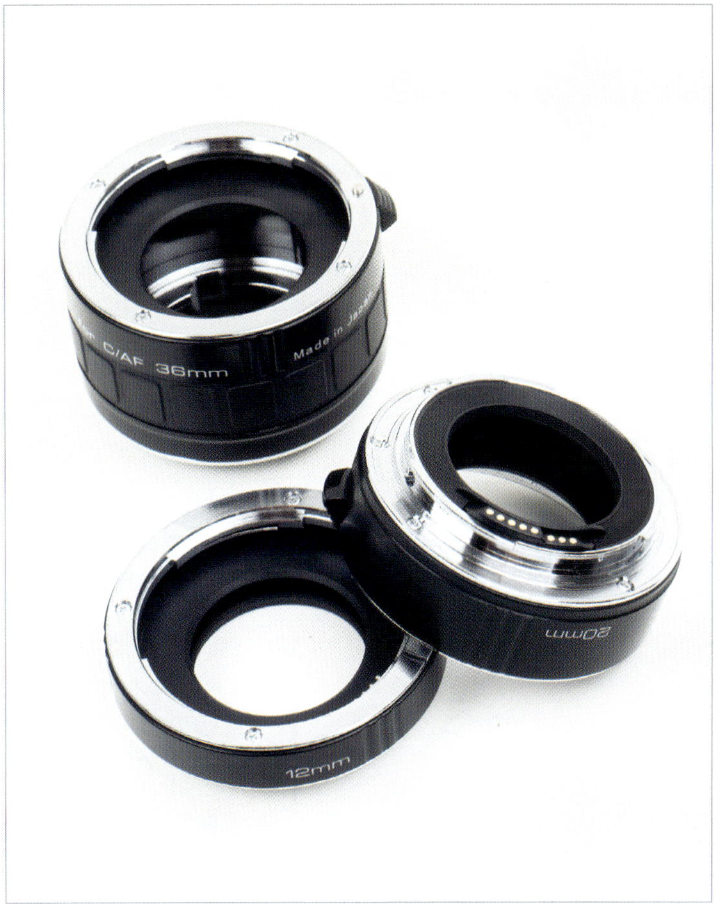

Zwischenringe werden zwischen Objektiv und Spiegelreflexkamera gesetzt, um näher an Motive herangehen zu können.

Nahlinsen verringern die Distanz zum Motiv

Viele digitale Kompaktkameras lassen sich bis auf wenige Zentimeter vor ein Motiv halten, wodurch in Kombination mit einer langen Brennweite für Fotos von nur zentimetergroßen Lebewesen kein Zubehör notwendig ist. Besitzen Sie eine Kamera, die keine solche Annäherung erlaubt, brauchen Sie eine Nahlinse, die ins Filtergewinde des Objektivs geschraubt wird. Hat Ihr Objektiv kein Filtergewinde, fragen Sie Ihren Fachhändler nach einer speziellen Filterhalterung, die am Kameragehäuse angebracht werden kann. Nahlinsen, die relativ günstig im Fachhandel erhältlich sind, wirken wie Vergrößerungsgläser. Sie verringern die notwendige Distanz zwischen Kamera und Motiv. Man erhält Nahlinsen in verschiedenen Stärken, die in Dioptrien angegeben werden. Es lassen sich auch mehrere Nahlinsen miteinander kombinieren. Allerdings wird die Bildqualität durch Farbfehler und Unschärfen deutlich schlechter, je mehr Linsen Sie verwenden.

Zuschaltbare Makrofunktion bei SLR-Kameras

Besitzer von digitalen Spiegelreflexkameras haben neben den Nahlinsen einige weitere Optionen, um die Ausrüstung zu erweitern. Eine Reihe von Standard-Zoomobjektiven hat eine zuschaltbare Makrofunktion, um sich den gewünschten Motiven bis auf einige Zentimeter zu nähern. Mit speziellen (und teuren) Makroobjektiven lassen sich Vergrößerungen bis zur Lebensgröße erzielen. Ein Motiv von einem Zentimeter Größe wird also auf einem Sensor in Lebensgröße abgebildet und nimmt auf dem Sensor die gleiche Größe wie in Wirklichkeit ein. Man spricht von einem Abbildungsmaßstab von 1:1. Die Abbildungsqualität von Objektiven, die speziell für Makroaufnahmen konzipiert sind, ist übrigens deutlich besser als von Allround-Optiken mit zusätzlicher Makrofunktion.

Zwischenringe einsetzen

Relativ preiswert sind Zwischenringe, die zwischen Kamera und Objektiv montiert werden, aber nur für Spiegelreflexkameras mit Wechselobjektiven verwendet werden können. Zwischenringe sorgen dafür, dass Objektiv und Kamera nach wie vor miteinander kommunizieren und automatische Belichtung und Autofokus wie gewohnt funktionieren. Die Ringe gibt es in verschiedenen Stärken. Je dicker sie sind, desto größer ist der Abbildungsmaßstab. Man kann die Ringe miteinander kombinieren, die Abbildungsqualität wird dabei nicht vermindert. Allerdings schlucken Zwischenringe Licht, wodurch sich die Belichtungszeit verlängert oder größere Blenden benötigt werden.

Balgengeräte und Umkehrringe

Spiegelreflexkameras können für die Nah- und Makrofotografie auch mit Balgengeräten und Umkehrringen ausgerüstet werden. Balgengeräte arbeiten nach dem gleichen Prinzip wie Zwischenringe, man kann die Entfernung zwischen Objektiv und Kamera jedoch stufenlos einstellen. Mit einem Umkehrring, der an einer Seite einen Anschluss für das Objektiv, an der anderen einen Kameraanschluss hat, kann man seine Objektive umgekehrt an eine Kamera anbringen. Das Objektiv wirkt dann wie ein Vergrößerungsglas. Dadurch bleibt die Abbildungsqualität des Objektivs erhalten. Gute Umkehrringe sind so ausgestattet, dass die Kommunikation zwischen Kamera und Objektiv weiterhin möglich ist. Bei einfachen Modellen werden Belichtungswerte und Fokussierung von Hand eingestellt.

Tiere zu Hause, im Zoo und in freier Wildbahn

Wenn Sie schon einmal versucht haben, Ihr Haustier, Vögel am winterlichen Futterhäuschen oder Tiere im Zoo zu fotografieren, sind Sie vermutlich bereits auf ein paar Probleme gestoßen, mit denen man bei Tieraufnahmen zu kämpfen hat. Schnelle Bewegungen, Fluchtreaktionen, zu wenig oder zu viel Licht, ein störender Hintergrund und ein manchmal nicht absolut zuverlässiger Autofokus gehören dazu. Umso beeindruckender sind die atemberaubenden Wildlife-Aufnahmen, die man im Fernsehen, in Büchern oder Zeitschriften und im Kino bestaunen kann.

Nach den ersten eigenen Versuchen in Sachen Tierfotografie fragt man sich, wie die professionellen Fotografen und Tierfilmer ihre Aufnahmen hinbekommen haben. Fliegende Vögel, springende Raubkatzen und vorbeiflitzende Fische sind der Lohn harter Arbeit von Profis, die viel Zeit und Geld in diesen Bereich der Fotografie stecken.

Das bedeutet aber keineswegs, dass gute Tieraufnahmen nur mit einer teuren Ausrüstung und wochenlangen Wanderungen in freier Wildbahn möglich sind. Die tollen Aufnahmen von Wildtieren werden vielfach mit Extrembrennweiten oder versteckten Kameras mit Fernauslöser gemacht. Denn auch die Profis kommen schon aus Sicherheitsgründen nicht bis auf wenige Zentimeter an Löwen, Elefanten oder Krokodile heran.

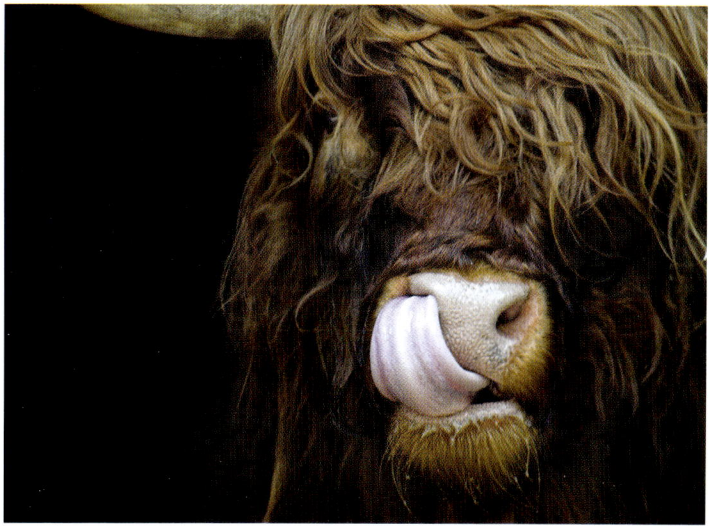

Im Zoo hat man bessere Möglichkeiten, auch ungewöhnlichere Tierarten zu fotografieren. Als Vorbereitung auf einen Abenteuerurlaub mit Safari sollten Sie unbedingt vorher ein paar Mal in den Zoo gehen und Ihre Kamera besser kennen lernen.

Der ästhetische Wert eines Tierporträts

Es ist natürlich eine Tatsache, dass eine schnelle Spiegelreflexkamera mit Topobjektiven und deren professionelle Bedienung die Ausbeute an zumindest technisch gelungenen Fotos erhöhen kann. Den ästhetischen Wert eines Tierporträts vermag die Qualität der Ausrüstung nicht automatisch zu beeinflussen, denn für Bildgestaltung und Timing sind allein Sie zuständig. Auch die interessante Umgebung – Elefanten vorm Kilimandscharo, aufspritzende Gischt hinter einer Herde von Seekühen – muss für gute Bilder in den Bildaufbau mit einbezogen werden. Deshalb der wichtigste

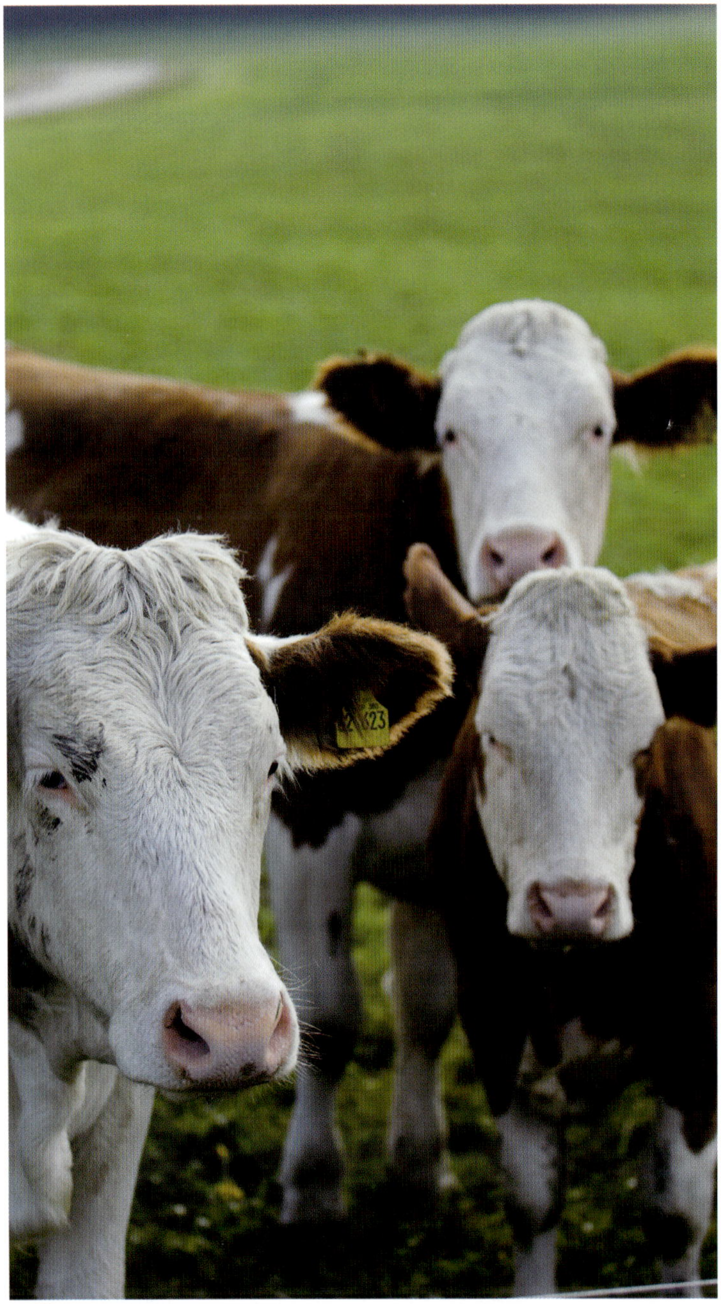

Auf den Bildaufbau kommt es an! Auch scheinbar langweilige Motive wie ein paar Rinder lassen sich interessant in Szene setzen, wenn das Bild Dreidimensionalität vermittelt.

Tipp zu Beginn: Fotografieren Sie die Tiere in ihrer Umgebung und lernen Sie dabei, Ihre Kamera zu beherrschen und auf die Besonderheiten in der Gestaltung von Tierfotografien zu achten.

Fotoequipment für jede Gelegenheit

Mit jeder Art von Digitalkamera lassen sich Tierbilder schießen. Mit einer kleinen Kompaktkamera mit Dreifachzoomobjektiv eine qualitativ hochwertige, formatfüllende Aufnahme eines Löwen in freier Wildbahn zu machen, würde Sie jedoch in Lebensgefahr bringen, da Sie sehr nah an das Tier herangehen müssten. Und die Bildqualität für einen vergrößerten Ausschnitt aus einem Digitalfoto reicht je nach Entfernung zum Motiv gerade mal für die halbe Postkartengröße.

Tipp

Tiergruppen fotografieren

Fotografieren Sie Gruppen von Tieren, versuchen Sie eines der Tiere als Blickfang auszumachen. Das funktioniert, indem z. B. ein einzelnes Tier in die Kamera blickt, den Kopf hebt oder sich farblich von den anderen unterscheidet.

Wissen um die Fluchtdistanz

Besitzen Sie eine digitale Kompaktkamera mit 10- oder 12fachem optischem Zoomobjektiv, mit der Sie Brennweiten zwischen rund 30 und 400 mm (umgerechnet auf das Kleinbildformat) erreichen, sind Sie sehr gut für die meisten Tiermotive zu Hause und im Zoo ausgestattet. Sogar während einer Safari sollten Fotos von Zebras, Elefanten und

Professionelle Aufnahmen von Wildtieren wie den Wölfen rechts erfordern viel Geduld und teure Kameraausrüstung, da man meist nicht sehr nah an seine Motive herankommt.

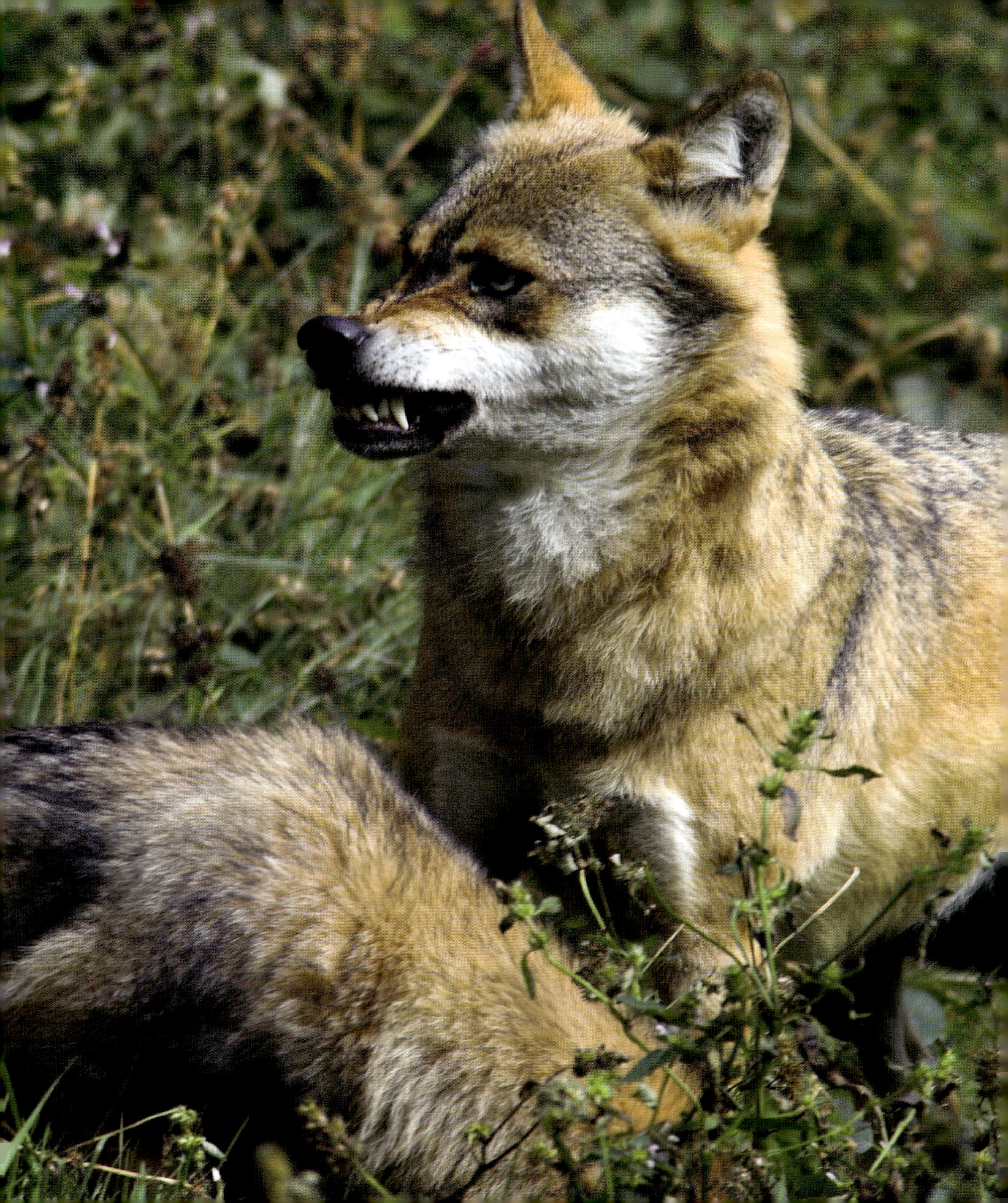

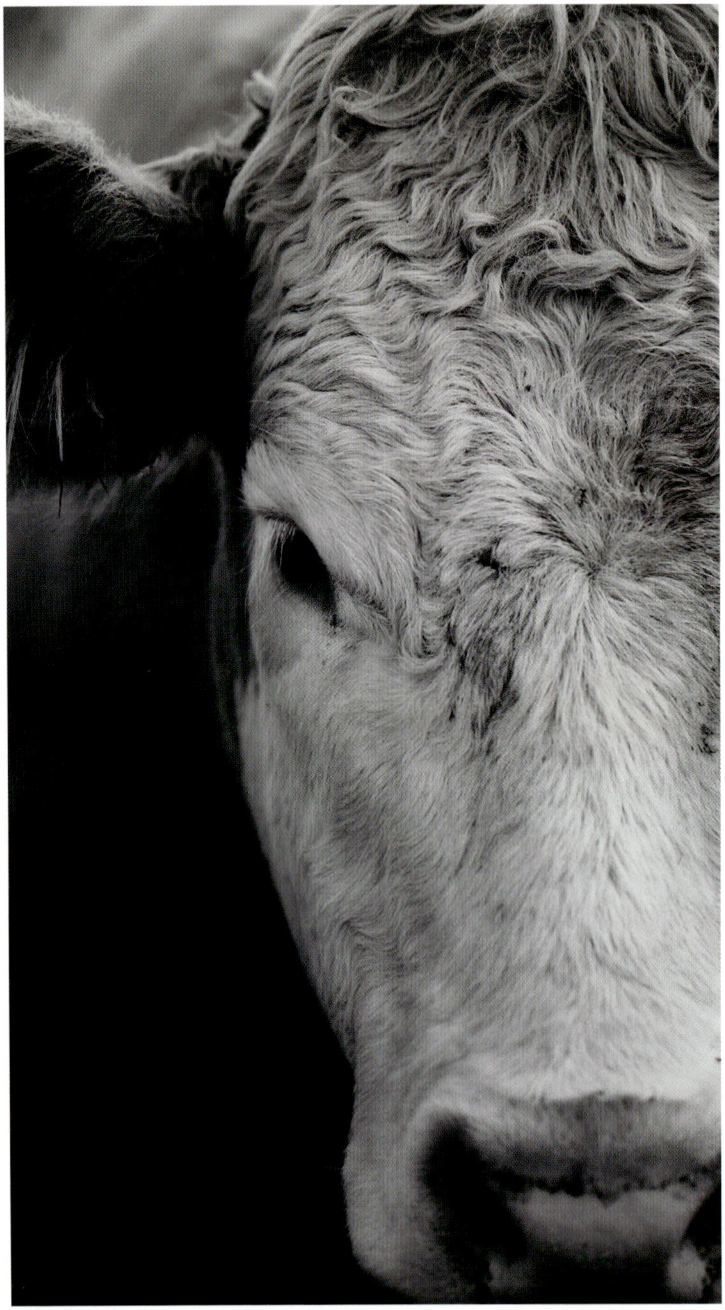

Wäre der Fotograf dem grimmig blickenden Stier so nah gekommen, wie das Foto es vermittelt, hätte er möglicherweise Probleme bekommen. Das Bild entstand mit langer Brennweite von 200 mm.

gelangweilt in der Mittagssonne liegenden Löwen möglich sein, auch wenn Sie nicht jedes Detail auf den Aufnahmen erkennen werden.

Im Tierpark kommen Sie relativ nah an die Tiere heran, die nicht flüchten können und außerdem an den Anblick von Menschen gewöhnt sind.

Tipp

Auf digitalen Zoom verzichten

Verzichten Sie für Tieraufnahmen mit langer Brennweite auf den digitalen Zoom. Die Bildqualität des digitalen Zooms, bei der Bildinformationen nur künstlich vergrößert werden, ist nicht vergleichbar mit der Qualität des echten optischen Zooms.

Den Abstand, den Tiere in der freien Natur zwischen sich und dem Menschen tolerieren, nennt man Fluchtdistanz. Das Wissen um die Fluchtdistanz ist sehr wichtig, um zu guten Fotos zu kommen.

Tipp

Mehr Dynamik mit dem Sportprogramm

Um mehr Dynamik ins Bild zu bringen, fotografieren Sie sich bewegende Tiere mit dem Sportprogramm und verfolgen die Bewegung mit der Kamera. Achten Sie darauf, dass die Bewegungsrichtung von links nach rechts verläuft – das vermittelt Aktivität und Kraft.

Einstieg in Superbrennweiten

Profis, die mit Spiegelreflexkameras und Wechselobjektiven arbeiten, setzen oft Teleobjektive mit enormen Brennweiten (1000mm und mehr) ein, um die Fluchtdistanz nicht zu unterschreiten. Arbeiten auch Sie mit einer Spiegelreflexkamera, ist der Einstieg in diese Superbrennweiten auf zweierlei Weisen möglich. Sie kaufen ein entsprechendes Objektiv, was extrem kostspielig ist, oder Sie verwenden zusätzlich zu Ihrem Objektiv mit der längsten Brennweite einen so genannten Konverter. Telekonverter für Spiegelreflexsysteme verlängern je nach Ausführung die Brennweite um

Tipp

Große Blende bei Nahaufnahmen

Stellen Sie bei Nahaufnahmen von Tieren eine große Blende ein (alternativ das Porträtprogramm verwenden), sodass der Hintergrund in Unschärfe verschwimmt und dadurch nicht vom Hauptmotiv ablenkt.

die Faktoren 1,4 oder 2 oder 3. Motive werden also um den jeweiligen Faktor vergrößert. Zwar kann man Konverter auch kombinieren, die Abbildungsqualität des Objektivs nimmt dann aber spürbar ab. Wie groß der Qualitätsverlust ist, hängt von der Güte des Konverters ab. Zusätzlich zur verringerten Abbildungsqualität benötigen Sie für korrekte Belichtungen mehr Licht, was mit längerer Belichtungszeit oder größeren Blendenöffnungen kompensiert werden muss. Je nach Aufnahmeprogramm geschieht das automatisch oder manuell.

Konverter gibt es übrigens nicht nur für Spiegelreflexkameras, sondern auch für digitale Kompaktkameras. Diese muss allerdings über ein Filtergewinde verfügen, in das der Konverter eingeschraubt wird. In das Gewinde können natürlich auch andere Zubehörteile wie Nahlinsen und Filter geschraubt werden. Am besten fährt man hierbei mit den vom jeweiligen Kamerahersteller empfohlenen Linsen, da sie die Abbildungsqualität nur unmerklich verringern.

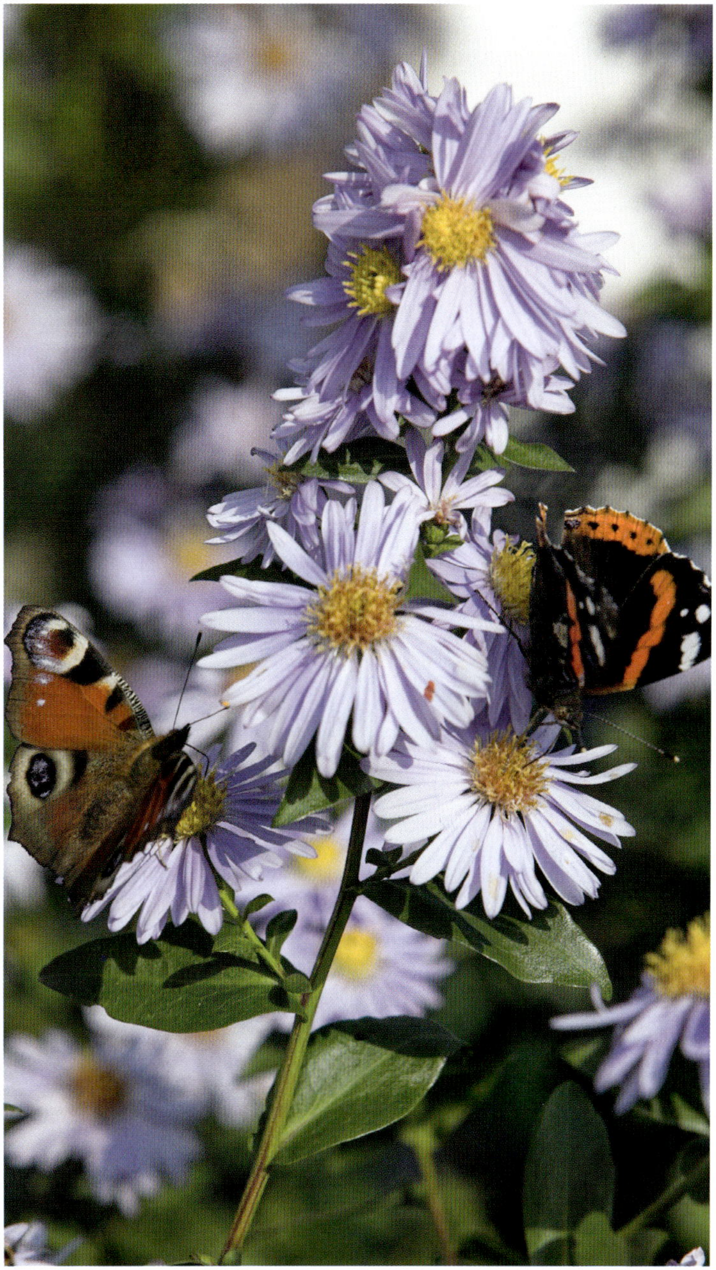

Eine kurze Telebrennweite von circa 135 mm hat hier ausgereicht, um die Schmetterlinge fotografieren zu können. Das Sonnenlicht war ausreichend, um mit einer Verschlusszeit von 1/250 sek arbeiten zu können. Die Aufnahme entstand sozusagen im Vorbeigehen ohne Stativ.

Tipp

Konverter zum Aufschrauben

Wenn Sie sich für Ihre Digitalkamera einen Konverter zum Aufschrauben kaufen möchten, probieren Sie gerade stärkere Konverter (2fach, 3fach und mehr) besser vor dem Kauf aus. Entscheiden Sie erst nach der Kontrolle von einigen Testfotos, ob die Bildqualität Ihren Ansprüchen genügt. Gerade Konverter von Billiganbietern verringern die Bildqualität deutlich.

Was man gegen Verwackler tun kann

Neben der mangelnden Schärfe und dem schlechteren Kontrast von Aufnahmen mit Konvertern gibt es ein zweites Problem, das gute Tierfotos aus großer Entfernung schwierig macht. Je länger die Brennweite ist, desto schneller werden Aufnahmen durch Verwackeln unscharf, wenn Sie kein stabiles Stativ einsetzen oder die Kamera irgendwo auflegen können.

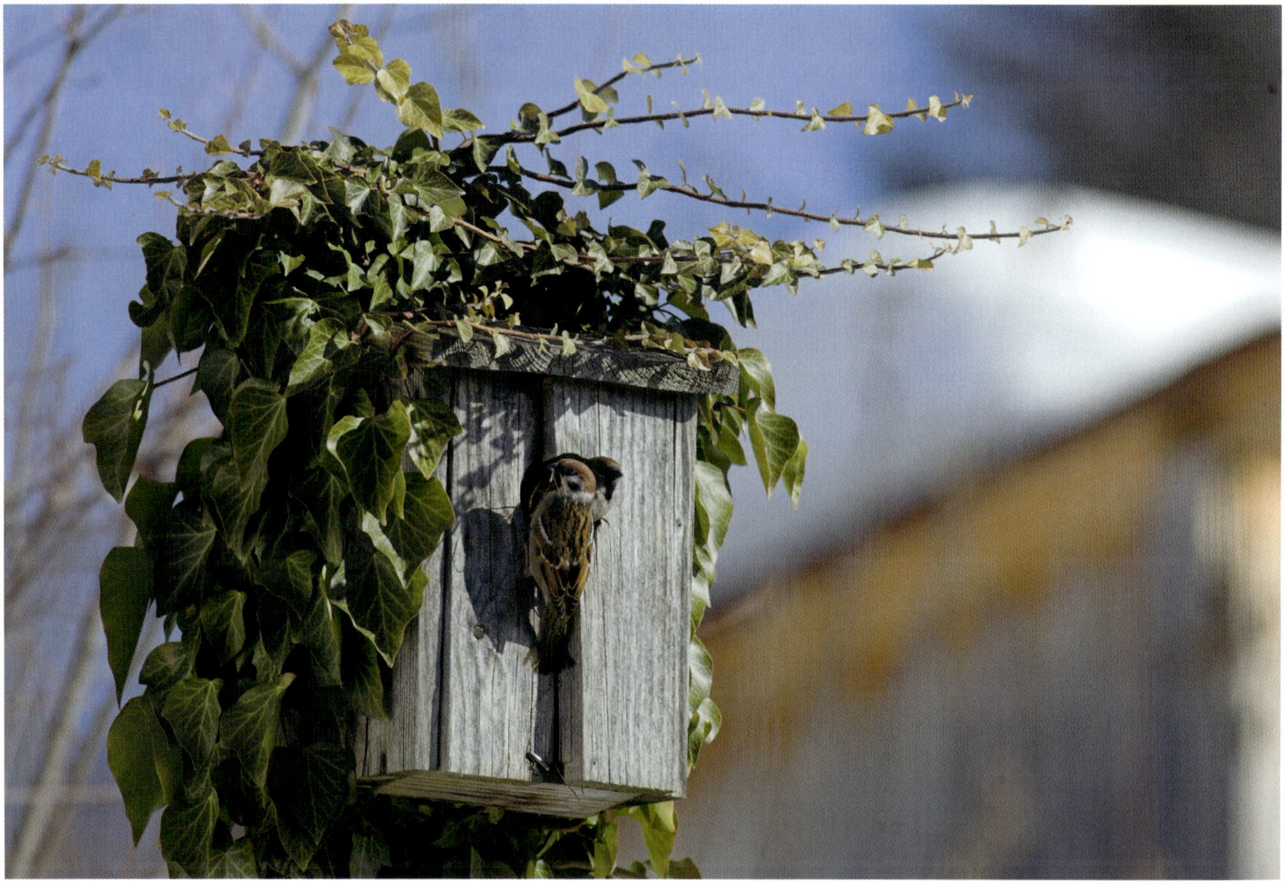

Die Kamera war in einem dem Vogelhaus gegenüberliegenden Fenster platziert. Sie war auf ein stabiles Stativ montiert, um ohne Verwackeln Fotos mit langer Brennweite (400 mm) machen zu können.

Verschlusszeit manuell beeinflussen

Bei einer Weitwinkelaufnahme wäre es möglich, mit einer Verschlusszeit von z. B. 1/30 sek ohne Stativ zu fotografieren. Arbeiten Sie mit einer so langen Verschlusszeit und mit einer Brennweite von 200 mm (bezogen auf das Kleinbildformat) aus der Hand, verwackeln die Aufnahmen garantiert. Halten Sie sich an eine Faustregel aus der analogen Fotografie: Für nicht verwackelte Bilder ohne Stativ sollte der umgekehrte Wert der Verschlusszeit in etwa der Brennweite entsprechen. Fotografieren Sie mit 250 mm (bezogen auf das Kleinbildformat), darf die Verschlusszeit also höchstens 1/250 sek betragen. Wenn Sie die Verschlusszeit an Ihrer Kamera nicht manuell beeinflussen können, behelfen Sie sich mit dem Aufnahmeprogramm für Sportfotos. Das Sportprogramm setzt bei der Belichtung die Priorität auf kurze Verschlusszeiten und stellt die notwendige passende Blende automatisch dazu ein. Arbeiten Sie mit einer Kamera mit Bildstabilisator, sind auch längere Verschlusszeiten möglich.

Tipp

Abschaltbare Kamerasignale

Unabdingbar für gute Tierfotos sind abschaltbare Kamerasignale. So praktisch der kleine Piepser bei der Scharfstellung oder das Pseudoklicken bei der Aufnahme ist – gerade wilde Tiere reagieren hoch empfindlich.

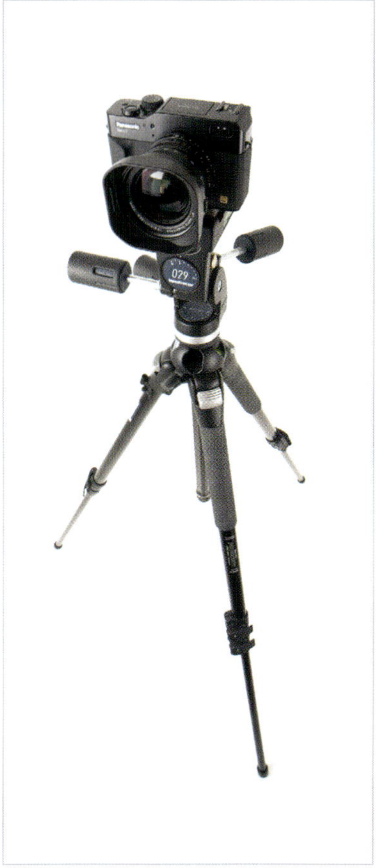

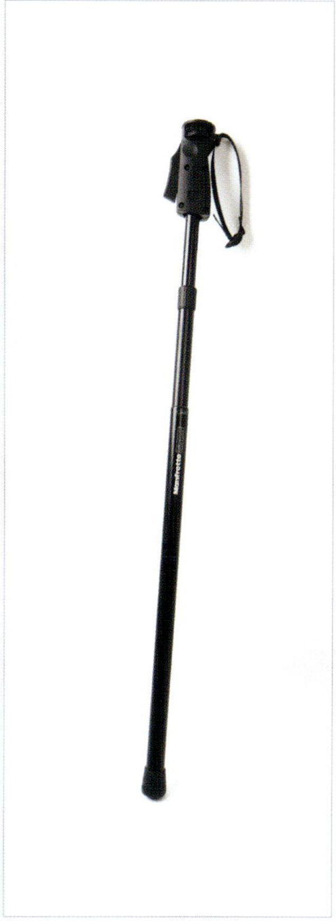

Stative gibt es als Einbein- (rechts) und Dreibeinmodelle. Für bedächtiges Fotografieren sind Dreibeine besser geeignet. Wenn man oft und schnell den Standort wechseln muss, ist ein Einbeinstativ die bessere Wahl.

Gestochen scharfe Bilder nur mit Stativ

Wenn Sie sich für Tieraufnahmen begeistern und dazu in der Natur unterwegs sind, ist für gestochen scharfe Bilder ein Stativ unverzichtbar. Stative müssen stabil genug sein, um die Digitalkamera sicher und verwacklungsfrei zu tragen. Arbeiten Sie mit einer kompakten und leichten Digitalkamera, genügt schon ein relativ leichtes Stativ, das auch bei längeren Wanderungen kaum behindert. Je schwerer die Ausrüstung ist, desto schwerer ist auch das passende Stativ. Sind Sie oft zu Fuß unterwegs und haben eine Spiegelreflexausrüstung mit langen und schweren Teleobjektiven, kann ein entsprechend schweres Stativ schnell zur zusätzlichen Last werden. Es gibt neben den Modellen aus Aluminium auch

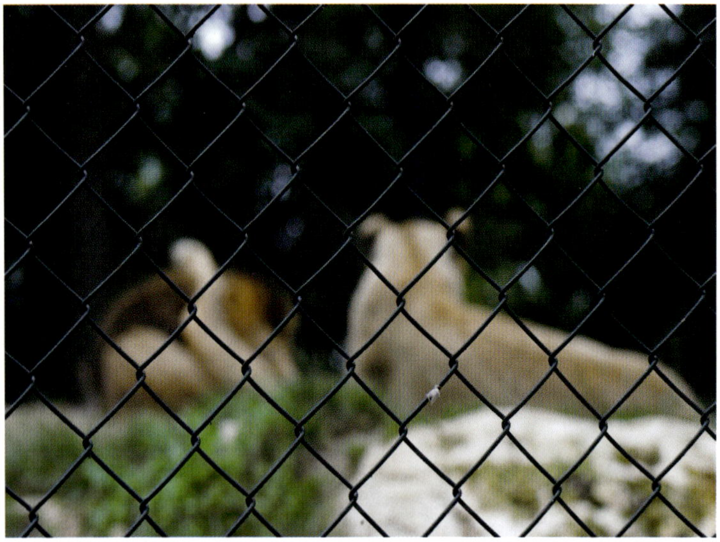

Problem Autofokus: Das Gitter im Vordergrund hat den Autofokus irritiert, hier hilft nur manuelles Fokussieren.

solche aus Karbon, die bei deutlich reduziertem Gewicht die gleiche Stabilität haben, jedoch sehr teuer sind.

Fern- und Selbstauslöser

Fast genauso wichtig für nicht verwackelte Aufnahmen wie ein Stativ ist ein Fern- oder Selbstauslöser. Mit einem Fernauslöser – viele Digitalkameras werden heute mit praktischen Infrarotfernauslösern ausgeliefert – haben Sie die perfekte Kontrolle über den richtigen Zeitpunkt des Auslösens. Der auf ein bestimmtes Zeitintervall einstellbare Selbstauslöser ist in der Beziehung nur eine Notlösung.

Spiegelvorauslösung bei SLR-Kameras

Besitzer digitaler Spiegelreflexkameras können die Bildschärfe zusätzlich mithilfe der so genannten Spiegelvorauslösung optimieren. Schauen Sie im Handbuch nach, ob Ihre Kamera mit dieser Funktion ausgestattet ist, bei der durch einen Druck auf den Auslöser der Schwenkspiegel vor dem Sensor weggeklappt wird. Erst bei einem zweiten Druck wird der Belichtungsvorgang gestartet. Diese Funktion ist sinnvoll, weil der Spiegel beim normalen Wegklappen kurz vor der Aufnahme die Kamera erschüttert, was zu Verwacklungen führen kann.

Tipp

Kameras mit Bildstabilisierung

Höherwertige Kameras werden zunehmend mit einem System zur Bildstabilisierung ausgerüstet – gut bei Fotos mit langen Brennweiten. Ein Bildstabilisator gleicht leichte Bewegungen der in der Hand gehaltenen Kamera aus, sodass auch mit relativ langen Verschlusszeiten noch unverwackelte Aufnahmen möglich sind. Trotz der unterschiedlichen Systeme der Hersteller – Bildstabilisatoren sind im Kameragehäuse oder im Objektiv untergebracht – befindet sich oft im Objektiv ein bewegliches Linsenelement, das Bewegungen ausgleicht. Bei anderen Modellen ist der Kamerasensor selbst beweglich. Allen Bildstabilisatoren gemeinsam ist, dass sie beim Fotografieren eine Verwacklungsreserve von ca. zwei bis drei Belichtungsstufen bringen. Sie können also eine Aufnahme mit einer Brennweite von 100 mm (bezogen auf das Kleinbildformat) selbst dann noch ohne Stativ scharf fotografieren, wenn die notwendige Verschlusszeit bei 1/15 sek liegt. Da es 1/100 als Belichtungszeit nicht gibt, wäre die nächste Stufe 1/60. Noch eine Stufe weiter liegen Sie bereits bei einer Belichtungszeit von 1/30 sek. Ohne Stabilisator würde die minimale Verschlusszeit für Fotos ohne Stativ bei 1/125 sek liegen.

Vermutlich kennen Sie die Rituale Ihrer Haustiere und können sich entsprechend vorbereiten. Da sich die Katze des Autors häufig neben die Tastatur des Computers legt und nach einem Schläfchen ausgiebig gähnt, war es nur eine Frage des Timings, um diesen Schnappschuss zu machen.

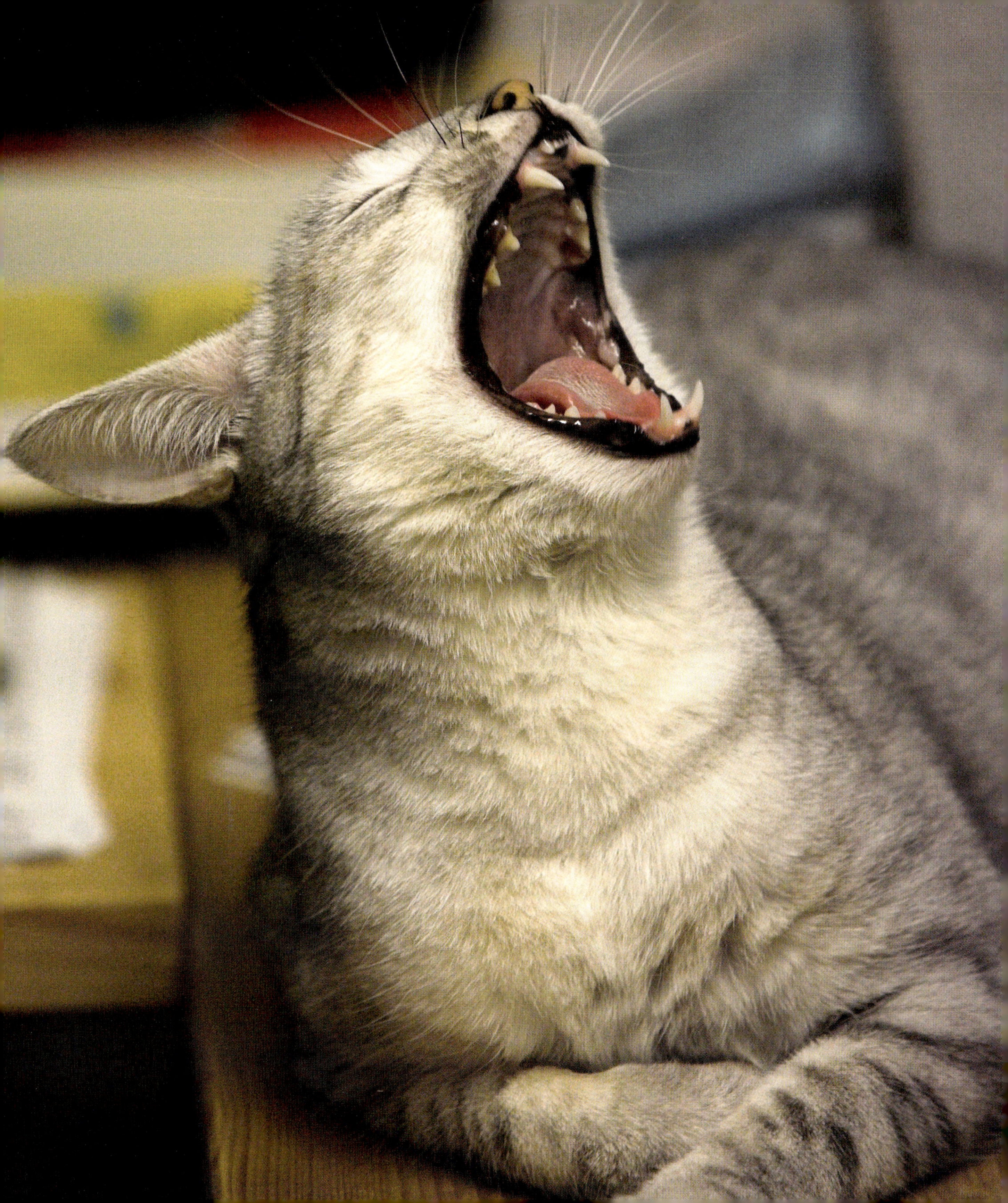

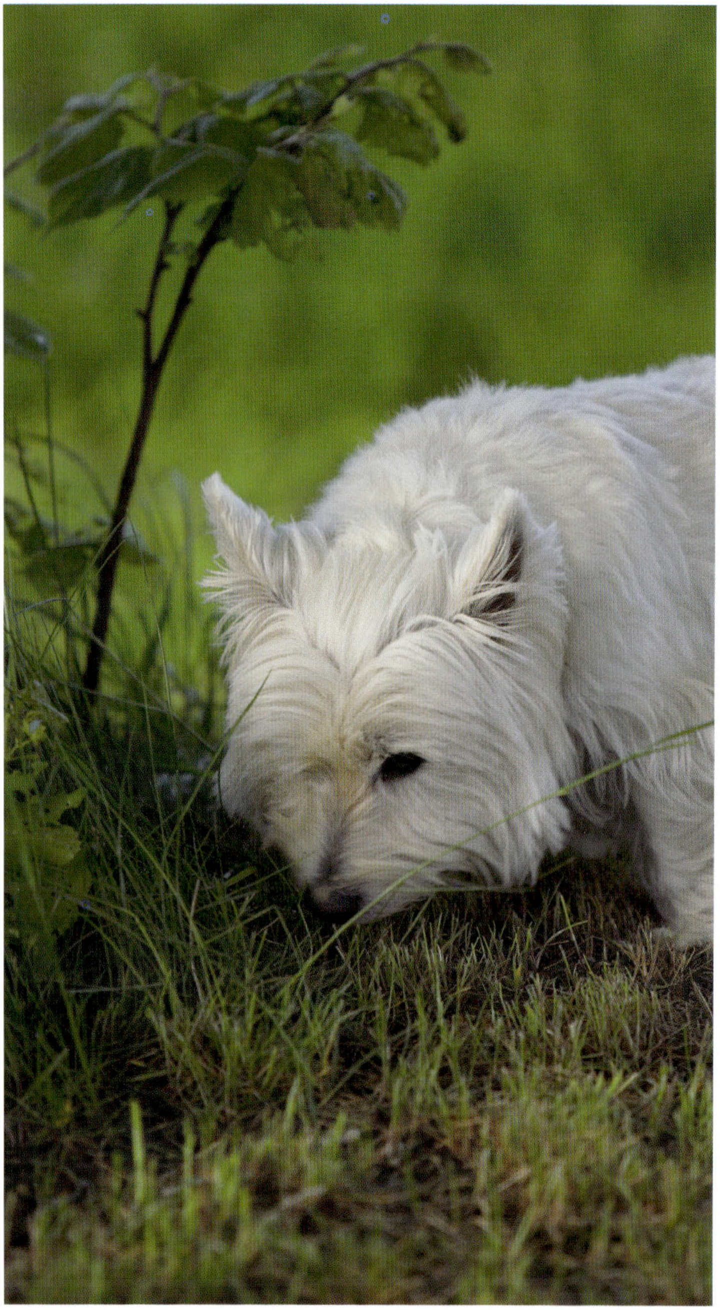

Der Bildaufbau mit unscharfem Vorder- und Hintergrund entspricht fast der klassischen Porträtfotografie.

Wenn der Autofokus zum Problem wird

Je nach verwendetem Kameratyp kann der Autofokus zum Problem werden. Je länger die verwendete Brennweite und je dunkler die Umgebung, desto unzuverlässiger stellt die Kamera scharf. Weiterhin sind feine Strukturen wie Fell und Federn mit manchen Autofokus-Systemen kaum in den Griff zu bekommen. Beim Fotografieren von Tieren in freier Wildbahn können Äste, Grashalme oder Baumstämme, die die Tiere teilweise verdecken, den Autofokus irritieren. Noch schlimmer wirkt sich dieses Problem im Zoo aus, wenn Sie durch Gitterstäbe hindurch fotografieren müssen. Oft hilft dann nur das manuelle Fokussieren. Sehen Sie im Handbuch Ihrer Kamera nach, ob und wie Sie den Autofokus übergehen können.

Tipp

Mit dem Tier auf Augenhöhe

Begeben Sie sich wenn möglich immer auf Augenhöhe mit dem jeweiligen Tier. Das betrifft einen Hamster ebenso wie ein Pferd. Tierporträts wirken dadurch viel eindringlicher.

Höherwertige Kameras bieten die Möglichkeit, die Messpunkte für den Autofokus anzeigen zu lassen und passend zu verstellen, um scharfe Aufnahmen zu bekommen.

Haustiere in gewohnter Umgebung

Haben Sie ein Haustier? Tolle Tieraufnahmen gelingen auch in Ihrer nächsten Umgebung. Sie brauchen zunächst nicht mehr als Ihre Digitalkamera, am besten mit einem Zoomobjektiv für

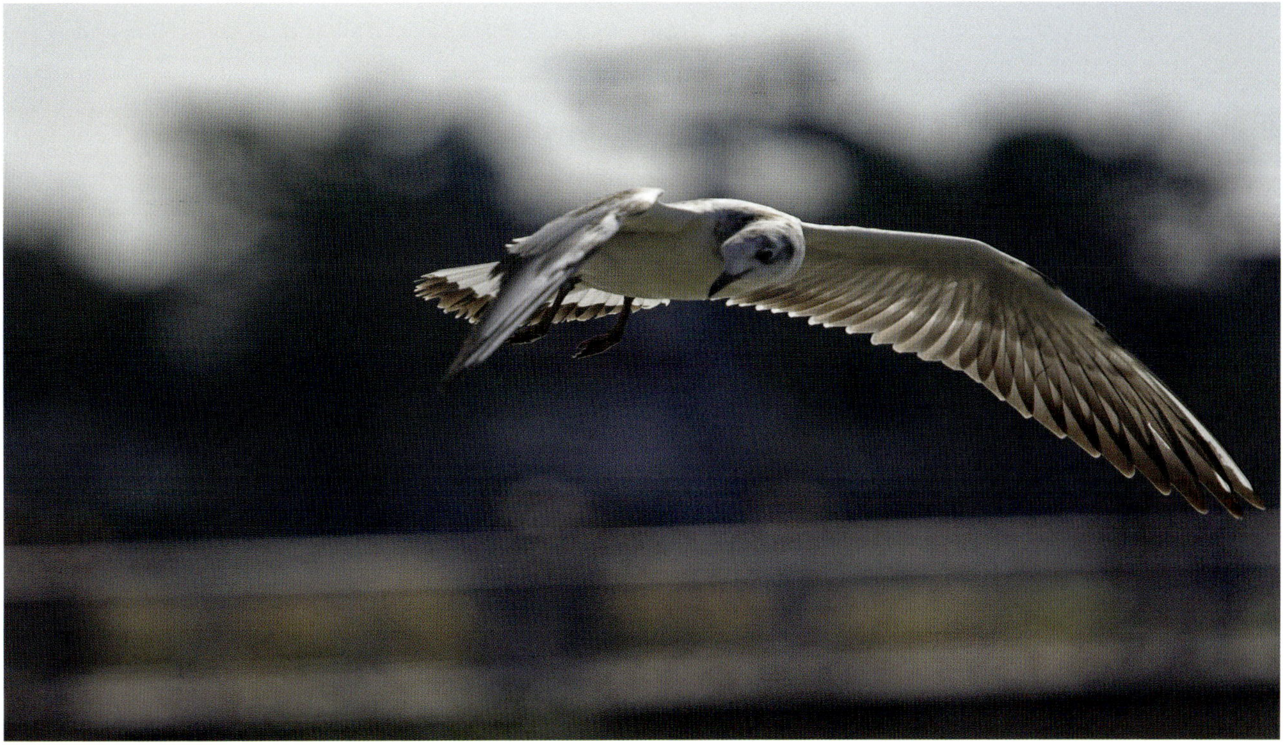

Fliegende Vögel scharf abzubilden ist leider nur mit viel Geduld und professioneller Fotoausrüstung möglich.

mehr Freiraum bei der Bildgestaltung. Beobachten Sie den Tagesablauf Ihres Tieres, und schauen Sie sich an, welche Lieblingsplätze es hat. Kommen diese für Fotos infrage? Ist der Hintergrund farblich passend oder vielleicht zu unruhig? Haben Sie einen Platz gefunden, an dem Sie z. B. Ihre schlafende Katze ablichten möchten, bereiten Sie Unter- und Hintergrund vielleicht mit einer Decke oder anderen Accessoires vor.

Stellen Sie am besten die auf ein Stativ geschraubte Kamera schon auf, bevor sich die Katze an ihren Lieblingsplatz begibt. Rücken Sie erst dann mit Ihrer Ausrüstung an, wenn das Tier es sich gerade bequem macht, wird es sich vermutlich gestört fühlen und sofort flüchten.

Tiere kameratauglich in Szene setzen

Einfacher als zuweilen recht eigensinnige Katzen sind Hunde zu fotografieren, die sich auf Kommando an einen geeigneten Ort setzen. Das kann inmitten der Familie im Garten oder auch am Waldrand sein. Bei Katzen funktionieren Porträts eher, wenn das Tier auf dem Schoß einer vertrauten Person sitzt.

Wollen Sie Ihren Hund in Bewegung fotografieren, sollte Ihre Kamera über die Möglichkeit manueller Scharfeinstellung verfügen (siehe Kamera-Handbuch). Der Autofokus von digitalen Kompaktkameras ist zu langsam für einen rennenden Hund.

Auch die Autofokus-Nachführung, über die manche hochwertigen Kameras verfügen, ist nicht geeignet. Die Nachführung funktioniert nur dann gut, wenn sich ein Motiv mit gleichmäßiger Geschwindigkeit bewegt.

Im richtigen Augenblick auslösen

Werfen Sie einen Ball oder Stock, bringt Ihr Hund sein Spielzeug vermutlich zurück. Wenn die Kamera auf ein Stativ geschraubt ist, die richtigen Belichtungswerte oder ein Automatikprogramm (am besten das Sportprogramm) eingestellt und auf einen bestimmten Punkt scharf gestellt wurde, den der Hund passieren wird, müssen Sie nur noch im richtigen Augenblick auslösen. Berücksichtigen Sie dabei auch die Auslöseverzögerung Ihrer Kamera. Je nach Modell kann diese Verzögerung zwischen wenigen Hundertstel- und mehreren Zehntelsekunden schwanken. Die beschriebenen Vorgehensweisen gelten prinzipiell natürlich auch bei der Fotografie von wild lebenden Tieren. Hierbei brauchen Sie aber möglicherweise zusätzlich einen Unterstand, je nach Umgebung und Witterung passendes Zubehör – vom Regenschirm bis zu einem Tarnzelt – und Schutz für Ihre Kamera. Die Tiere sollten sich an Sie oder Ihre Tarnung gewöhnt haben. Die notwendigen Einstellungen der Kamera sollten schon vorher festgelegt sein, um nicht wertvolle Zeit zu verlieren.

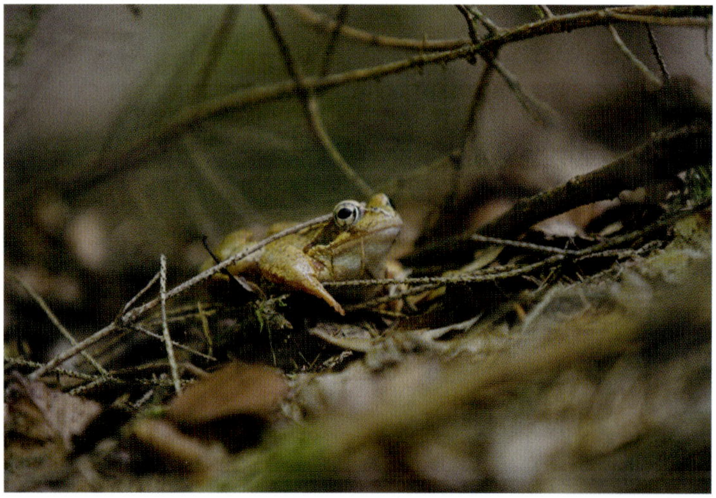

Bei schreckhaften Fröschen hilft ein Teleobjektiv bzw. eine lange Brennweite. Fotografieren Sie wenn möglich auf Augenhöhe.

Beeindruckende Tieraufnahmen im Zoo

Nach den ersten fotografischen Versuchen an Haustieren und Vögeln am heimischen Futterhäuschen ist ein Zoobesuch eine weitere Möglichkeit für tolle Tierfotos. Sie können Tiere, die Sie nie zu Gesicht bekämen oder die in der Natur zu gefährlich wären, sorglos aus nächster Nähe beobachten und aufnehmen.

Ersatzakku und Speicherkarten immer dabei

Nehmen Sie für den Zoobesuch einen Ersatzakku und genügend Speicherkarten mit. Ein Stativ ist wie immer hilfreich, besonders in einem überdachten, abgedunkelten Tiergehege. Der Kamerablitz ist hierbei nicht uneingeschränkt nützlich, weil er die dämmrige Stimmung z. B. bei den Krokodilen durch Schlagschatten zerstört. Besonders an sonnigen Tagen sollten Sie die Ergebnisse von Freilichtaufnahmen sofort kontrollieren. Die schönste Aufnahme nützt nichts, wenn z. B. teilweise das Fell eines Tieres überstrahlt, das Bild also partiell überbelichtet wird. Das ist auch mithilfe der Bildbearbeitung nicht mehr zu retten.

Auf Fotosafari in freier Wildbahn

Obwohl die Faszination für die Tierwelt jeweils aus einer völlig anderen Richtung kommt, haben

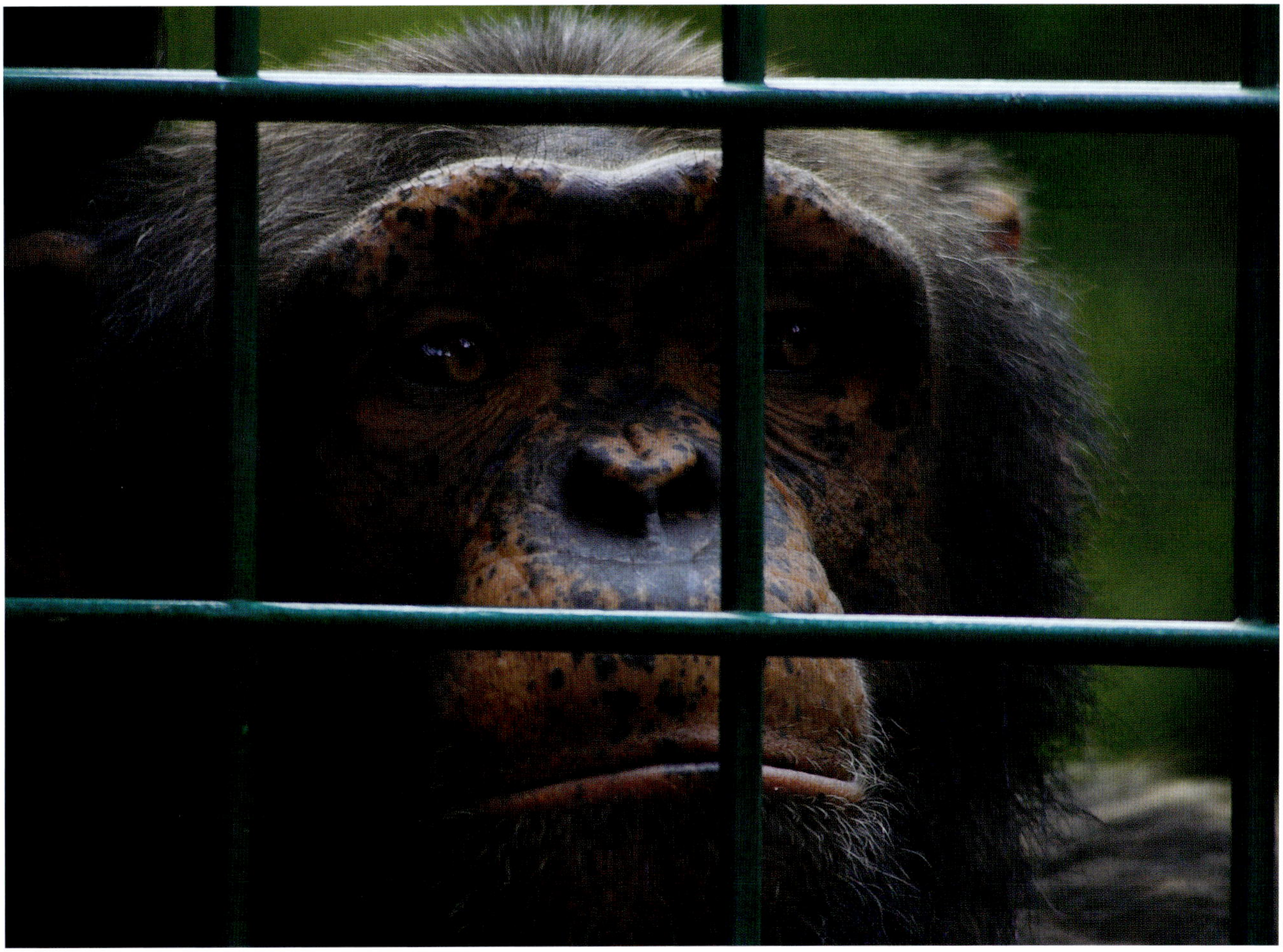

Fotos im Zoo können manchmal mehr sein als nur Bilder von Tieren. Der Gesichtsausdruck des Affen lässt einige Interpretationen zu.

Naturfotografen und Jäger manche Gemeinsamkeiten. Beide müssen sich den Tieren auf besonders vorsichtige Weise nähern und genau wissen, wie die Tiere auf ihre Anwesenheit reagieren werden.

Vorsichtig an das Motiv heranpirschen

Von einem Jäger können Sie erfahren, wie man sich vorsichtig an wilde Tiere heranpirscht, die idealen Plätze (z. B. Tränke, Futterstelle) entdeckt und selbst möglichst unsichtbar bleibt. Jäger beobachten Wildtiere von Unterständen und Hochsitzen, ohne sie zu verscheuchen. Sind Sie zu Fuß unterwegs, müssen Sie auf alle Geräusche achten und sofort in der Bewegung erstarren, damit Rehe, Füchse oder Fasane Sie nicht sofort wahrnehmen. Diese Art der Pirsch ist für einen Fotografen mit schwerer Ausrüstung nur bedingt sinnvoll. Hier ist es besser, sich an einer Futter- oder Wasserstelle auf die Lauer zu legen und auf das Erscheinen eines Tieres zu warten.

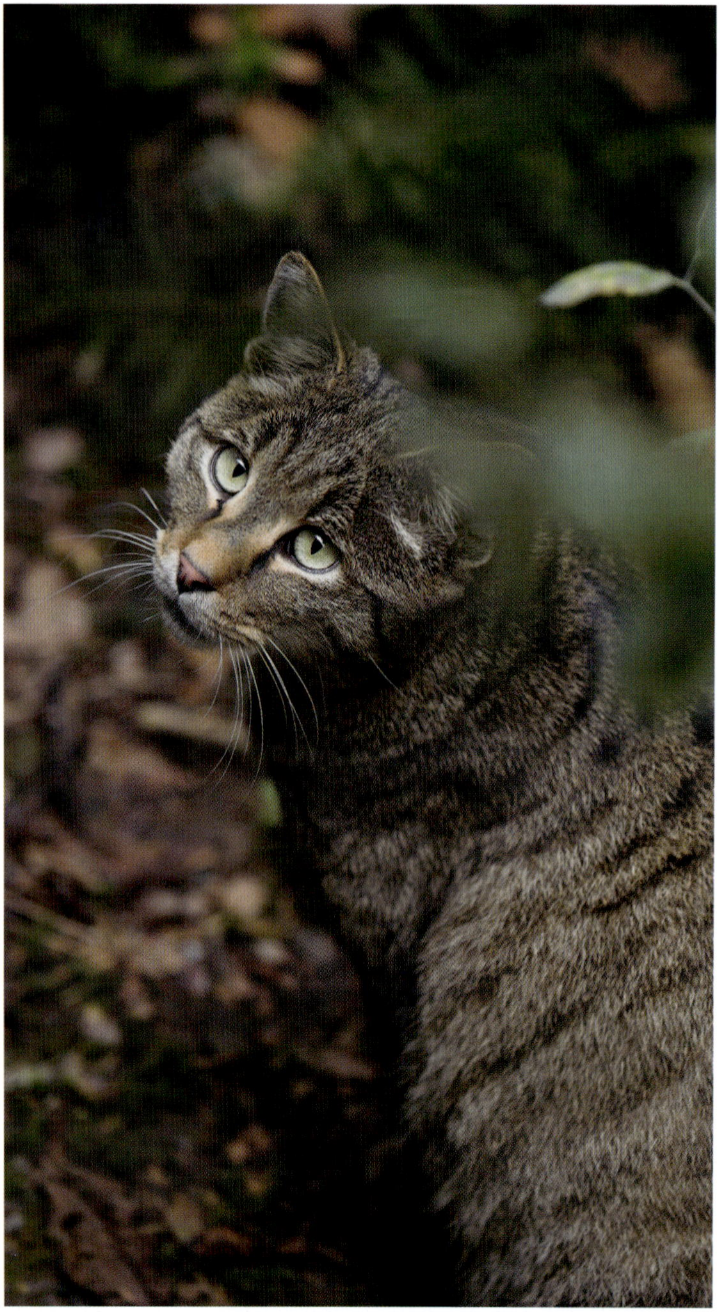

Die Wildkatze im Zwielicht war schwierig zu fotografieren. Erst als das Gesicht der Katze einen Sonnenstrahl abbekam, war die Beleuchtung optimal.

Bildaufbau und Licht machen den Unterschied

Sie werden feststellen, dass es mit ein wenig Geduld und dem Wissen um die Verhaltensweisen von (Wild-)Tieren gar nicht so schwer ist, sie vor die Kamera zu bekommen. Viel schwieriger ist es, mit den Lebewesen in ihrer natürlichen Umgebung einen kunstvollen Bildaufbau, bei dem das Tier in den Mittelpunkt des Interesses rückt, zu arrangieren und dazu noch das perfekte Umgebungslicht zu erwischen. Das verlangt in der Regel viel Geduld. Diese beiden Faktoren – Bildaufbau und Licht – machen den Unterschied guter und herausragender Tierfotos aus. Nehmen Sie sich also ein wenig mehr Zeit, wenn Sie nicht nur hübsche, sondern beeindruckende Tierbilder schießen möchten, und warten Sie auf den richtigen Augenblick, wenn keine störenden Details vom Tier ablenken, und das Licht die richtige Stimmung erzeugt.

Perfekte Kinderfotos für das Familienalbum

Vermutlich sind Kinder in jedem Alter die mit Abstand am häufigsten fotografierten Motive, beliebt bei Eltern und Großeltern. Mit dem Siegeszug der Digitalfotografie dürfte sich die Anzahl an Kinderbildern noch vervielfacht haben, weil man die teilweise ultrakompakten Kameras problemlos immer und überall dabeihaben kann. Gute und nicht so gute Fotos liegen danach oft ungeordnet auf den Festplatten der heimischen Computer oder verteilt auf vielen CD-ROMs.

Die besten Aufnahmen werden mithilfe der Bildbearbeitung optimiert und danach vielleicht für Papierabzüge ins Labor geschickt. Denn auch digital aufgenommene Kinderbilder sieht man gern im Fotoalbum an, das sich selbst Jahre später ganz in Ruhe durchblättern lässt. Außerdem stellt es für Verwandte ein tolles Geschenk dar.

Mit der Digitalfotografie sind Schnappschüsse und fotografische Experimente mit Kindern zwar problemlos möglich. Wenn Sie mehr als nur die üblichen Momentaufnahmen produzieren möchten, müssen Sie sich jedoch über Kameratechnik, Bildaufbau und Licht ein paar Gedanken machen.

Herumtobende Kinder im Foto festhalten

Eines der größten Hindernisse für gelungene Schnappschüsse von (Klein-)Kindern ist deren Bewegungsdrang. Andererseits sind gerade bewegte Fotos reizvoll. Sie vermitteln etwas von der Lebendigkeit und Energie, die Kindern zu Eigen sind. Um herumtobende Kinder im Foto festzuhalten, können Sie je nach Kameramodell unterschiedliche Strategien anwenden. Das Einfachste: Stellen Sie die Kamera auf Automatik, wählen Sie eine kleine Brennweite (Weitwinkel) und halten Sie die Kamera in die Szene hinein. Zwar werden die Kinder je nach Abstand zur Kamera dabei im Vergleich zur gesamten Bildfläche relativ klein abgebildet, das Foto ist aber mehr oder weniger scharf. Die Bildschärfe hängt in diesem Fall entscheidend vom Autofokus-System Ihrer Kamera ab. Versuchen Sie, das Hauptmotiv auch während seiner Bewegungen immer in der Mitte des Blickfelds zu behalten. Dann arbeitet der Autofokus am

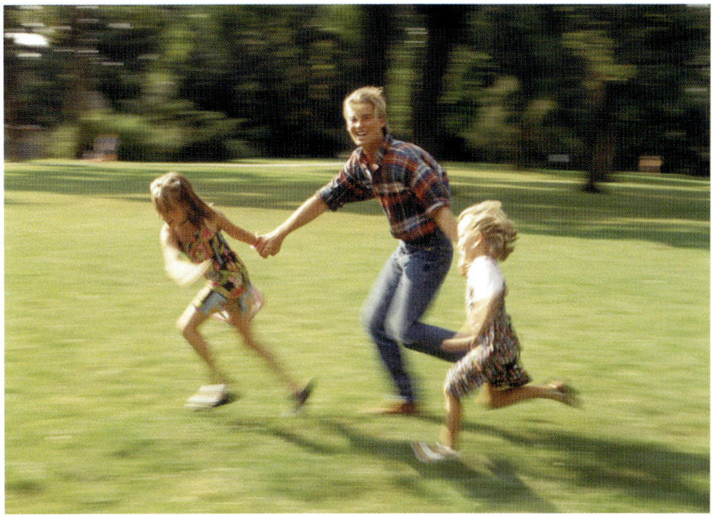

Rennende Kinder wie hier mit dem Fotoapparat zu erwischen, erfordert ein wenig Erfahrung. Sie müssen mit kurzer Verschlusszeit arbeiten, um die Bewegungen halbwegs einzufrieren, und außerdem die Bewegung mit der Kamera verfolgen.

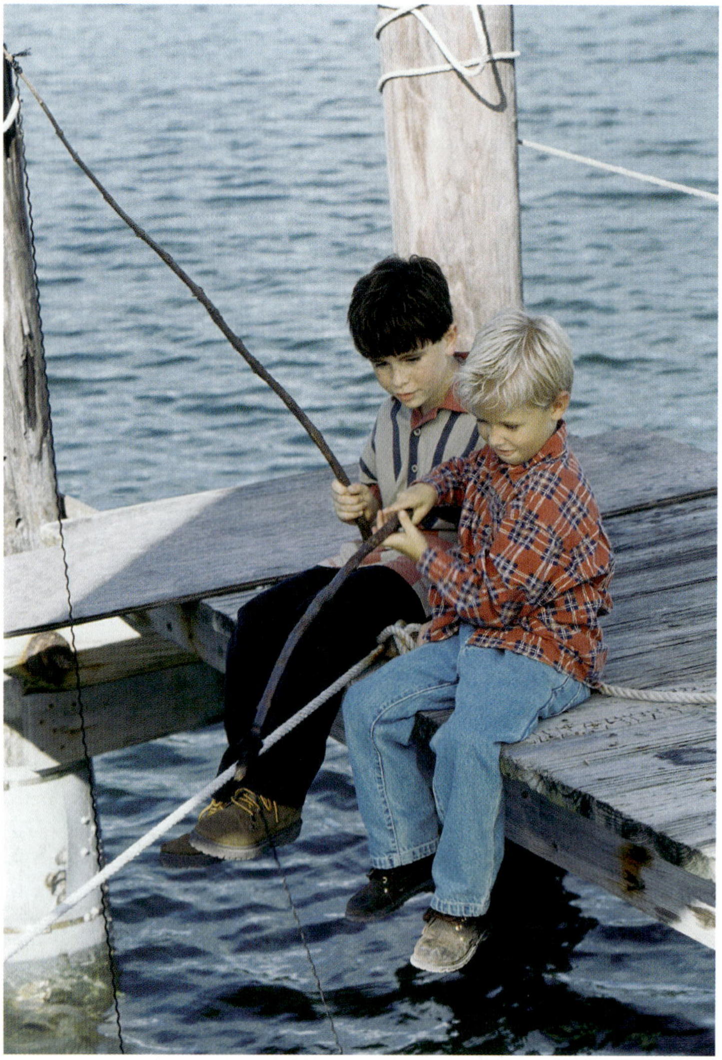

Lange Brennweiten helfen dabei, dass die Kinder Sie beim Fotografieren nicht bemerken. Wenn Ihre Kinder nicht auf Ihre Kamera reagieren und in die Linse grinsen, können richtig stimmungsvolle Bilder entstehen.

zuverlässigsten. Bewegt sich das Kind parallel zur Ebene, auf dem sich der Sensor befindet – also von links nach rechts oder umgekehrt –, ist die Chance für gelungene Schnappschüsse mit Autofokus relativ groß. Sobald der Autofokus Ihr Kind erfasst und scharf gestellt hat, drücken Sie schnell ab. Verändert sich die Entfernung zum Kind, muss die Kamera erneut fokussieren, was je nach Kameramodell relativ lang dauern kann.

Mehrere spielende Kinder fotografieren

Kritisch wird es, wenn Sie mehrere spielende Kinder fotografieren möchten. Dabei können die Gesichter nicht alle die gleiche Schärfe bekommen. Je kleiner Ihre Brennweite ist, desto größer sind Ihre

> Tipp
>
> **Kameras mit nachführendem Autofokus**
>
> Manche Geräte sind mit nachführendem Autofokus ausgestattet, der Bewegungen registriert und den Fokus permanent anpasst. Bei sich abrupt bewegenden Motiven in Kameranähe bringt diese hoch entwickelte Technik allerdings nicht allzu viel. Sie ist eher für gleichmäßige Bewegungen in gewissem Abstand konzipiert.

Chancen auf ein insgesamt scharfes Bild. Zoomen Sie aber ein Kind heran, wird die Scharfstellung für die anderen kaum ausreichen. Planen Sie deshalb voraus. Eine Verzögerung im Bereich einer halben Sekunde genügt, um Position, Gesichtsausdruck und Bewegungsintensität tobender Kin-

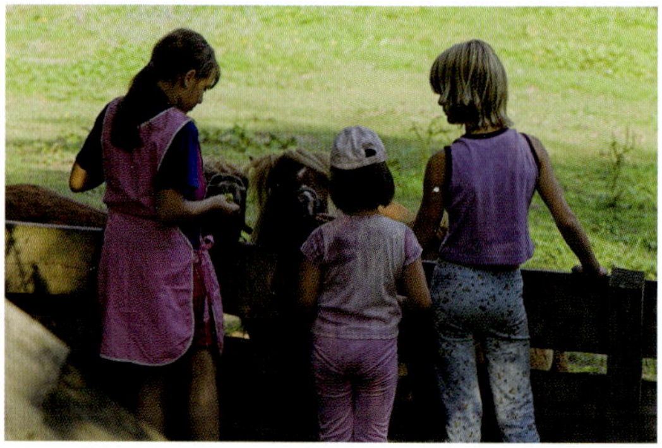

Wenn Sie im Urlaub sind, und Ihre Kinder Sie nicht beachten, können Sie in Ruhe und unbemerkt Schnappschüsse machen.

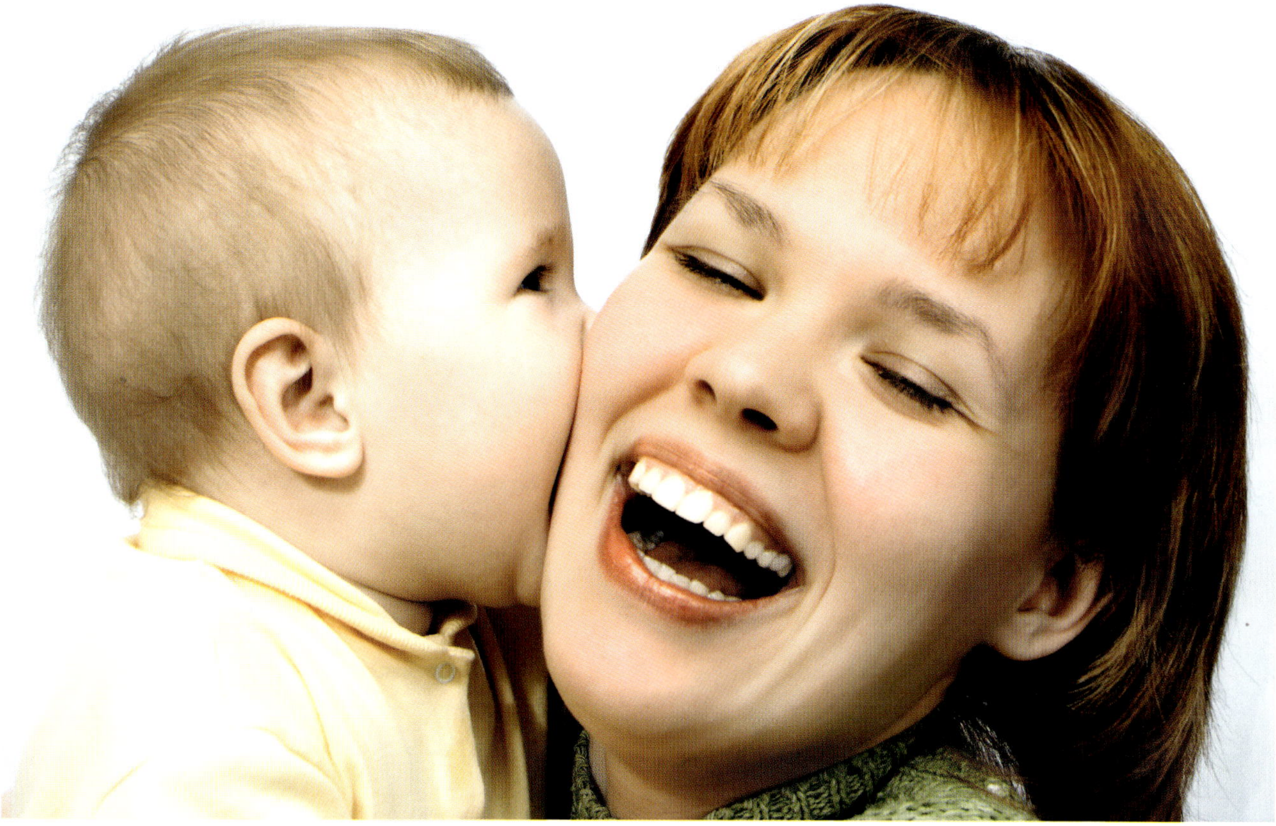

Wenn Mutter und Kind miteinander Spaß haben, sollten Sie immer Ihre Kamera bereithalten. Für spontane Bilder sollten Sie mit einem vollautomatischen Aufnahmeprogramm arbeiten.

der komplett zu verändern. Je nach Lichtsituation kann sich bei schnellen Bewegungen der Kinder auch eine deutliche Unschärfe einschleichen. Auf Nummer sicher gehen Sie, wenn Sie den Auslöser halb durchdrücken und so scharf stellen. Rechnen Sie jetzt noch die Auslöseverzögerung ein – dann klappt's.

Tipp

Wenn Hauttöne stark voneinander abweichen

Fotografieren Sie einen Säugling in den Armen seiner Mutter, kann es sein, dass die Hauttöne der beiden stark voneinander abweichen. Falls das stört, wandeln Sie die Porträts am PC z.B. in Schwarz-Weiß-Fotos um.

Manuelle Einstellungen vs. Vollautomatik

Mit der Vollautomatik lässt sich eine recht hohe Ausbeute an korrekt belichteten und scharfen Schnappschüssen erzielen. Belichtungswerte, Fokussierung und Blitz werden von der Kamera automatisch gesteuert. Wollen Sie mehr Kontrolle über die Bilder, sollten Sie sich mit den manuellen Einstellungsmöglichkeiten Ihrer Kamera vertraut machen. Das ist dann sinnvoll, wenn Sie die Schärfentiefe steuern möchten, um den Hintergrund in Unschärfe verschwinden zu lassen. Hierbei ist es nötig, mit großen Blenden zu arbeiten, die am besten manuell ausgewählt werden. Auch wenn es um das „Einfrieren" von Bewegung mit sehr kurzer Verschlusszeit geht und Sie dafür auf einen bestimmten Punkt scharf stellen müssen, wäre der Autofokus unbrauchbar, weil er bei jedem Durchdrücken des Auslösers erneut fokussiert. Müssen Sie Ihr Kind z. B. mit der Kamera verfolgen, weil es ins Bild läuft, ist es bequemer, vorher manuell auf einen bestimmten Punkt scharf zu stellen und dann auszulösen, wenn Ihr Kind den Punkt erreicht. Sie können sich so auf den richtigen Augenblick konzentrieren.

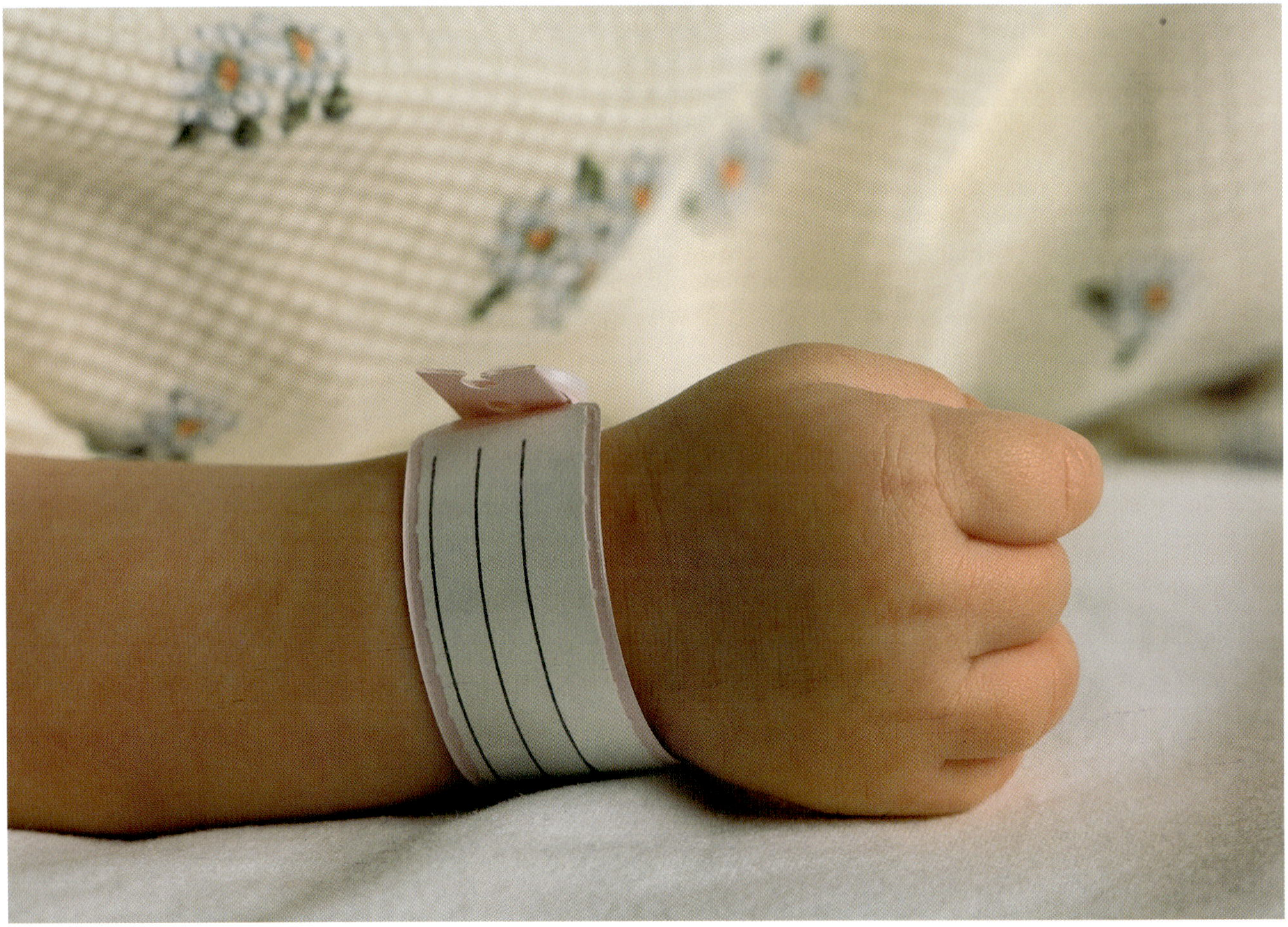

Manchmal sagt ein kleines Detail viel mehr aus als eine Totale. Versuchen Sie immer, Symbolhaftes zu entdecken und festzuhalten.

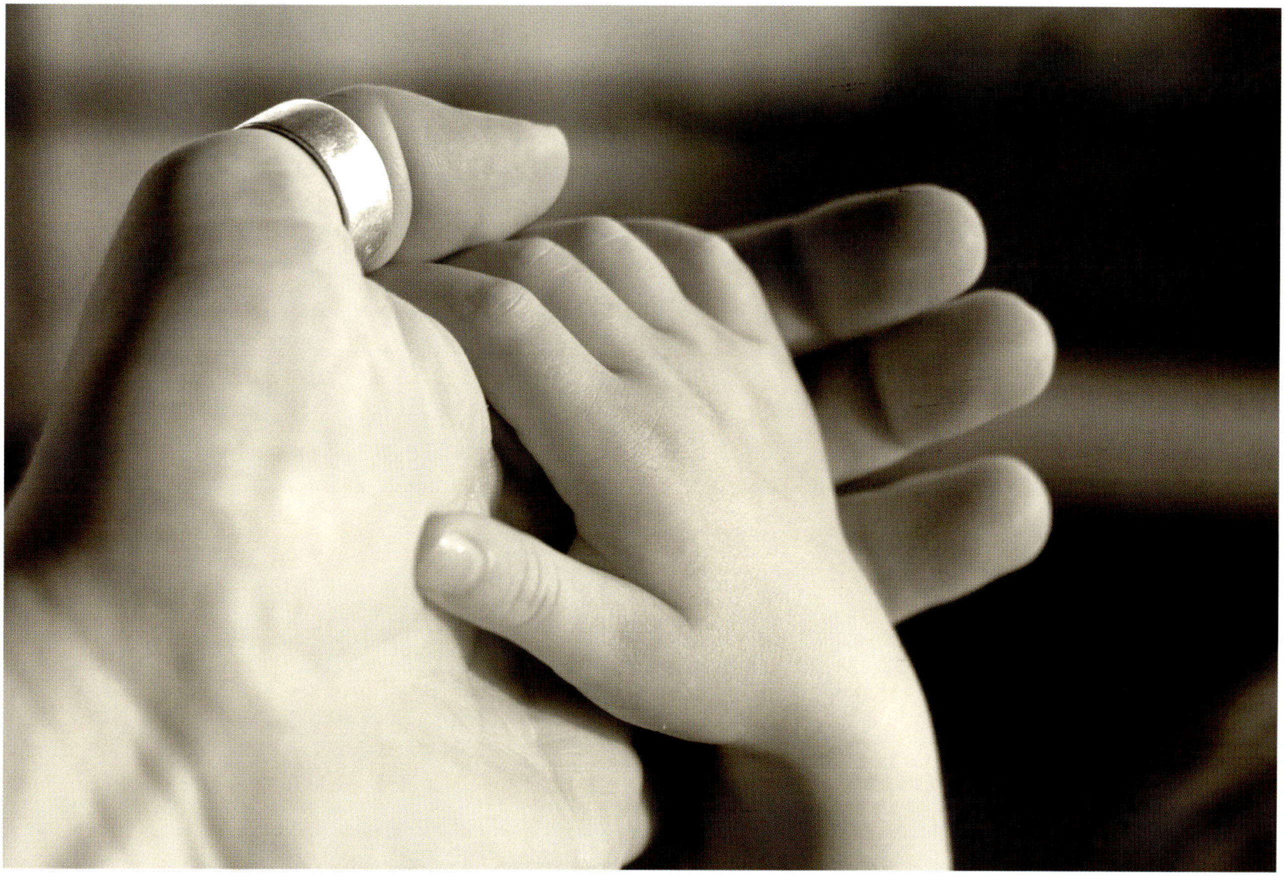

Ebenso wie im Bild links ist es auch hier der ganz bewusst gewählte Ausschnitt, der die Aufnahme zu etwas Besonderem macht.

Strategien für gelungene Aufnahmen

Wenn Sie Kinder porträtieren möchten, sollten Sie sich je nach Alter der kleinen Fotomodelle eine geeignete Strategie überlegen, um sie bei Laune zu halten. Beim Fotografieren eines Säuglings kommt es darauf an, zu wissen, wann er wach und in Stimmung ist, in die Kamera zu lächeln. Aber auch schlafende Babys haben ihren Reiz. Fotografieren Sie sie am besten mit mittleren Brennweiten, damit die Gesichtszüge nicht durch Weitwinkelbrennweiten verzerrt werden. Achten Sie außerdem auf das weiche Licht z. B. der durch ein Fenster fallenden Nachmittagssonne und einen ruhigen Hintergrund. Auf direktes, hartes Licht vom Kamerablitz sollten Sie verzichten. Stellen Sie den automatischen Blitz ab. Akustische Signale für den Autofokus oder den Auslöser sollten Sie je nach Situation ebenfalls abschalten.

Auf das Wesentliche konzentrieren

Integrieren Sie zu Beginn weder aufwendige Requisiten noch einen unruhigen Hintergrund in den Bildaufbau. Zwar leben viele berühmte Kinderfotos von ausgefallenen Utensilien. Je mehr Sie

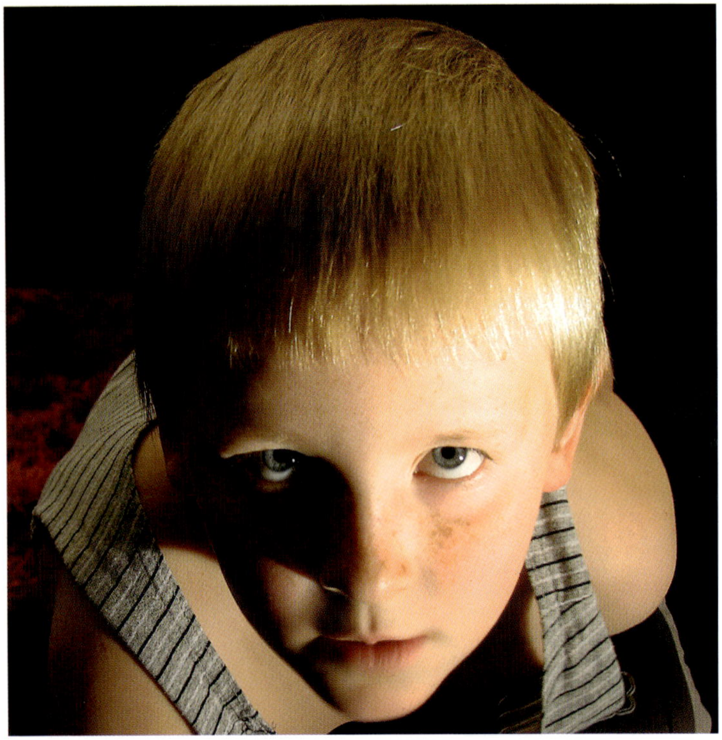

Fotos mit Blickkontakt wirken oft besonders eindringlich, klappen aber nur dann, wenn das Kind Vertrauen zum Fotografen hat.

jedoch in Ihre Fotos einbauen, desto schwieriger wird es, den Bildaufbau und vor allem die Beleuchtung in den Griff zu bekommen. Konzentrieren Sie sich anfangs auf das Wesentliche. Gesicht, Hände und Oberkörper sind kompliziert genug, um gut gestaltete Bilder zu schaffen.

Wenn ein Kind im Krabbelalter ist und seine Umgebung erkundet, machen Sie sich seine Neugierde zunutze. Lassen Sie es mit seinen Lieblingsspielzeugen spielen. Nützlich sind Requisiten aller Art wie Plüschtiere oder Holzspielzeug, dazu eine farblich unaufdringliche Decke, auf der das Kind krabbelt – schon ist für Beschäftigung und Hintergrund gesorgt, und Sie können sich auf die Fotos konzentrieren.

Daraus ergibt sich auch bei größeren Kindern eine praktikable Strategie, gute Bilder ohne direkten Blickkontakt zu erhalten. Wenn Ihre Kamera ein Zoomobjektiv besitzt, können Sie damit Kinder beim Spielen, Basteln oder anderen Tätigkeiten beobachten. So bekommen Sie einen natürlichen, nicht gekünstelten Gesichtsausdruck auf das Bild.

Für Aufnahmen mit Blickkontakt sollten Kinder kein Unbehagen vor der Kamera empfinden. Erzwingen Sie nichts. Je größer die Erfahrung des Fotografen ist, desto entspannter können auch Kinder an die Situation herangehen. Wenn Sie sich hinter der Kamera verstecken und mehr Zeit zum Einstellen von Belichtungswerten und – falls vorhanden – Licht aufwenden als für die Kommunikation, wird sich Ihre Anspannung auf die Kinder übertragen. Deshalb sollten Arrangement und Kameraeinstellungen vor dem Porträtieren stehen, damit Sie sich danach ganz auf das Motiv konzentrieren können.

Tipp

Kinder klassisch porträtieren

Wenn Sie Ihr Kind klassisch porträtieren möchten, nutzen Sie dazu das Porträtprogramm (stilisierter Kopf als Symbol). Im Porträtprogramm wird mit relativ großer Blende für wenig Schärfentiefe gearbeitet.

Die Perspektive macht den Ausdruck

Ganz entscheidend für den Ausdruck eines Kinderfotos ist die Perspektive, aus der Sie es aufnehmen. Fotografieren Sie von oberhalb der kindlichen Augenhöhe, wirken die Kleinen noch kleiner und zerbrechlicher. Die Wirkung lässt sich abschwächen, wenn das kleine Fotomodell dem einen herausfordernden oder frechen Gesichtsausdruck entgegensetzt. Umgekehrt vermitteln Fotos, die aus einer niedrigen Perspektive gemacht werden, einen etwas surrealen Eindruck – die Kinder wirken dann fast wie Riesen. Begeben Sie sich auf Augenhöhe des Kindes, hat der Betrachter am ehesten das Gefühl, an der Szene teilzunehmen. Versuchen Sie so oft wie möglich, die Perspektive ganz bewusst einzusetzen, und verändern Sie beim Fotografieren immer wieder den Standort. Aus der Vielfalt der unterschiedlichen Aufnahmen können Sie schnell lernen, welche Wirkung auf den Betrachter Sie mit welcher Kameraperspektive erzielen.

Jugendliche so zeigen, wie sie sind

Noch mehr als Säuglinge sind Schulkinder und Jugendliche empfänglich für die Stimmung beim Fotografieren. Wenn sich die Kids auf ein paar gestellte Porträts einlassen, sollten Sie die Situation so ungezwungen wie möglich gestalten. Wichtig

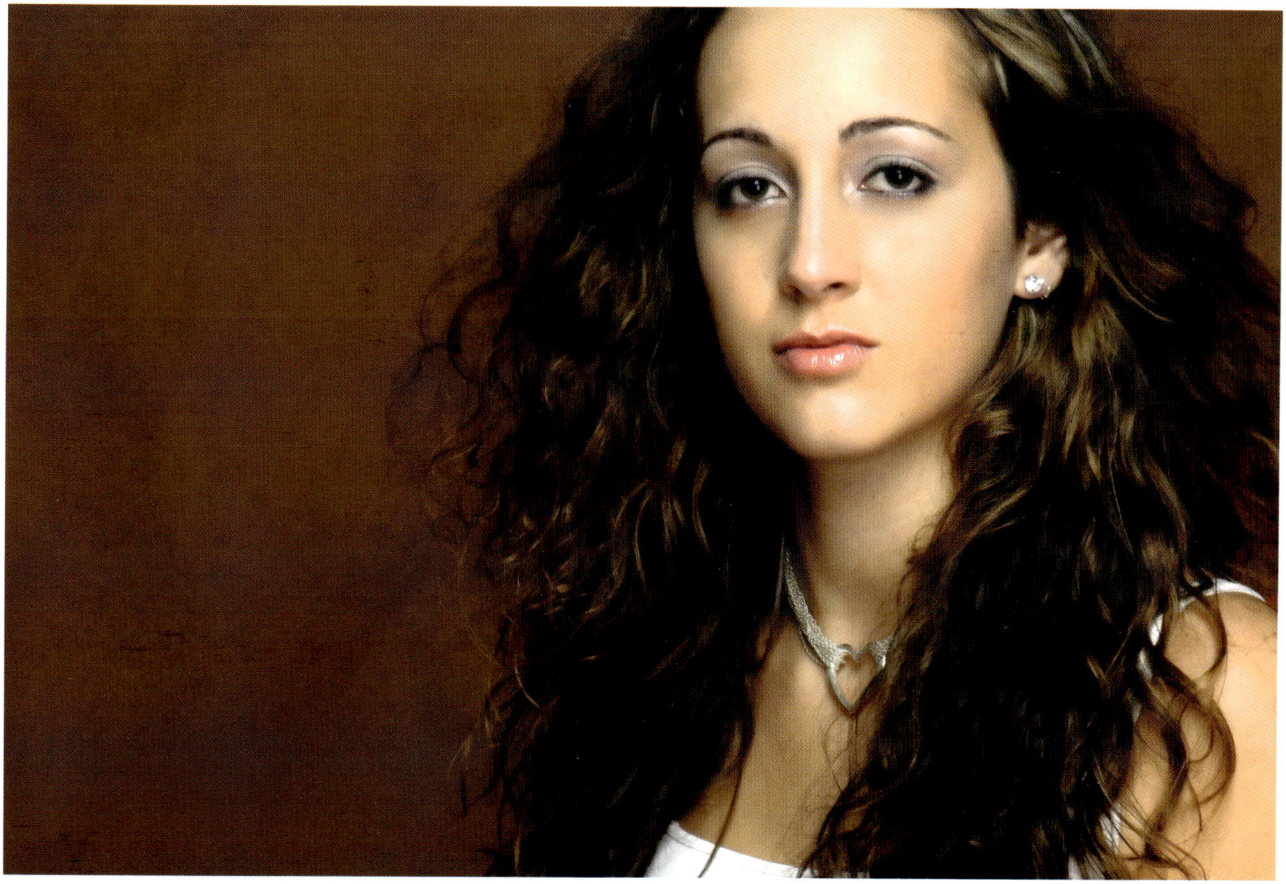

Wenn Sie Kinder im Teenageralter fotografieren möchten, lassen Sie ihnen alle Freiheiten bei der Selbstdarstellung. Greifen Sie beim Styling nur behutsam ein um Tipps zu geben, wie die Aufnahmen noch professioneller wirken könnten.

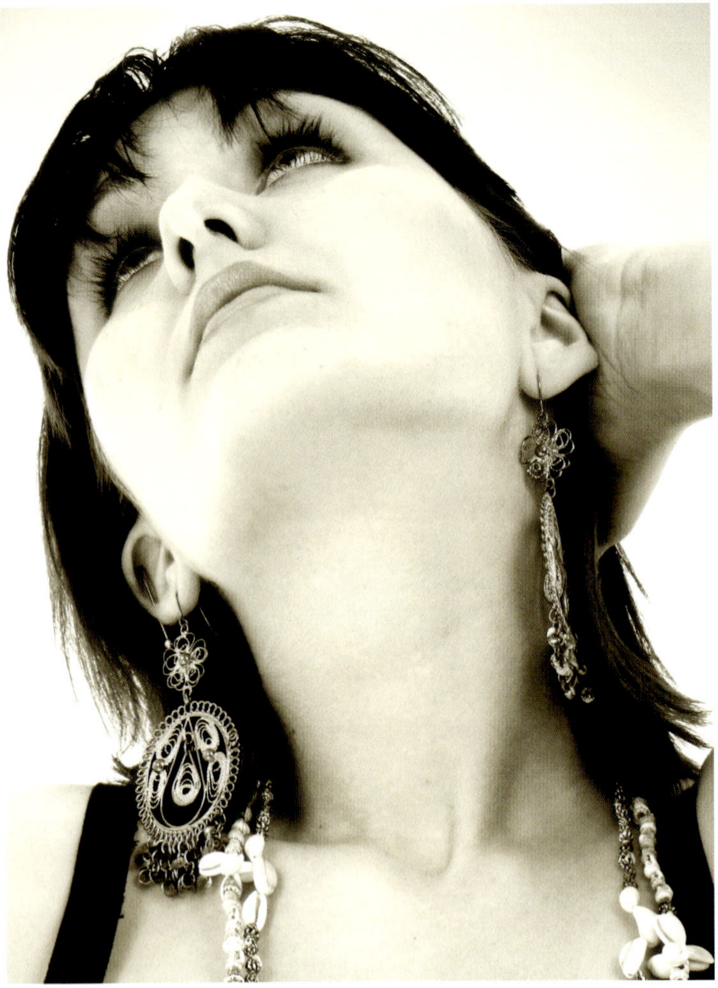

Beziehen Sie den Teenager in die Planungen der Fotos mit ein, und begutachten Sie die Bilder immer gleich am Kameradisplay. So lässt sich am besten entwickeln, was Ihnen und Ihrem Modell am besten gefällt.

auch hier: Beherrschen Sie Ihre Ausrüstung und bereiten Sie Kamera und Beleuchtung schon vor den Aufnahmen vor, um die Geduld des Modells nicht zu sehr auf die Probe zu stellen.

Persönlichen Lebensstil mit einbeziehen

Beziehen Sie in die Fotos von Jugendlichen deren persönlichen Lebensstil mit ein. Auch wenn gerade Piercings oder Tätowierungen angesagt sind – zeigen Sie die jungen Menschen so, wie sie sind. Richten Sie die Umgebung und den Hintergrund nach der Bekleidung und vielleicht sogar nach der aktuellen Haarfarbe aus. Wenn Sie von Jugendlichen verlangen, sich der Situation anzupassen, dürfte es schnell zu Spannungen kommen, die sich in den Fotos widerspiegeln.

Tipps für natürlich wirkende Aufnahmen

Fotografieren Sie die Kinder anderer Leute, achten Sie darauf, dass deren Eltern so wenig wie möglich Einfluss auf die Situation nehmen können. Sind die Eltern nervös oder geben ihren Kindern permanent Anweisungen zu Haltung und Gesichtsausdruck, entsteht Druck, der einer natürlich wirkenden Aufnahme entgegensteht. Handelt es sich bei den Eltern um Bekannte oder Freunde, machen Sie ihnen klar, dass mit ihrer Anwesenheit nicht die gewünschten Aufnahmen entstehen können. Bleiben die Eltern trotz Ihrer Einwände dabei, beschäftigen Sie sich umso intensiver mit dem Kind, und lenken Sie es von seinen Eltern ab.

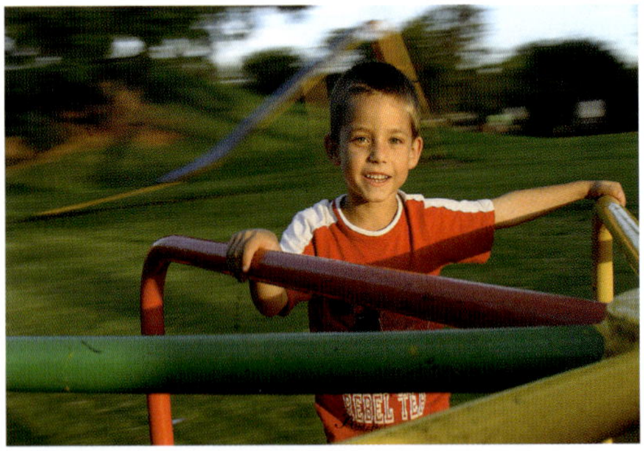

Zur Vorbereitung auf ein Fotoshooting im Heimstudio kann es nützlich sein, das Kind zunächst beim Spielen zu fotografieren. Dann kann es sich an Sie und die Ausrüstung gewöhnen. Kleiner Tipp: Zeigen Sie vor allem kleineren Kindern die Bilder auf dem Display – das wirkt Wunder.

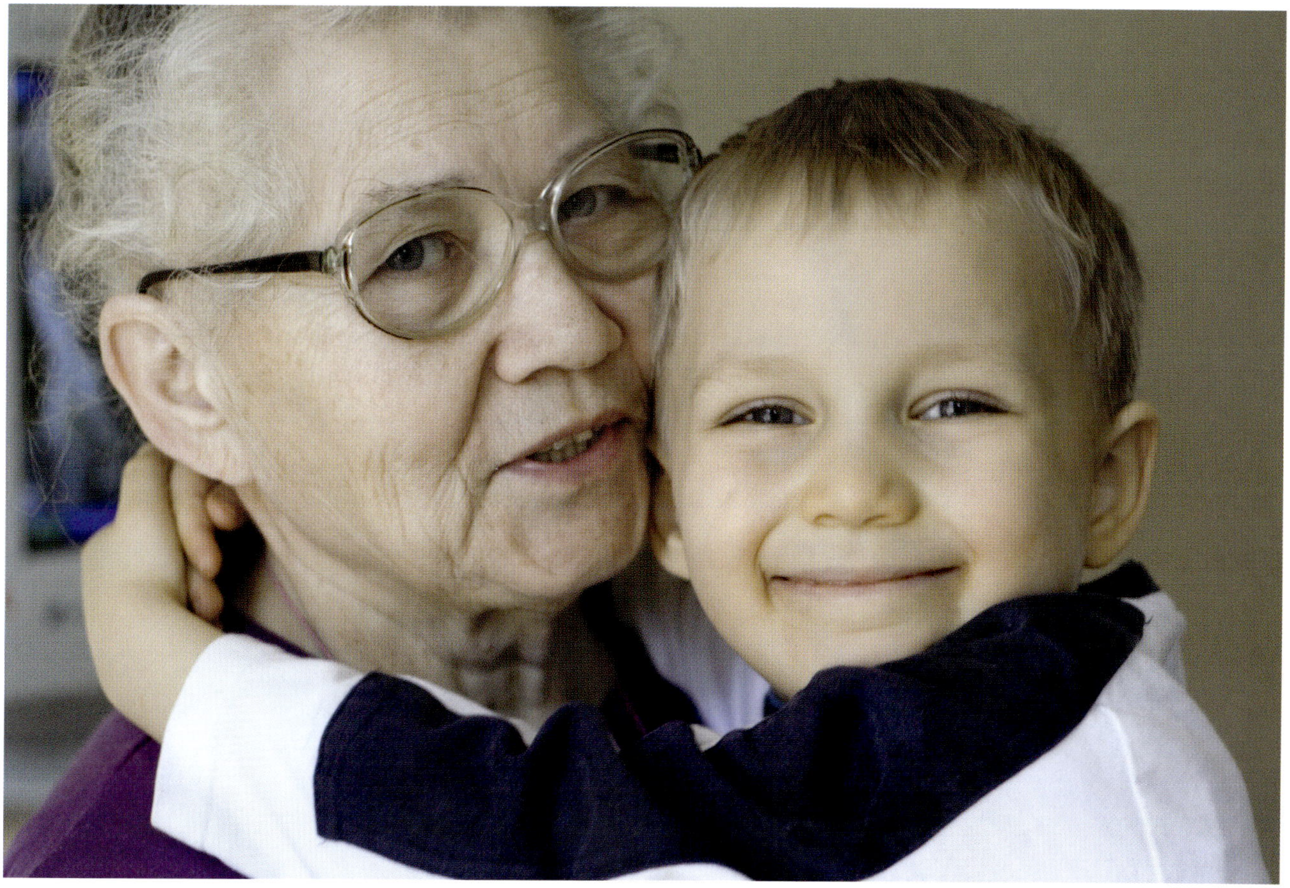

Falls Ihr Kind noch ein wenig schüchtern vor der Kamera ist, kann die Oma bei den ersten Fotosessions helfen und die Angst nehmen.

Für jede Aufnahme das ideale Licht

Je nachdem, welche Fotos Sie sich wünschen, kann das jeweils am besten geeignete Licht ganz unterschiedlich sein. Beim Fotografieren im Freien sollten Sie den Vormittag oder den späten Nachmittag nutzen, weil dann die Farbe des Lichts leicht rötlich ist. Leichte Bewölkung ist ideal für Außenaufnahmen, weil die Schatten weicher sind. Mittagssonne an strahlend blauem Himmel verursacht starke Kontraste, die den Aufnahmesensor der Digitalkamera schnell überfordern können. Helle und dunkle Bildstellen werden dann je nach Belichtung völlig weiß bzw. schwarz wiedergegeben. Außerdem wirken tiefe Schatten unter Nase, Augen und Kinn nicht sehr vorteilhaft. Sollen es gestellte Porträtaufnahmen im Freien sein, können Sie harte Schatten mit Aufhellern und Reflektoren (beispielsweise eine Styroporplatte, weiße Laken oder ein mit weißem Papier bespannter Rahmen) abmildern. Übrigens werden Modefotos von Profimodels am Strand bei strahlender Sonne immer mit weißen Lichtzelten und Reflektoren für weiches Licht sowie mit Blitzlicht zum Aufhellen der Schatten aufgenommen.

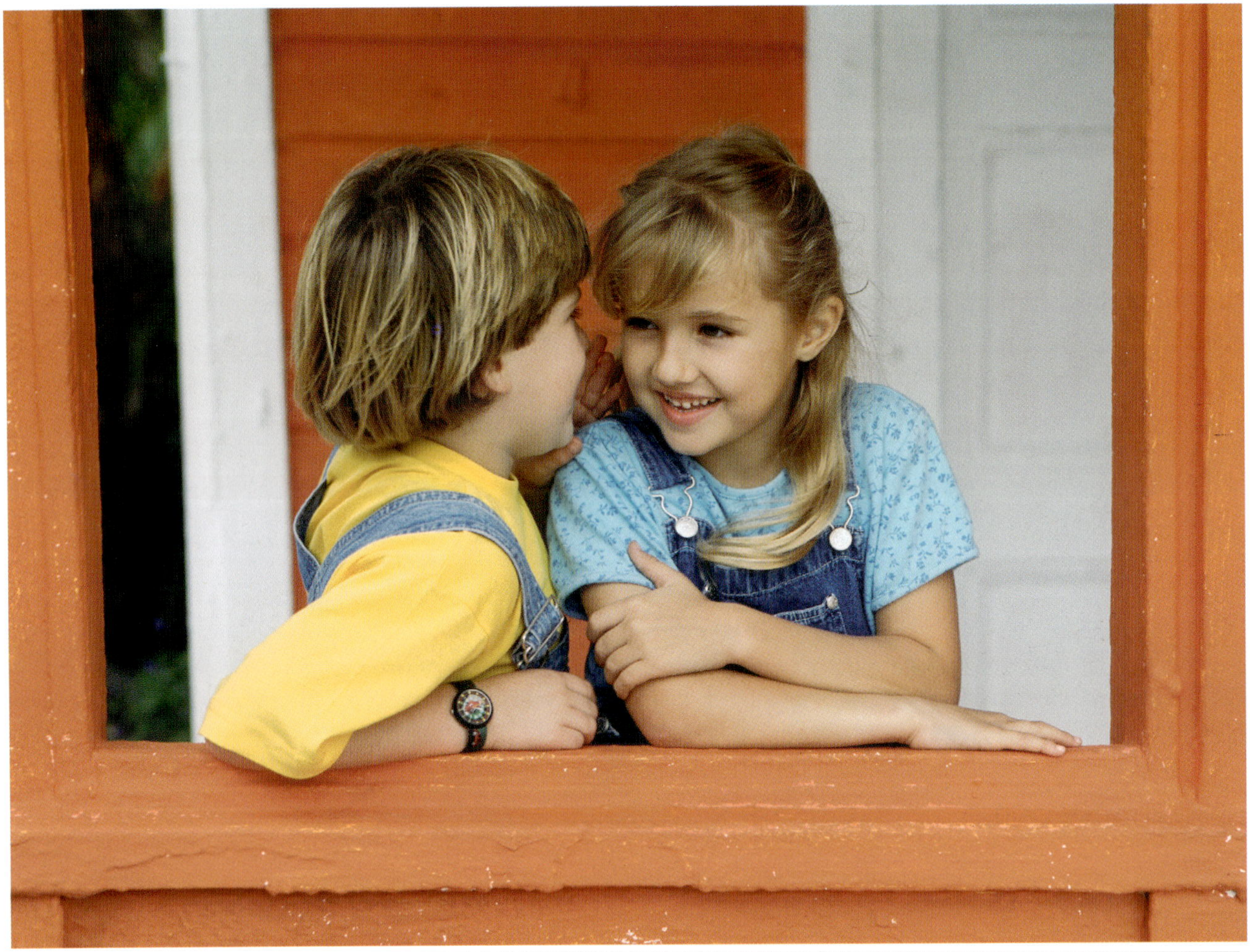

Das Licht eines Sommertags, wenn der Himmel fast ganz mit Wolken bedeckt ist, ist ganz besonders weich. Durch die Wolken wird das Sonnenlicht so gestreut, dass kaum Schatten entstehen. Ideale Bedingungen für Fotos im Freien.

Studiofotos nur mit notwendigster Beleuchtung

Machen Sie Studiofotos von Kindern nur mit der notwendigsten Beleuchtung. Ein Hauptlicht, welches das kleine Fotomodell von schräg vorne beleuchtet, eine reflektierende Fläche auf der anderen Seite (weiße Wand, Spiegel, weißes Leintuch) zum Aufhellen der verdunkelten Seite und bei Bedarf eine zusätzliche Lichtquelle für die Beleuchtung des Hintergrunds sind mehr als genug. Je mehr Lichtquellen Sie einsetzen, desto komplizierter wird die Kontrolle von ungewollten Schlagschatten. Läuft das Kind herum, sollte die Hauptlichtquelle relativ groß und flächig sein, damit Sie sie nicht ständig neu ausrichten müssen. In diesem Fall wäre ein großer Reflexschirm, der vor eine Studiolampe oder ein Blitzgerät gespannt wird, ideal. Auch eine größere Softbox kommt infrage.

Zusätzliches Effektlicht zum Hauptlicht einsetzen

Um Ihren Aufnahmen einen professionellen Touch zu verleihen, können Sie zusätzlich zum Hauptlicht ein so genanntes Effektlicht einsetzen, wenn Sie über ein zweites Blitzgerät oder eine zweite Lampe verfügen. Das klappt jedoch nur, wenn die Kindermodelle für ein paar Aufnahmen z. B. auf einem Stuhl Platz nehmen und für einige Versuche Geduld aufbringen. Ein Effektlicht ist normalerweise eine stark gebündelte Lichtquelle, die von schräg hinten auf die Haare gerichtet wird. Diese erhalten dadurch einen hellen Lichtsaum. Mehr über die Möglichkeiten von Kunstlicht und Studiobeleuchtung erfahren Sie im nächsten Kapitel.

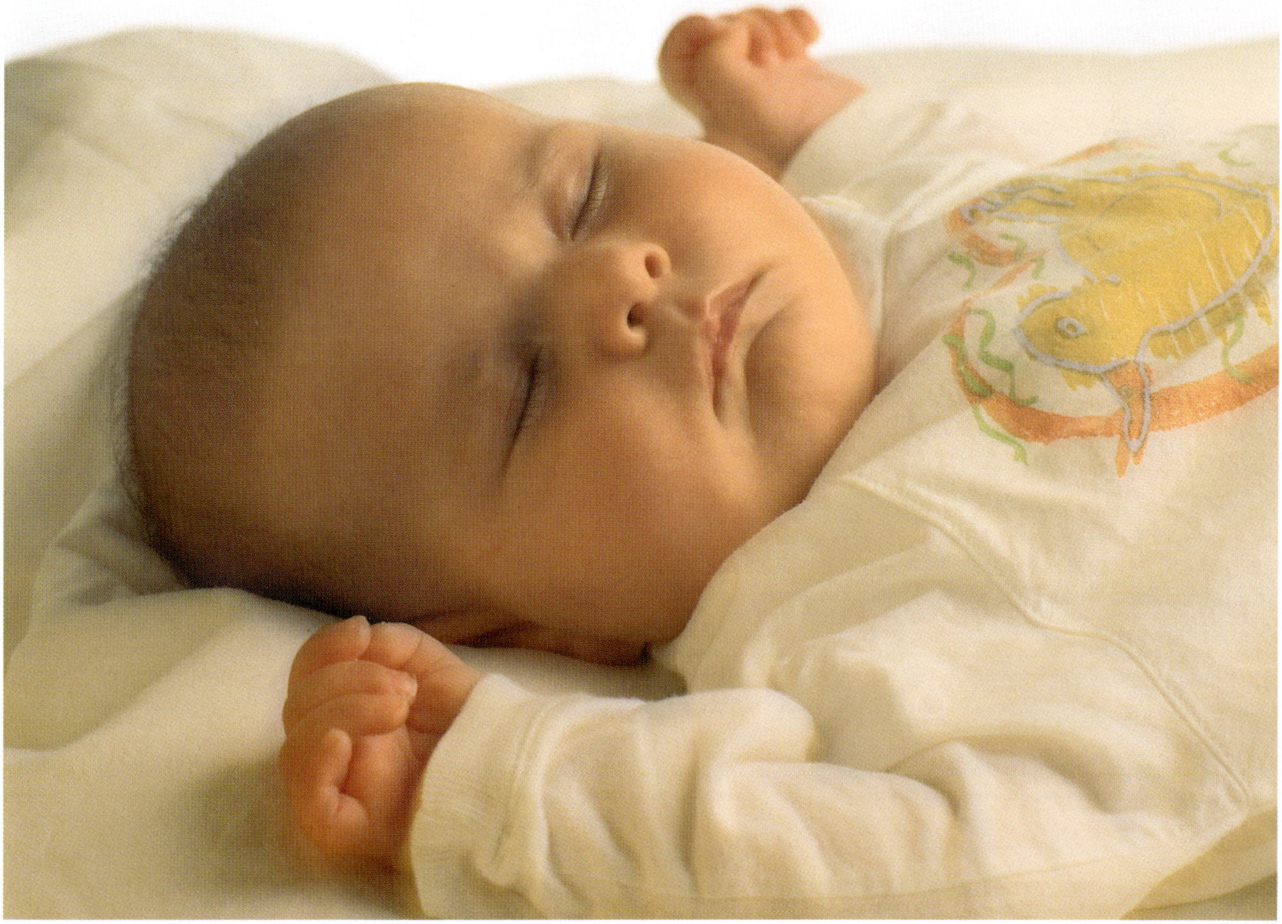

Hat Ihr Baby einen tiefen Schlaf, können Sie es im Heimstudio bei sanfter Beleuchtung in Ruhe in Szene setzen bzw. legen.

Kunst- und Studiolicht gezielt steuern

Wenn das Licht der Sonne nicht ausreichend vorhanden ist, brauchen Sie – mal abgesehen von Infrarotaufnahmen – zum Fotografieren mit der Digitalkamera Kunstlicht. Von den ersten Magnesiumblitzen, die man nur noch aus Filmen und dem Museum kennt, bis zu den heutigen systemkonformen Blitzgeräten zum Aufstecken wurden die kleinen und großen Lichtspender immer benutzerfreundlicher. Unter den Begriff des Kunstlichts fällt jedoch nicht nur elektrisch erzeugtes Licht von Blitzgeräten, Lampen und Scheinwerfern, sondern auch der Schein von

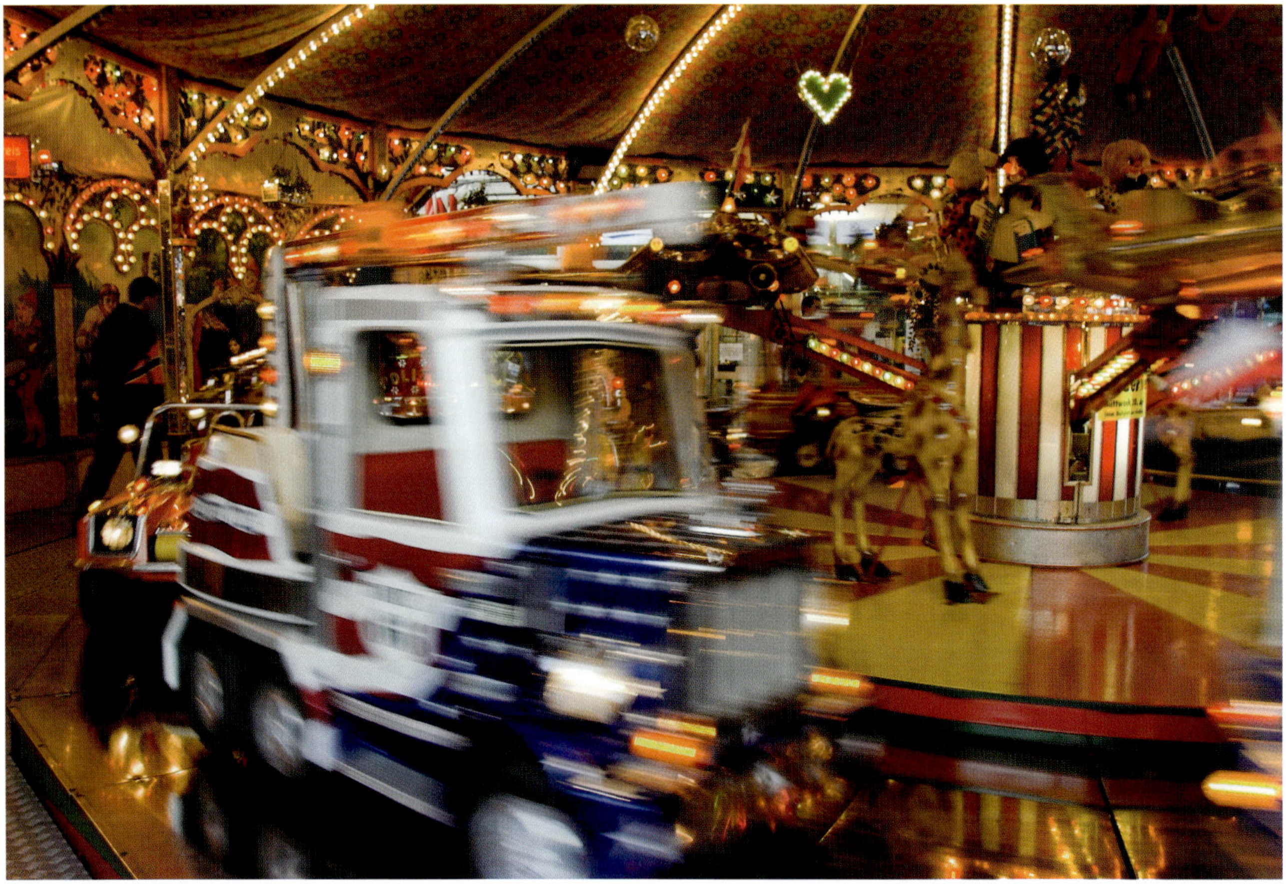

Das Licht des Kinderkarussells reicht hier völlig aus, um richtig belichtete Fotos zu bekommen. Ein Blitz würde die Stimmung zerstören.

Feuer. Jede dieser Lichtquellen lässt sich für kreative Zwecke einsetzen, wobei sich elektrisch erzeugtes Licht im Heimstudio natürlich gezielter steuern lässt.

Noch bis vor einigen Jahren gab es ausschließlich Zusatzblitzgeräte, bei denen der Fotograf sehr genau wissen musste, aus welcher Entfernung und mit welchen Kameraeinstellungen er fotografiert. Man musste sich mit Formeln zur Berechnung von Motivabstand und notwendiger Lichtmenge herumplagen. Inzwischen nehmen vollautomatische Blitzgeräte dem Fotografen alle manuellen Berechnungen ab und sorgen vollautomatisch für die perfekte Ausleuchtung. Jeder kamerainterne Blitz kommuniziert so effizient mit der Digitalkamera, dass in fast allen fotografischen Situationen richtig belichtete Bilder entstehen. Es gibt nur ein paar Ausnahmen, wie etwa überstrahlte Köpfe im Vordergrund, rote Augen oder der Tunneleffekt beweisen.

Technische Eigenschaften von Dauerlichtquellen

Auch (Heim-)Studioblitze haben im Hinblick auf einfache Bedienung und Leistung einen großen Sprung nach vorn gemacht. Kaum verändert ha-

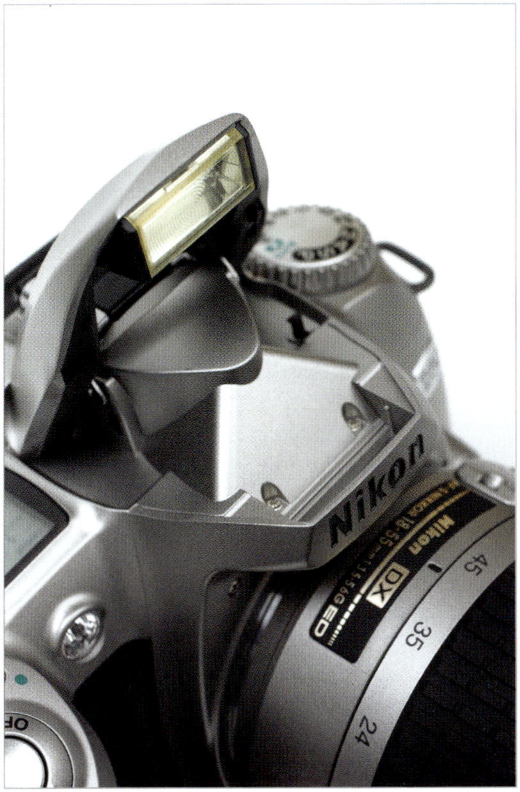

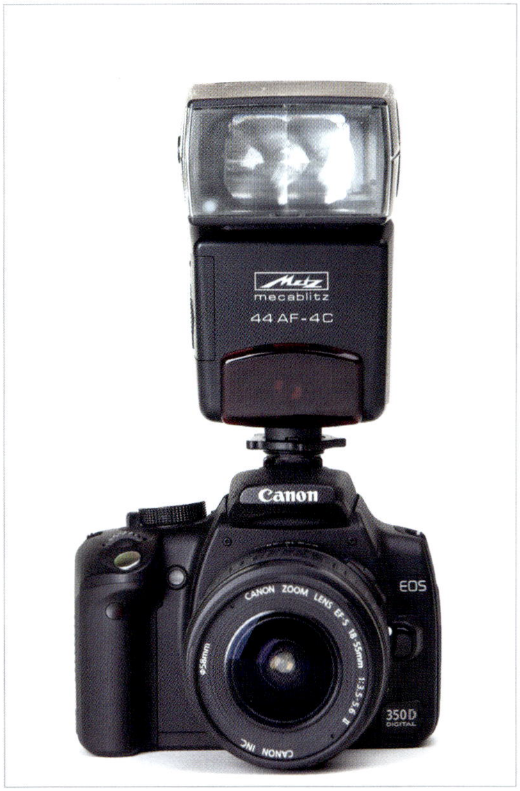

Sowohl die internen Kamerablitze als auch systemkonforme Aufsteckblitze nehmen dem Fotografen in den meisten Fällen die Sorge um die korrekte Blitzbelichtung ab. Außerdem helfen die Blitzgeräte beim Verhindern des berüchtigten Rote-Augen-Effekts.

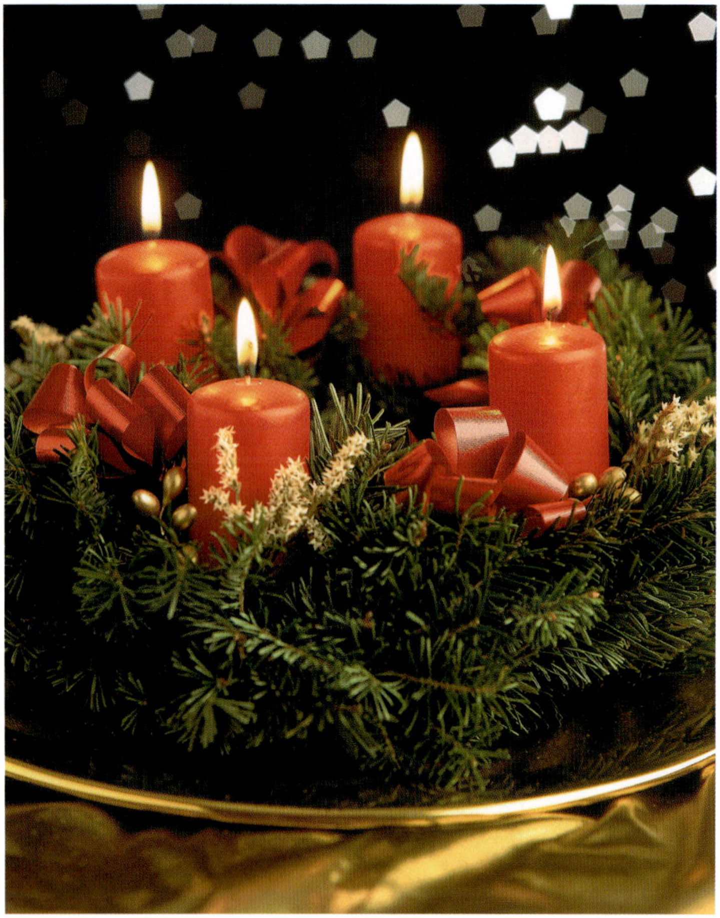

Das Licht der Kerzen allein hätte die Szene nicht ausreichend beleuchtet, deshalb kam zusätzlich Blitzlicht von rechts und ein links positionierter Reflektor zum Einsatz. Um so eine Szene perfekt auszuleuchten, sind mehrere Versuche nötig, bei denen die Lichtstärke der Blitzgeräte variiert wird. In Zeiten digitaler Fotografie kein Problem, weil die Fotos ja sofort auf dem Display kontrolliert werden können.

ben sich dagegen die technischen Eigenschaften von Dauerlichtquellen wie Studiolampen oder Scheinwerfern, deren Hauptvorteil darin liegt, dass man eine Szene perfekt arrangieren kann und schon vor dem Abdrücken sieht, wie Licht und Schatten fallen. Die großen Nachteile von Dauerlichtquellen: Sie brauchen viel Strom und werden heiß.

Fotos bei Kerzenlicht und Feuerschein

Licht und Schatten, die von Kerzen und Feuer verursacht werden, sind beweglich und färben die beschienenen Motive orangefarben und rot. Für Fotos im Feuerschein müssen Sie unbedingt auf den Weißabgleich Ihrer Digitalkamera achten. Der Weißabgleich ist dazu da, für farbneutrale Bilder zu sorgen, und er gleicht Farbstiche – in diesem Fall das Rot des Feuerscheins – aus. Zwar sind die Kameramodelle auch in dieser Hinsicht verbessert worden und „erkennen" in vielen Fällen, ob eine Farbstimmung gewollt ist oder nicht. Um ganz sicherzugehen, sollten Sie dennoch einige Probeaufnahmen mit unterschiedlichen Weißabgleichseinstellungen machen. Dies gilt im Übrigen auch für Mischlichtsituationen mit mehreren unterschiedlichen Lichtquellen.

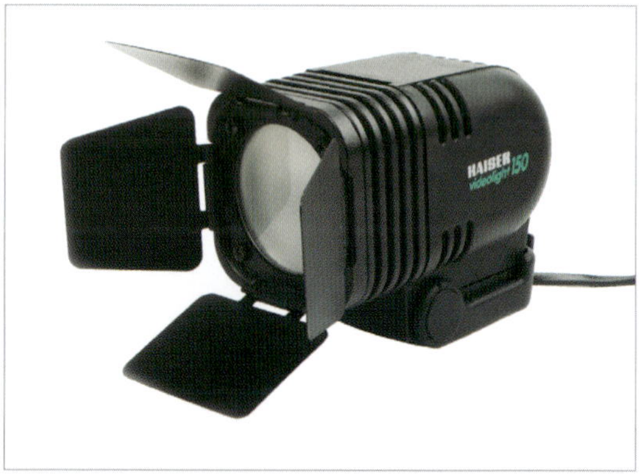

Videolampen sind im Gegensatz zu Blitzgeräten besondes einfach in der Handhabung. Sie müssen die Lampe lediglich einschalten und sehen sofort, wie sie die Szene beleuchtet. Aber Vorsicht! Videolampen haben oft ein etwas rötliches Licht. Sie sollten daher wenn möglich mit dem manuellen Weißabgleich Ihrer Kamera arbeiten, um Farbstiche zu vermeiden.

Ein Heimstudio improvisieren

Wenn Sie in einem Raum von 10 bis 20 qm ein kleines Heimstudio improvisieren möchten, um die ersten Schritte in Sachen Studiofotografie zu machen, müssen Sie nicht gleich eine Menge Geld ausgeben. Natürlich ersetzt es nicht ein auf die Fotografie abgestimmtes Equipment an Blitzgeräten, Stativen und Lichtformern. Für die ersten Versuche genügt jedoch eine einfache Ausstattung aus dem nächsten Baumarkt.

Geeignete Hintergrundvarianten

Als Hintergrund eignen sich gebügelte, einfarbige Bettlaken oder Tischdecken, Stoffbahnen in verschiedenen Farben, Teppiche, Kunststoffplanen oder eine interessant strukturierte Wand. Haken in der Wand oder eine an der Decke befestigte Aufhängung halten die Materialien fest. Wenn Sie

Tipp

Unterschiedliche Beleuchtungsquellen nutzen

Auch die Straßenbeleuchtung, Autoscheinwerfer sowie die Beleuchtung von Gebäuden lassen sich fotografisch nutzen. Die vorhandenen Lichtverhältnisse müssen dazu analysiert und in das Foto einbezogen werden. Wenn z. B. das Licht einer Straßenlaterne für eine nächtliche Szene ausreicht, können Sie eventuell auf den Blitz verzichten und die tatsächliche Stimmung zeigen.

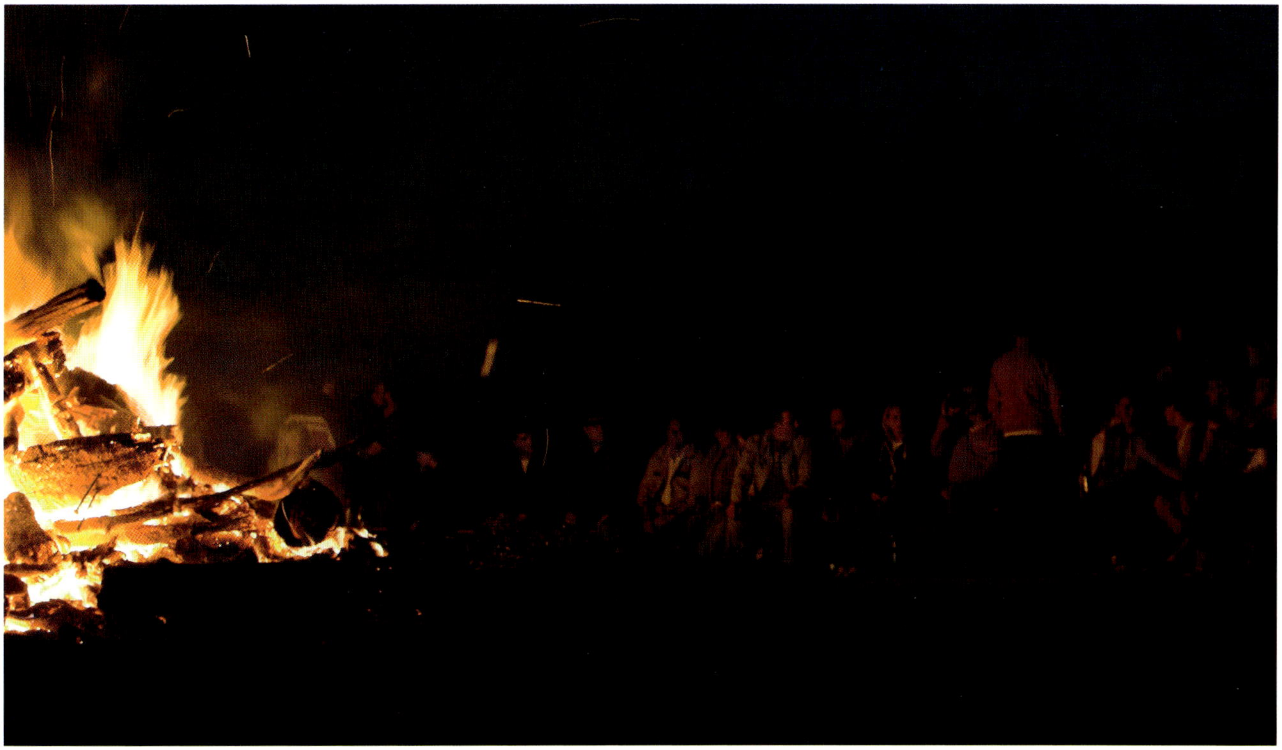

Um die tolle Lichtstimmung nicht zu zerstören, wurde hier ohne Blitz und mit hoher Empfindlichkeit (ISO 3200) fotografiert. Durch den hohen ISO-Wert war die Verschlusszeit kurz genug, um die Aufnahme nicht zu verwackeln.

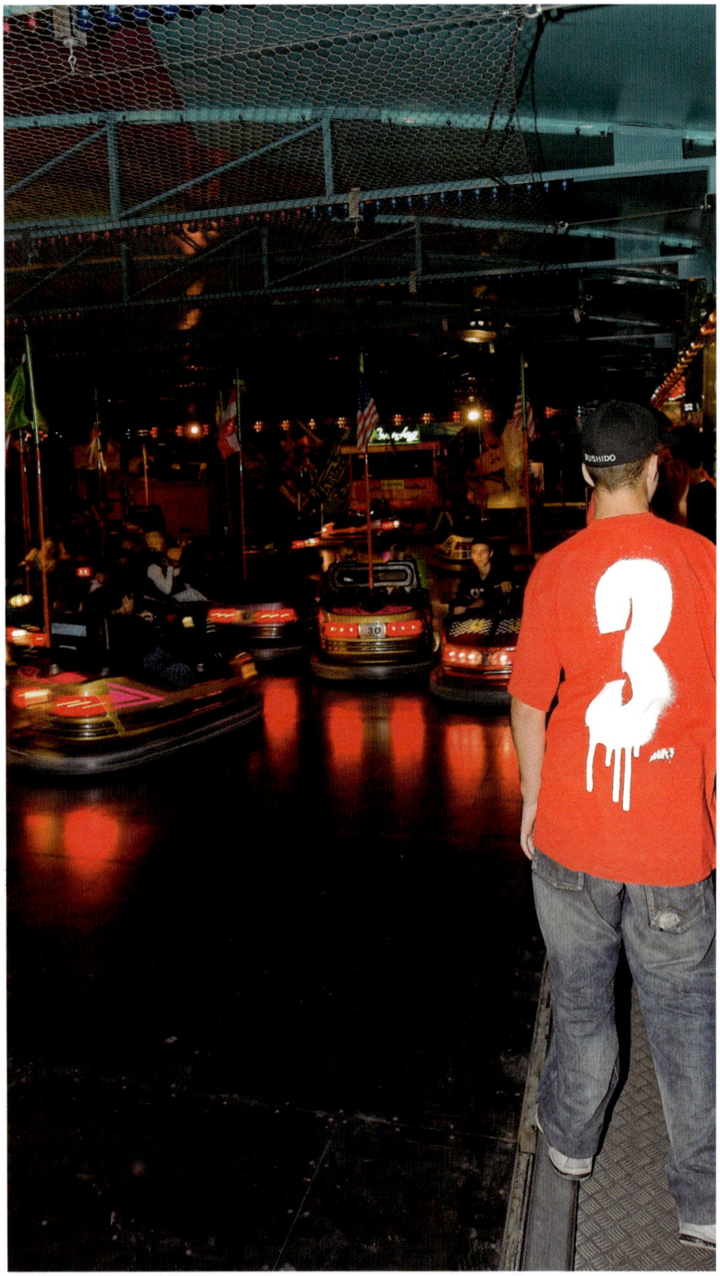

Für die Lichtstimmung dieses Fotos wurde mit einer Kombination aus Blitzlicht und dem vorhandenen Kunstlicht gearbeitet. Eine relativ lange Verschlusszeit sorgt für die korrekte Belichtung des entfernten Hintergrunds, der Blitz hat die Person im Vordergrund richtig belichtet.

der Übergang zwischen Hinter- und Untergrund stört, achten Sie darauf, dass Tücher oder Planen lang genug für eine Rundung in der Ecke sind. Die Größe des Hintergrunds hängt vom Einsatzzweck ab. Für ein Brustporträt genügt theoretisch eine Fläche von rund einem Quadratmeter, wobei Sie dann nicht sehr flexibel bei der Auswahl des Kamerastandorts sind und das Modell exakt platziert werden muss.

Kostenfaktor Beleuchtung

Die Beleuchtung ist im professionellen Fotostudio neben der Kameraausrüstung der größte Kostenfaktor. Für das improvisierte Heimstudio reichen ein paar preiswerte 500-Watt-Baustrahler und ein stabiles Stativ aus dem Baumarkt aus. Die Lichtmenge wird entweder dadurch gesteuert, dass die Entfernung der Strahler zum Modell variiert wird oder Sie die Lichtquellen gegen Wände und Decke richten und das Modell indirekt beleuchten. Beachten Sie jedoch, dass die Lichtfarbe von Baustrahlern nicht einheitlich ist. Oft verursachen sie einen kräftigen Rotstich in den Bildern. Dieser muss über den korrekten Weißabgleich ausgeglichen werden.

Neben den Baustrahlern können Sie für kleinere Motive auch einfach Schreibtischlampen mit biegsamer Lampenfassung oder eine Taschenlampe verwenden, die entweder mit Klebeband an einem Lampenstativ befestigt oder beim Fotografieren von Ihnen oder Ihrem Modell in der Hand gehalten wird.

Reflektoren und Softboxen für weiches Licht

Um das Licht von Strahlern und Blitzgeräten weicher zu machen, werden Reflektoren und Softboxen eingesetzt. Baustrahler werden extrem heiß. Daher kommt eine geschlossene Softbox nicht infrage – die Hitze könnte aus der Softbox nicht schnell genug entweichen. Als Reflektor, gegen den der Baustrahler gerichtet wird, können Sie jede helle Fläche verwenden. Ein auf eine weiße Wand gerichteter Strahler produziert weiches Licht, das sanftere Schatten entstehen lässt als eine direkt auf das Modell gerichtete Lichtquelle. Styroporplatten sind ebenfalls gute Reflektoren. Wenn Sie dem reflektierten Licht ein wenig Farbe verleihen möchten, um z. B. den Teint eines Modells rosiger erscheinen zu lassen, verwenden Sie als Reflektor die goldene Seite einer Rettungsdecke.

Blitzanlagen in der Studioumgebung

Blitzanlagen sind dazu da, die Studiobeleuchtung detailliert zu kontrollieren. Die Leistung von Studioblitzen ist regelbar, sodass Sie immer die richtige Lichtmenge erhalten. Eine Studioausstattung besteht aus mindestens zwei, besser noch aus drei Blitzgeräten samt Zubehör. Die Anschaffung ist aufgrund der relativ hohen Kosten erst dann sinnvoll, wenn die Fotografie zu einem regelmäßigen

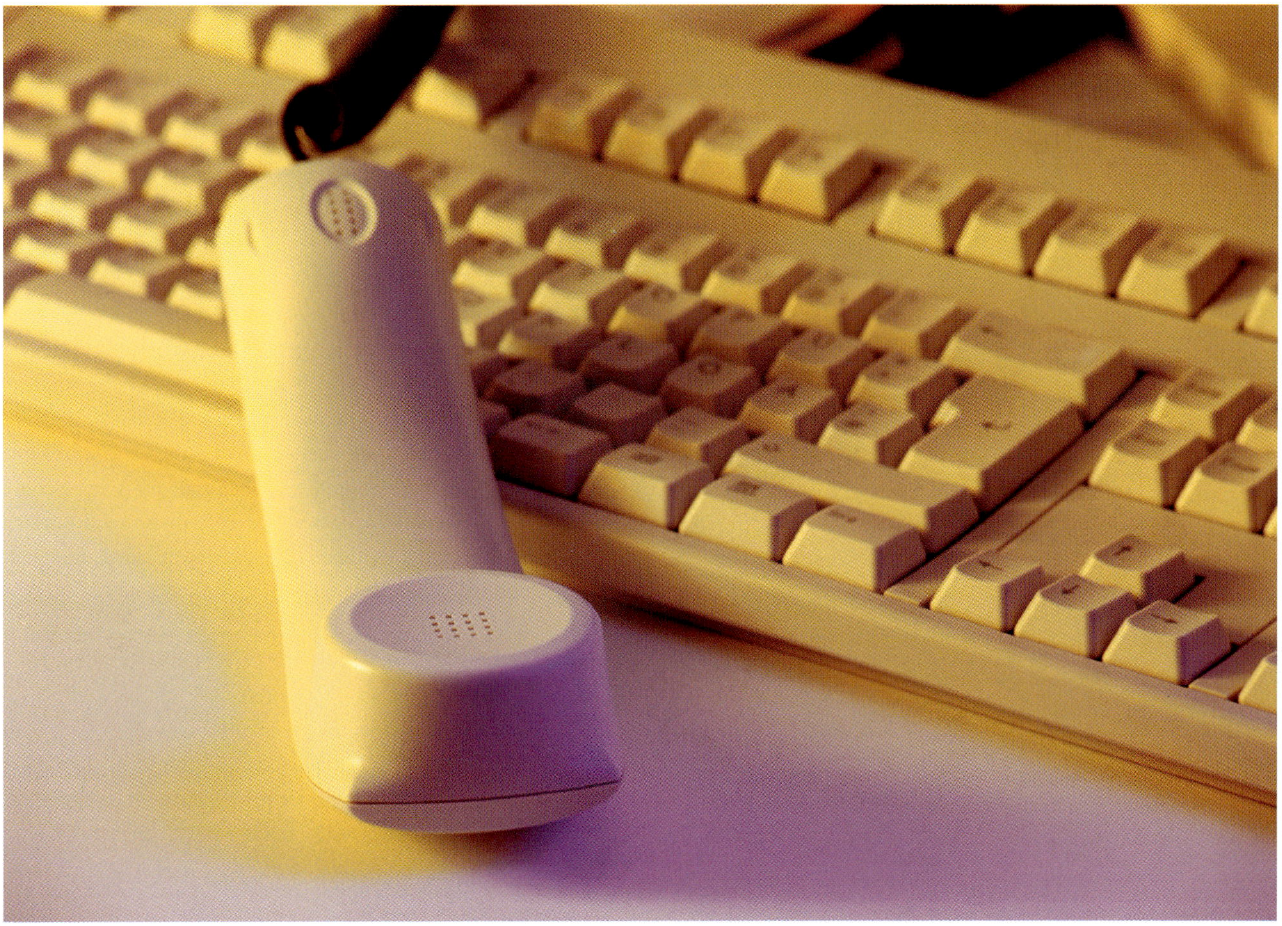

Solche Fotos lassen sich sehr einfach im Heimstudio realisieren. Die Farbe der Beleuchtung wird dabei durch farbige Folien vor den Lichtquellen variiert.

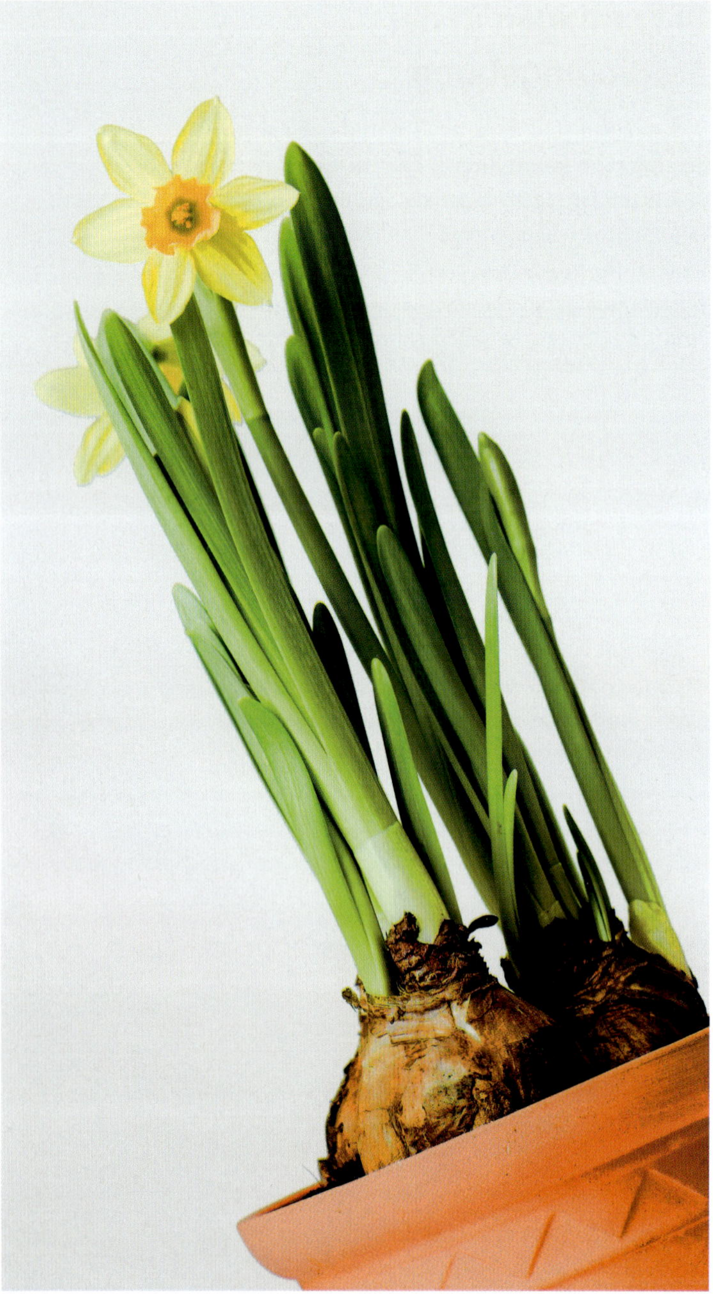

Das durch ein Fenster fallende Licht und ein rechts stehender Reflektor zum Aufhellen der Schatten reichte völlig aus für dieses einfache Frühlingsmotiv.

Bestandteil Ihrer Freizeit geworden ist. Der kreative Umgang mit den Geräten erfordert einige Einarbeitung. Abgesehen von der technischen Bedienung müssen Sie zunächst ein Gefühl dafür bekommen, welche Wirkungen Studiolicht sowie Lichtformer wie Softboxen oder Reflexschirme haben. Hilfreich beim Einsatz von Blitzgeräten sind so genannte Einstelllichter. Das sind in das Blitzgerät integrierte kleine Dauerlichtlampen (meist Halogenlampen), die zumindest die Richtung der durch das Blitzlicht entstehenden Schatten anzeigen. Das Ausrichten der Blitzgeräte wird dadurch erheblich vereinfacht.

Grundausstattung eines Heimstudios

Zur Grundausstattung eines ambitionierten Heimstudios zählen neben zwei oder drei Blitzgeräten mit Standardreflektoren diverse Zubehörteile, um das abgestrahlte Licht zu „formen“. Wichtige Utensilien sind so genannte Lichtformer, runde Reflexschirme, wie man sie aus dem Porträtstudio kennt. Sie dienen dazu, hartes Blitzlicht zu streuen. Ein Tipp für Porträts: Arbeiten Sie anfangs nur mit einer Lichtquelle, vor der eine Softbox oder ein Reflexschirm angebracht ist. Je mehr Lichtquellen Sie einsetzen, desto komplizierter wird der Aufbau.

Blitzlicht bündeln und Akzente setzen

Zum Setzen von Akzenten, z. B. einem Lichtsaum auf den Haaren, muss das Blitzlicht gebündelt werden. Das wird erreicht, indem man vor dem Blitz einen Spotvorsatz oder ein Wabengitter anbringt. Beide Zubehörteile richten das Licht mehr oder weniger stark aus, wobei die Wirkung des Spotvorsatzes stärker ausfällt und relativ scharfkantige, punktförmige Lichtflecken erzeugt werden können.

Mit nur einer Lichtquelle perfekt ausleuchten

Für gelungene Aufnahmen im Heimstudio benötigen Sie nicht gleich eine große Anzahl teurer Blitzgeräte samt Zubehör. Gute Porträts und Sachaufnahmen gelingen auch mit nur einer Lichtquelle. Ideal ist es, wenn Sie beispielsweise ein großes Fenster in Ihrem Studio haben. Für so genannte Low-Key-Bilder, die vornehmlich aus dunklen Helligkeitswerten bestehen, ist eine einzige Licht-

Tipp

Vorher sehen, wo der Blitz Schatten erzeugen wird

Hat Ihr Blitzgerät kein Einstelllicht, und lässt sich deshalb vor der Aufnahme nicht genau sagen, wie die Schatten fallen werden, halten Sie eine Taschenlampe vor das Blitzgerät in Richtung des Motivs. Dann sehen Sie in etwa, wo der Blitz die Schatten erzeugen wird und können ihn falls nötig anders ausrichten.

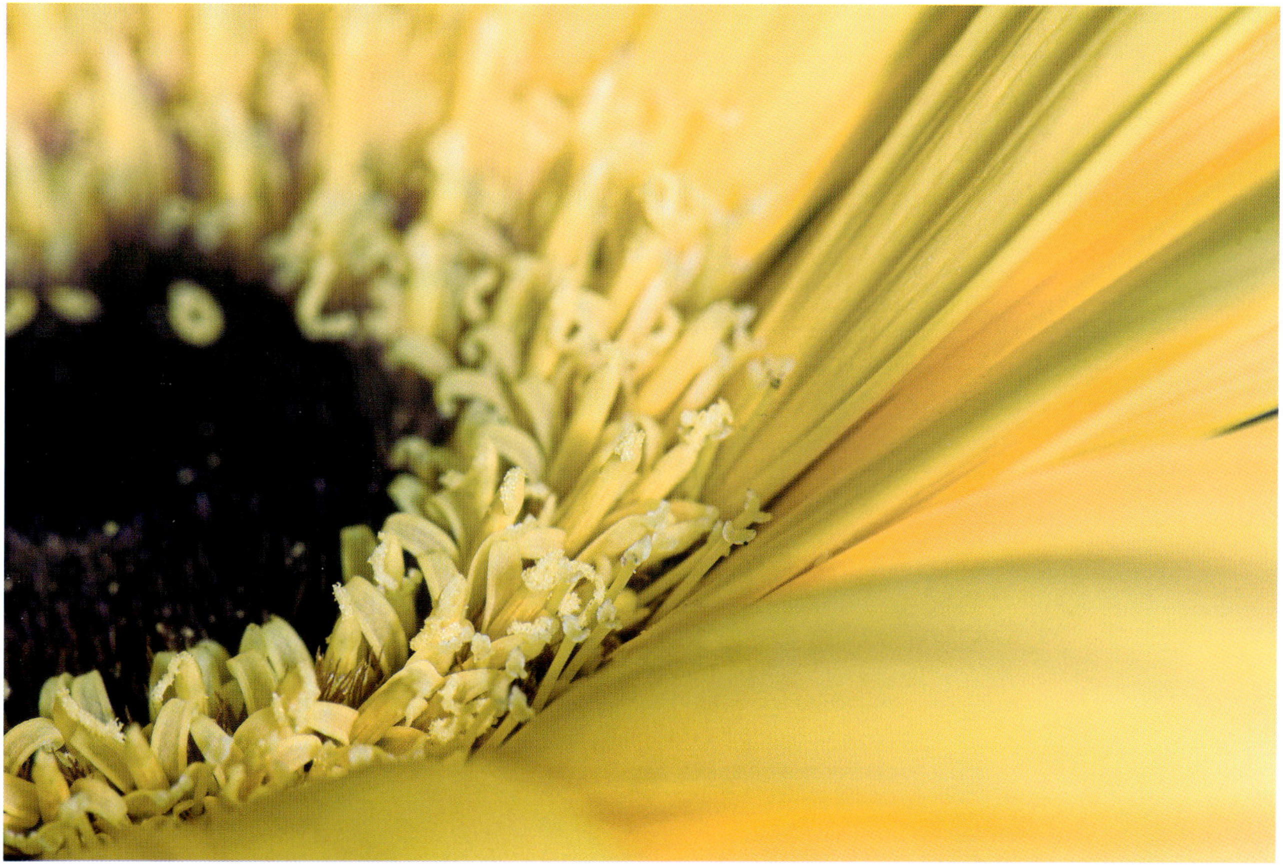

Gerade Makrofotos von unbewegten Objekten wie hier lassen sich in Ruhe im Heimstudio optimal in Szene setzen. Durch die Möglichkeit, Licht und Kameraposition nach Belieben zu variieren, sind gelungene Aufnahmen nur eine Frage von Zeit und Kreativität.

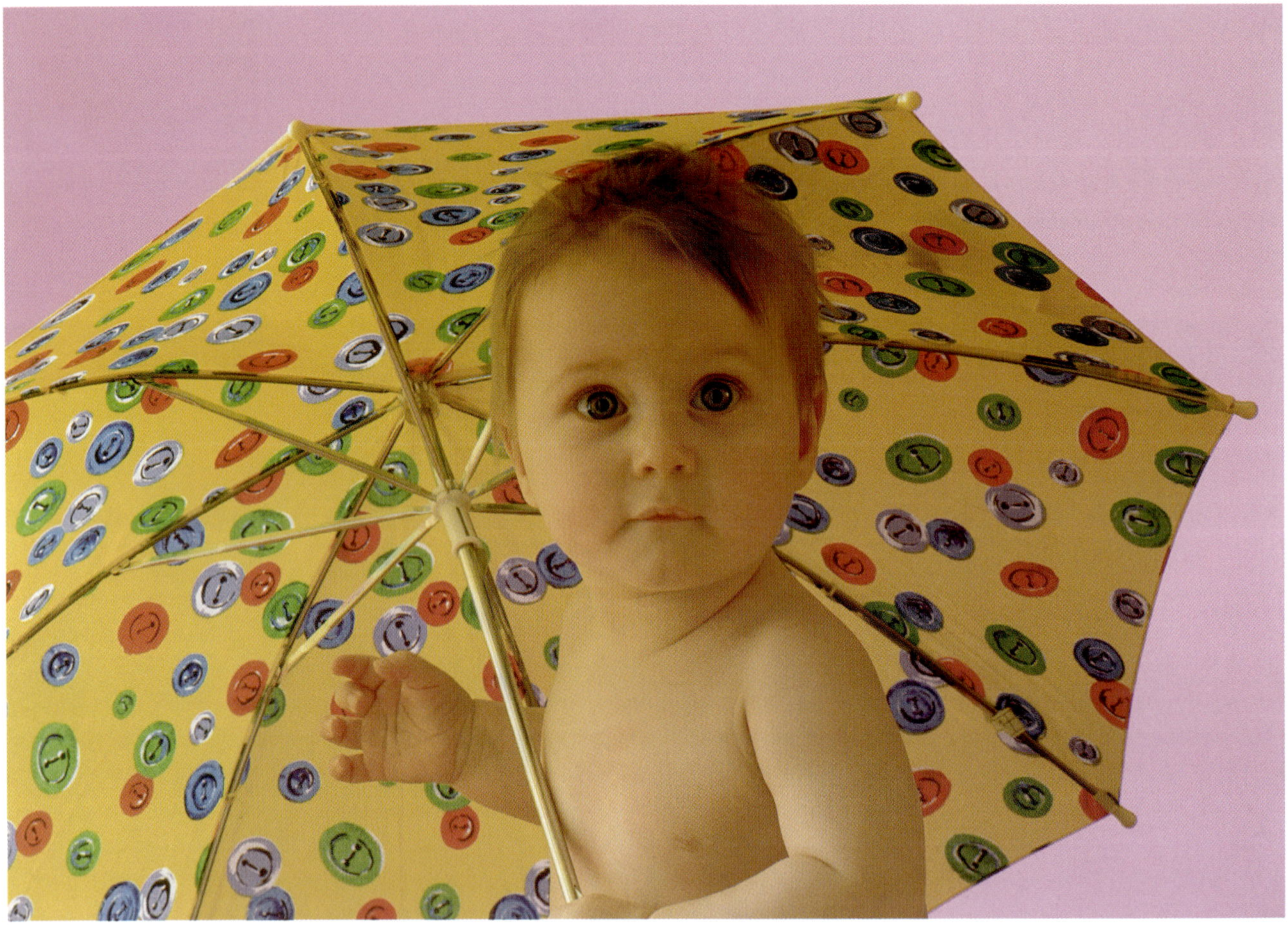

Perfekte Porträts, bei denen neben der Ausleuchtung auch der Hintergrund stimmt, sind am besten in kontrollierter Umgebung wie in einem Studio möglich.

quelle von der Seite ideal. Auch in der Porträt- oder Aktfotografie ist es eine oft gesehene Technik. Das Modell steht vor einem schwarzen oder dunklen Hintergrund und wird von einer seitlichen oder etwas erhöhten Lichtquelle angestrahlt. Die gegenüberliegende Seite versinkt im Schatten, und die Körper- oder Gesichtsform wird durch die Übergänge von Licht zu Schatten plastisch dargestellt.

Um ein Gefühl für Beleuchtung zu bekommen, sollten Sie von diesem einfachen Aufbau ausgehen und mit verschiedenen Lichtintensitäten, Positionen und Bildausschnitten experimentieren. Der Vergleich unterschiedlicher Bilder am Computer hilft, die Wirkung von Lichtquellen im Studio und die durch sie erzeugten Stimmungen kennen zu lernen.

Arbeiten mit Hauptlicht und Effektlicht

Zum klassischen Beleuchtungsaufbau in einem ambitionierten Studio gehören drei Lichtquellen: ein Hauptlicht, die Beleuchtung für den Hinter-

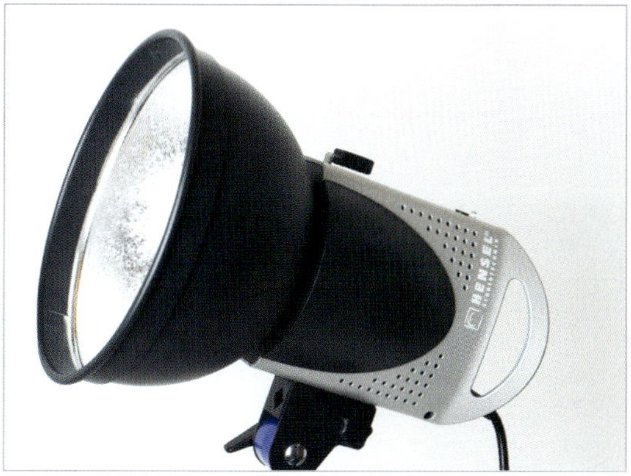

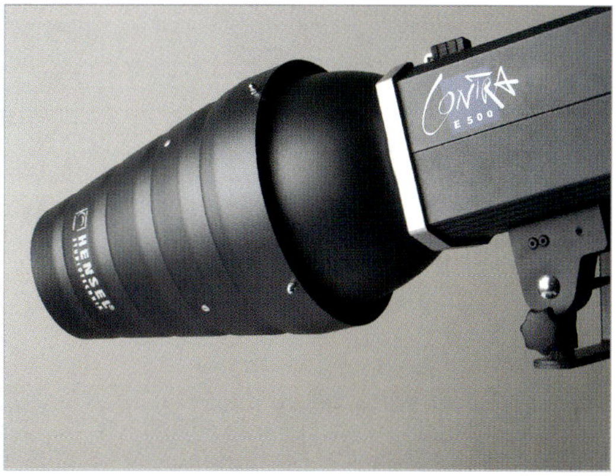

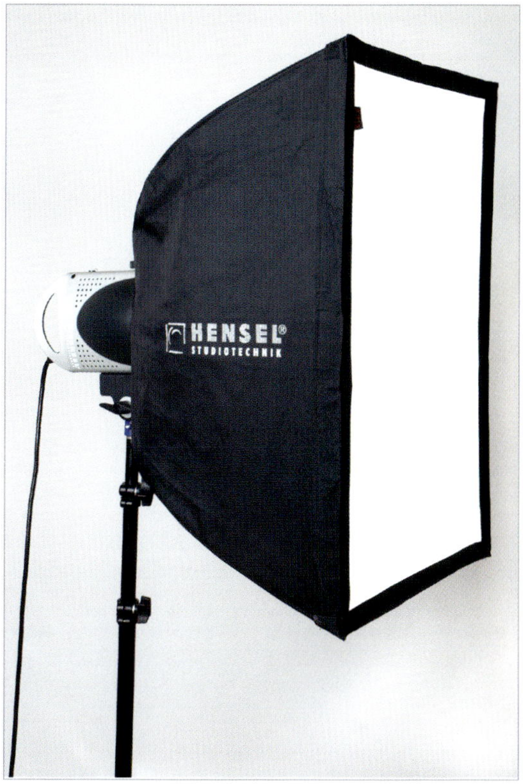

Wenn Sie sich ein Heimstudio aufbauen möchten, benötigen Sie neben den Blitzgeräten mit Standardreflektor (links oben) eine kleine Grundausstattung an Zubehör. Für weiches Licht sind Softboxen (links unten) oder Reflexionsschirme geeignet, punktförmige Lichteffekte lassen sich mit einem Tubus (oben) erzielen.

grund und ein so genanntes Effektlicht. Zusätzlich wird meist eine vierte Lichtquelle eingesetzt, die zum Aufhellen der Schatten auf der vom Hauptlicht abgewandten Seite dient. Dieser Aufheller kann entweder ein auf niedrige Leistung gestelltes Studiolicht oder ein Reflektor sein, der das Hauptlicht zurückwirft. Je nach Motiv kann die Hintergrundbeleuchtung entfallen. Bei sehr hellen, an Modefotos erinnernden Porträts mit hauptsächlich hellen Tonwerten kann es nötig sein, mehr als eine Lichtquelle für die Beleuchtung des Hintergrunds einzusetzen, damit dieser schattenlos weiß erscheint.

Hauptlicht optimal positionieren

Beginnen Sie beim Setzen von Licht immer mit dem Hauptlicht. Richten Sie den dafür vorgesehenen Blitz oder Strahler mit entsprechendem Vorsatz (Reflexionsschirm, Softbox, Standardreflektor) so aus, dass das Motiv bereits gut ausgeleuchtet wird. Alle weiteren Lichtquellen dienen der Verfeinerung. Die Positionierung des Hauptlichts ist für die Bildwirkung entscheidend. Seitliches Hauptlicht konturiert die Formen, Licht von schräg oben simuliert die Sonneneinstrahlung und wirkt recht natürlich. Licht von unten – gerade in Gesichtern – ist wenig schmeichelhaft.

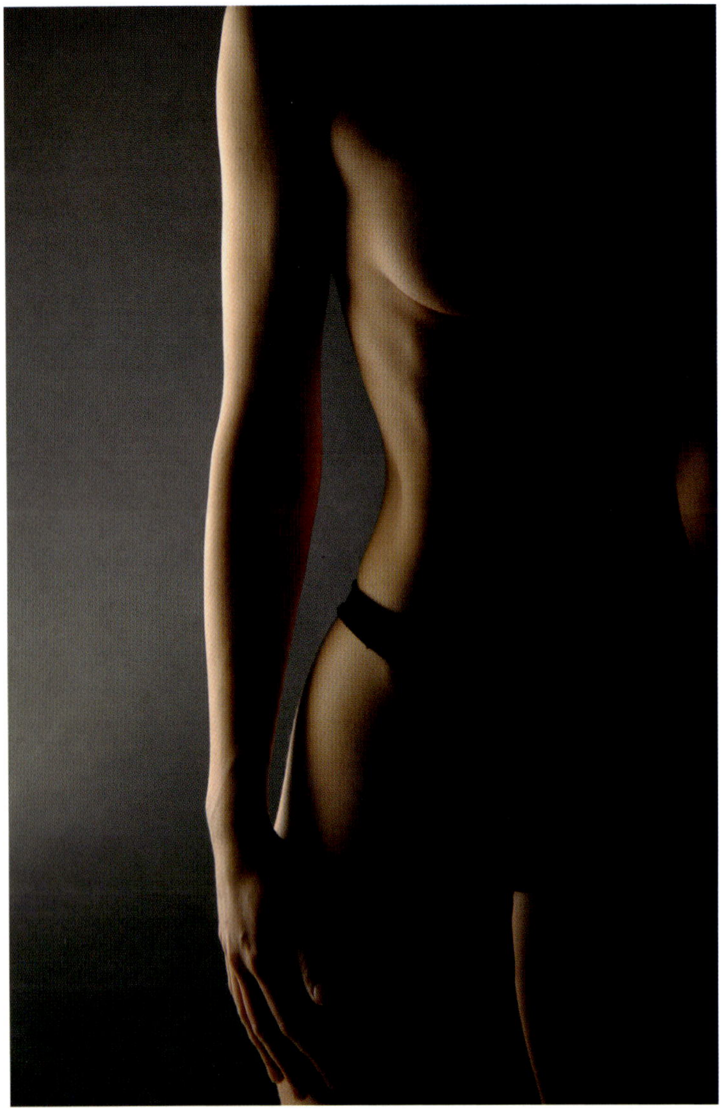

Wie hier zu sehen, genügt in der Aktfotografie oft eine einzige große Lichtquelle, um die Konturen eines Körpers zu modellieren.

Nun wird auf die gegenüberliegende Seite des Hauptlichts ein Aufheller (helle Fläche, Lichtquelle mit niedrigerer Leistung) gestellt, um die vom Hauptlicht verursachten Schatten gerade so auszuleuchten, dass in den Schatten noch Details

Tipp

Zubehör für ein improvisiertes Studio

Beleuchtung

- Halogenbaustrahler/Stativ
- Schreibtischlampe, Reflektoren

Reflektoren

- Styroporplatte
- Rettungsdecke (gold/silber)
- Spiegel

Hintergründe

- PVC
- Teppich
- Plane
- Tischbezug
- Bettlaken

erkennbar bleiben. Variieren Sie die Position des Aufhellers so lange, bis die vom Hauptlicht abgewandte Seite ausreichend ausgeleuchtet wird.

Hintergrund gestalten

Um den Hintergrund zu gestalten, können Sie entweder eine breit abstrahlende oder aber eine gerichtete Lichtquelle verwenden. Eine schräg gerichtete Lichtquelle schafft einen weichen Tonwertverlauf, eine direkt auf den Hintergrund ausgerichtete (mit Tubus oder Wabenfilter) bringt eher kreis- oder ellipsenförmige Verläufe. Abschließend kann noch ein Effektlicht von hinten oder oben gesetzt werden. Dies ist meist eine eng abstrahlende Lichtquelle, die helle Reflexe produziert.

Mit diesen grundlegenden Arbeitsweisen sind bereits viele Möglichkeiten der Gestaltung von

Ein Hauptlicht von rechts vorn (man sieht die Spitzlichter in den Augen), ein Aufheller links und ein Effektlicht von oben auf die Haare zeigen: Hier hat ein Profi gearbeitet.

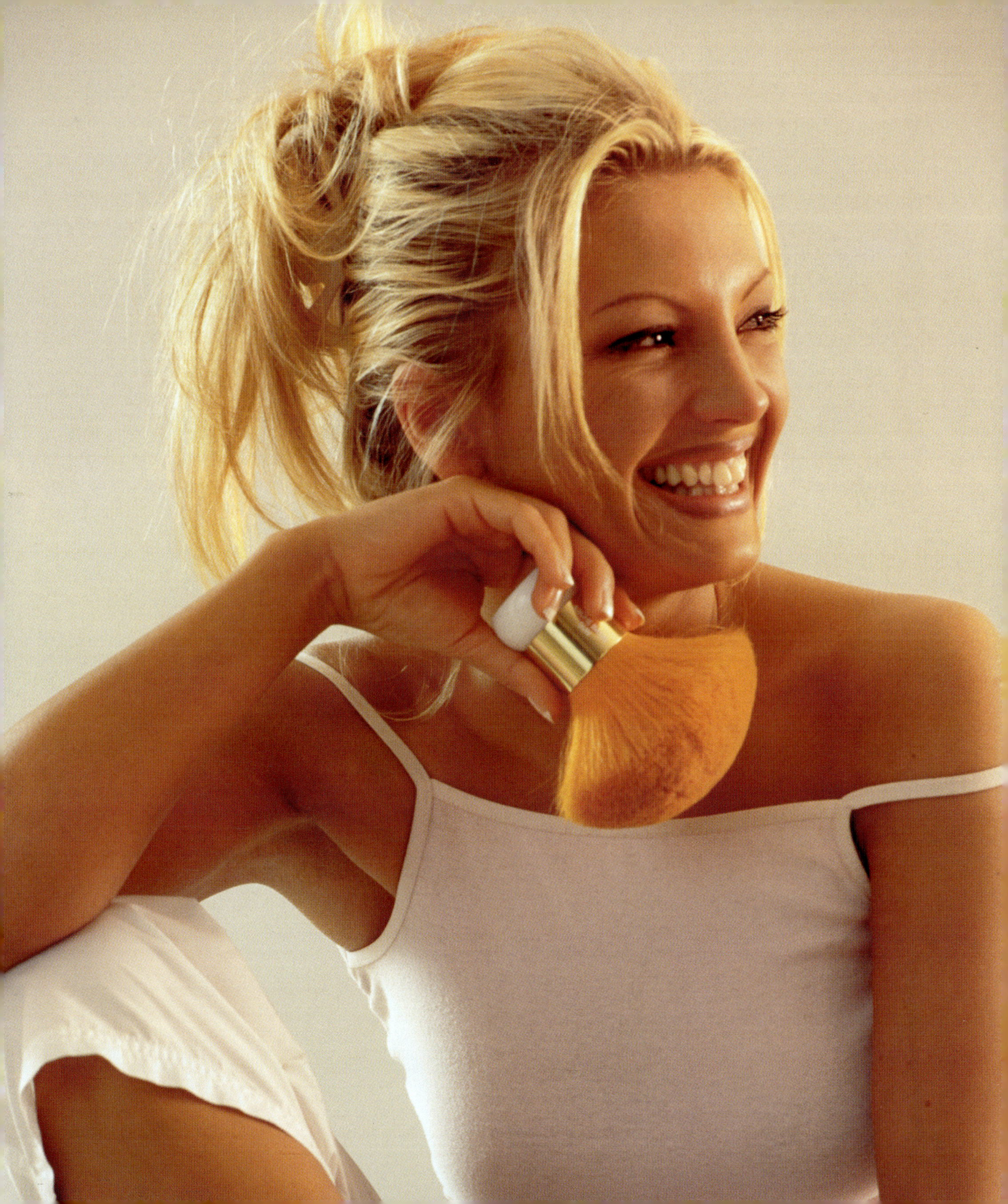

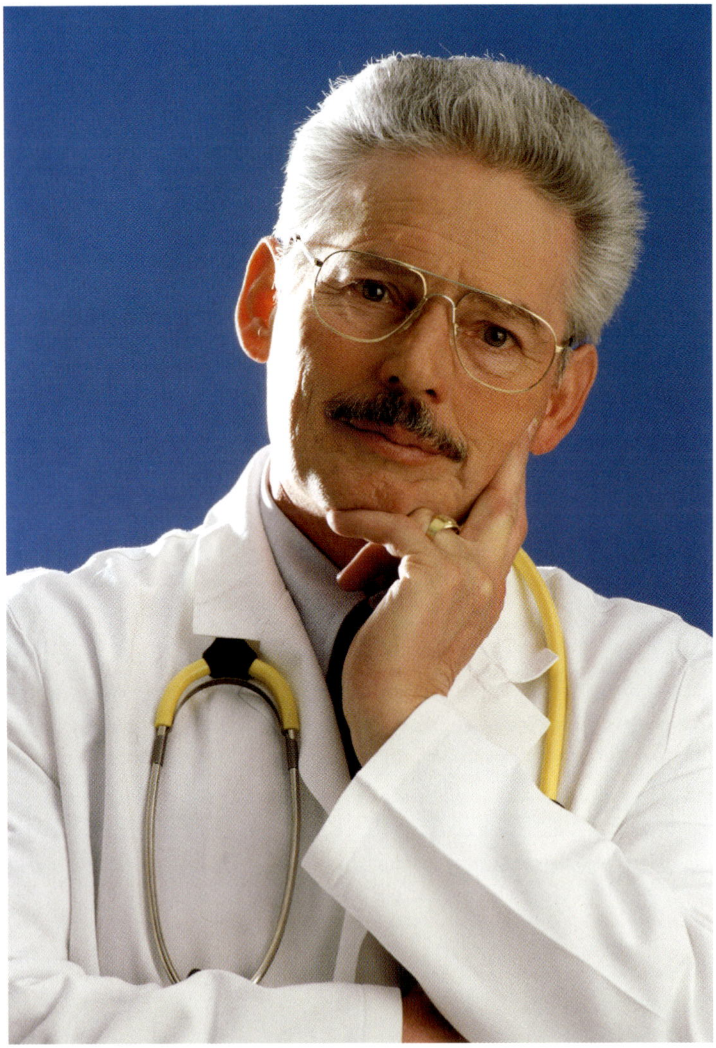

Bei diesem professionellen Studioporträt sieht man deutlich, wie ein Effektlicht eingesetzt werden kann. Die von links strahlende Lichtquelle ist auf so hohe Leistung gestellt, dass der Kopf dadurch sehr kräftig konturiert wird.

Licht im Heimstudio gegeben. Darüber hinaus ist es wichtig, zu experimentieren, seine Ausrüstung kennen zu lernen und aus anfänglichen Fehlern – zu starke Schatten, sich überkreuzende Schatten, überstrahlte und zu dunkle Bereiche – zu lernen. Betrachten Sie Ihre Fotos kritisch, und fragen Sie sich immer, warum Ihnen ein Foto besser als das andere gefällt. Wenn Sie das verstehen, lassen sich die Bilder erzielen, die Sie wirklich machen möchten.

Tipp

Vorher sehen, wo der Blitz Schatten erzeugen wird

Wollen Sie Fotos von Menschen gestalten, die wie Titelbilder von Modemagazinen wirken, benötigen Sie dazu einen hellen Raum mit weißem Hintergrund und ein Blitzgerät mit einer großen Softbox. In der Modefotografie werden Modelle oft frontal mit einem Ringblitz mit ringförmiger Blitzröhre ausgeleuchtet. Solche Spezialblitzgeräte hellen Gesichter gleichmäßig auf und konturieren sie mit einem um den Kopf laufenden Schatten. Für Ihre Aufnahmen benötigen Sie eine große Lichtquelle wie eben eine große Softbox. Stellen Sie das Blitzgerät mit Softbox hinter sich auf, sodass Sie mit Ihrem Körper den inneren Bereich der Softbox abdecken. Dadurch entsteht ein ganz ähnlicher Effekt wie bei einem Ringblitz. Verfügen Sie über zwei Blitzgeräte oder Fotolampen, können Sie damit ebenfalls Stimmungen wie in der Modefotografie erreichen. Stellen Sie dazu die beiden Geräte – am besten mit Softboxen oder Reflexschirmen – nah nebeneinander vor Ihr Modell. Fotografieren Sie durch einen Spalt zwischen den beiden Lampen hindurch. Diese frontale Beleuchtung wird Ihr Modell wie eine Coverschönheit aussehen lassen. Um diesen Eindruck zu vervollkommnen, sollten Sie Ihre Kamera so einstellen, dass eine leichte Überbelichtung entsteht. Die Haut des Fotomodells wird dadurch ebenmäßiger dargestellt, und Hautunreinheiten werden kaschiert.

Bewegung und Dynamik deutlich machen

Mit dem Drücken des Auslösers hält Ihre Kamera immer nur einen winzigen Augenblick der Wirklichkeit als Standbild fest. Und dennoch ist es auch mit dem Medium Fotografie möglich, Bewegungen und Dynamik zu veranschaulichen. Ob das vorbeifahrende Autos, Radfahrer, eine U-Bahn, rennende Kinder oder der Wind in den Bäumen sind – mit ein paar kleinen Tricks und Kniffen gelingen Ihnen Bilder, die dem Betrachter die Dynamik einer Szene deutlich machen. Manche dafür notwendigen fotografischen Techniken, wie das Fotografieren mit längeren Verschlusszeiten, sind schnell zu beherrschen. Andere, wie das Mitziehen, bedürfen einiger Übung, um perfekte Fotos zu machen.

Die Sport- und Actionfotografie, bei der zum Teil rasend schnelle Bewegungen gezielt festgehalten und verdeutlicht werden, erfordert jahrelange Erfahrung und bei professionellem Einsatz eine extrem schnelle Digitalkamera. Deshalb gelten Sportfotografen auch als absolute Spezialisten. Als Grundvoraussetzung für gute Bewegungsbilder müssen Sie Ihre Kamera sicher beherrschen. Einsteiger lesen vor dem Fotografieren im Kamera-Handbuch nach, wie die im Folgenden beschriebenen Einstellungen vorzunehmen sind. Wie stellt man das Sportprogramm ein? Kann die Belichtungszeit manuell verändert werden? Wenn Sie sich erst mitten im Geschehen mit Ihrer Digitalkamera auseinander setzen, sind die interessantesten Gelegenheiten womöglich schon Vergangenheit.

Motive in Bewegung einfangen

Möchten Sie Bewegungen einfangen, überlegen Sie schon vorher, welche dynamischen Abläufe zu erwarten sind und auf welche Weise Sie die Motive zeigen möchten. Beim Fußball sind es Zweikämpfe, Schüsse auf das Tor und die Paraden der Torhüter, beim Tennis die Augenblicke der Schläge, die am besten mit kurzen Verschlusszeiten „eingefroren“ werden.

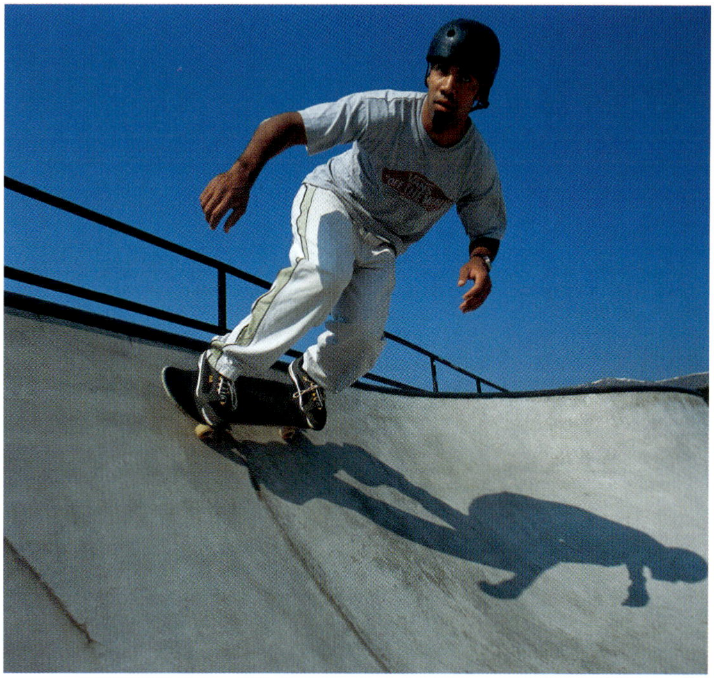

Sehr kurze Verschlusszeiten frieren Bewegungen praktisch ein. Hier ist klar, dass sich der Skater bewegt, sonst würde er schließlich umkippen. Der Fotograf arbeitete mit leichter Weitwinkelbrennweite, was die Dynamik des Motivs noch zusätzlich verstärkt.

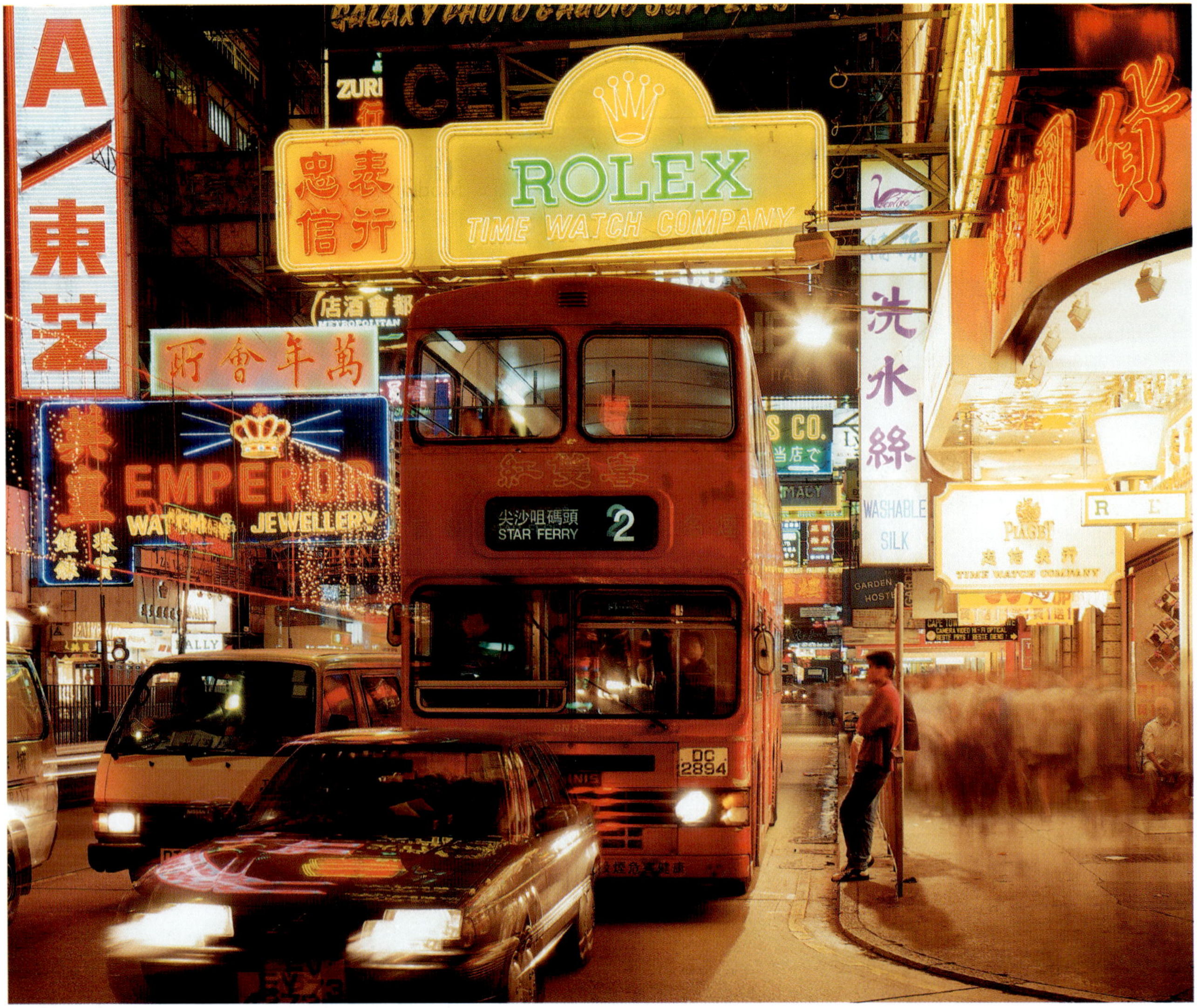

Nur wenn die Kamera fest auf einem Stativ montiert ist, lassen sich solche Aufnahmen mit extremen Bewegungsschlieren machen. Vor allem an den schemenhaften Menschen auf dem Bürgersteig rechts erkennt man, wie lang der Kameraverschluss geöffnet war.

Verwischeffekte verdeutlichen Geschwindigkeit

Bei einem Radrennen können längere Verschlusszeiten zu Verwischeffekten führen, die die Geschwindigkeit verdeutlichen. Welcher Kamerastandort ist notwendig, um nah genug an die Sportler heranzukommen? Reicht die Brennweite der Kamera aus, oder benötigen Sie eventuell einen Konverter, um die Motive näher heranzuholen? Haben Sie für längere Verschlusszeiten ein Stativ, um den statischen Hintergrund scharf zu zeigen, während im Vordergrund die Bewegung verwischt?

Erst an überschaubare Motive herantasten

Um den Umgang mit der Kamera in der Actionfotografie zu beherrschen, sollten Sie sich zunächst an überschaubare Motive herantasten. Sportveranstaltungen auf lokaler Ebene oder spielende Haustiere sind ideal, um ein Gefühl für die Möglichkeiten der Fotografie zu entwickeln. Neben dem Ausprobieren verschiedener Kameraeinstellungen, Bildausschnitte und Perspektiven sollten Sie auch immer ein Auge auf die Fotos in Zeitungen und Zeitschriften haben. Auf den Sportseiten von Tageszeitungen werden Sie unterschiedliche Va-

Tipp

Fließendes Wasser gekonnt fotografieren

Fließendes Wasser kann ebenso wie jede andere Bewegung auf zwei Arten fotografiert werden: mit kurzer Verschlusszeit in der Bewegung erstarrt (je nach Fließgeschwindigkeit z. B. 1/125 sek und weniger) oder mit langer Verschlusszeit (1/15 sek bis zu mehreren Sekunden) für eine romantische Wirkung. Dabei führt lediglich die Bewegung des Wassers zu Unschärfen, und die anderen Elemente des Motivs bleiben scharf. Ohne Stativ oder eine erschütterungsfreie Unterlage sind solche Bilder nicht zu machen.

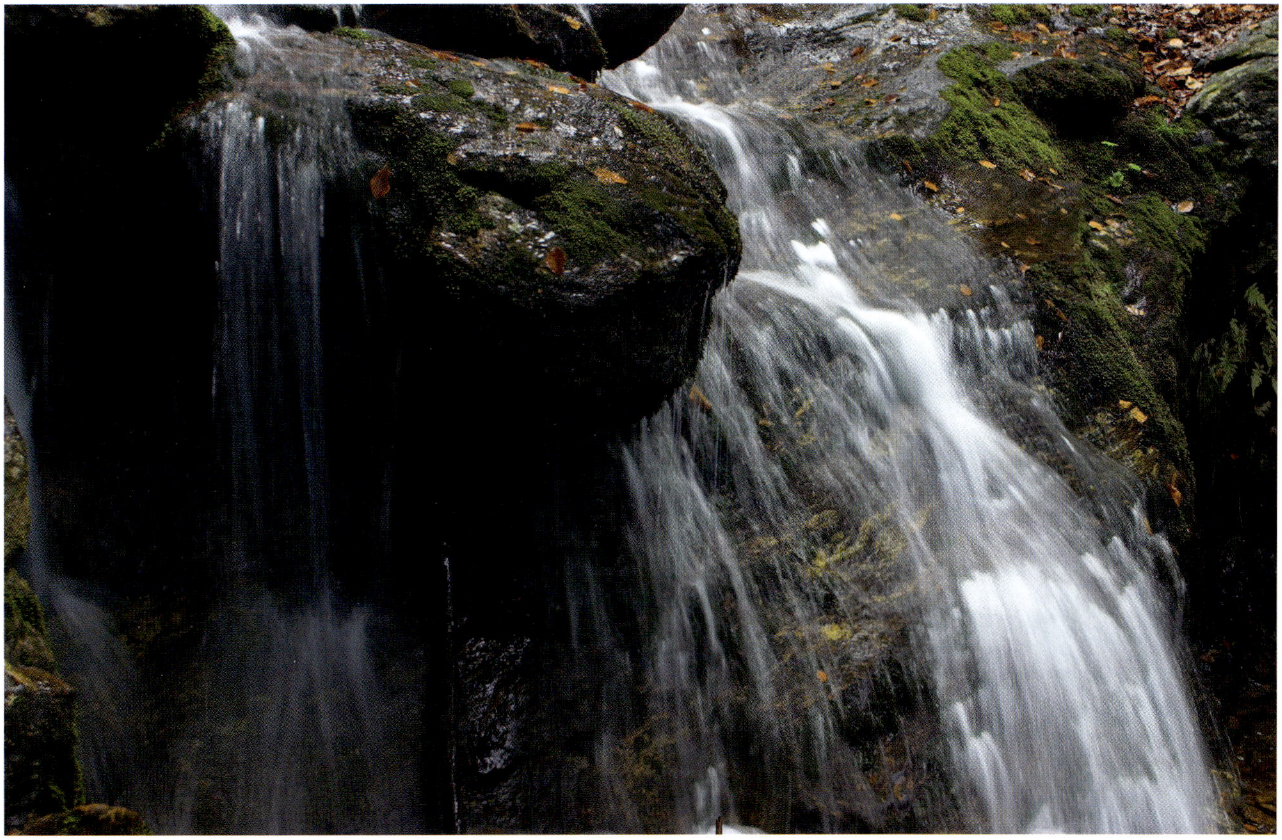

Um die Bewegung des Wassers so zu zeigen, benötigen Sie ein Stativ, da lange Verschlusszeiten für den duftigen Effekt nötig sind. Und noch ein Tipp: Schützen Sie Ihre Kamera mit einer Plastikfolie vor Spritzern, wenn Sie nah an den Wasserfall heranmüssen.

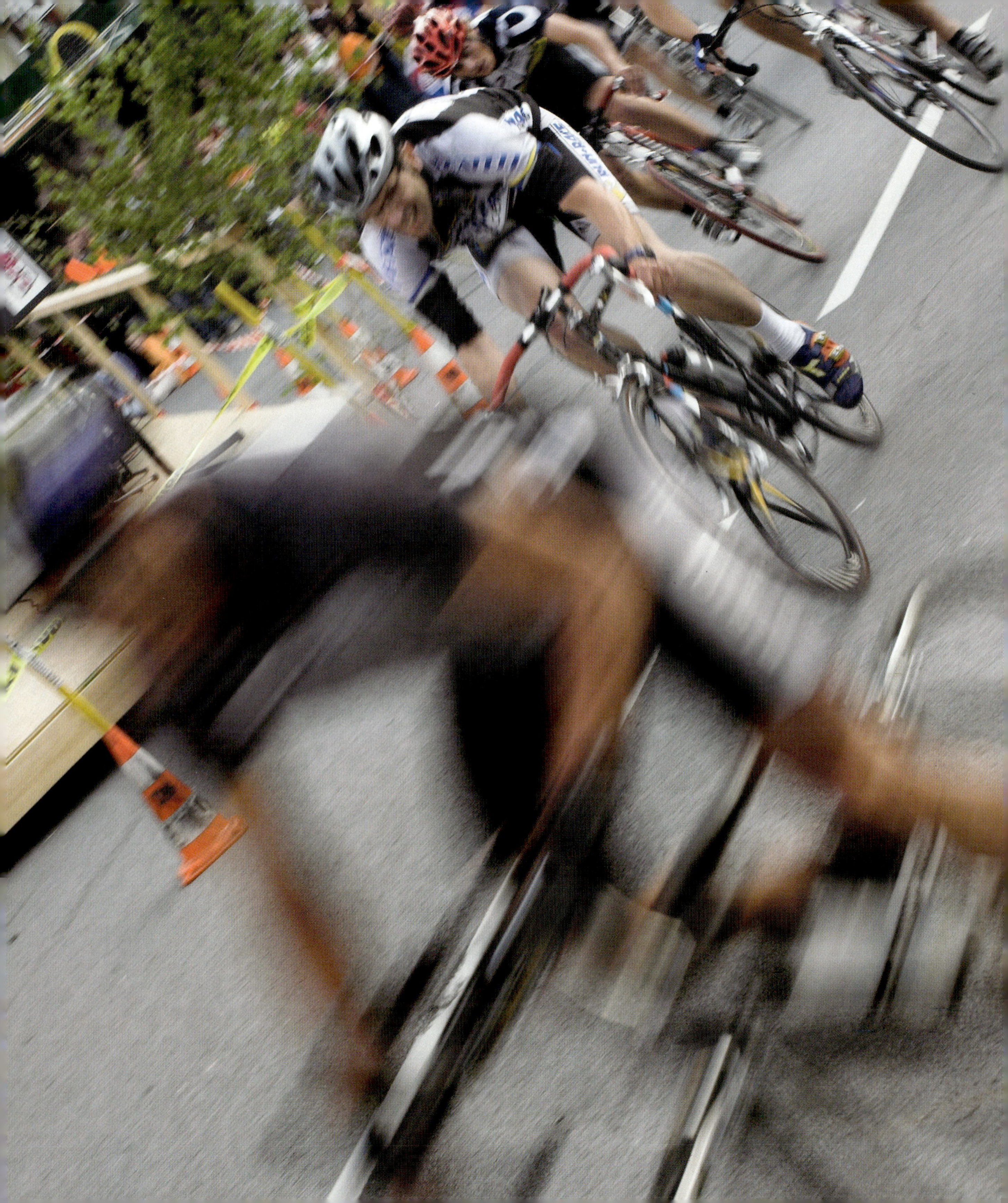

rianten der Darstellung von Bewegung finden. Anhand dieser Fotos können Sie mit ein wenig Hintergrundwissen über die Fotografie viel darüber lernen, wie man Bewegungen festhält und wie man Sport- und Actionfotos gestaltet. Denn schließlich kommt es auch darauf an, ein Motiv so interessant wie möglich auf der Fläche eines Fotos zu platzieren.

Scharfe Sportfotos indoor und outdoor

Stellen Sie an Ihrer Kamera das Aufnahmeprogramm für Sportfotos ein. Dabei wählt die Kamera in Abhängigkeit vom vorhandenen Licht die kürzestmögliche Verschlusszeit, um die Motive in ihrer Bewegung scharf festzuhalten.

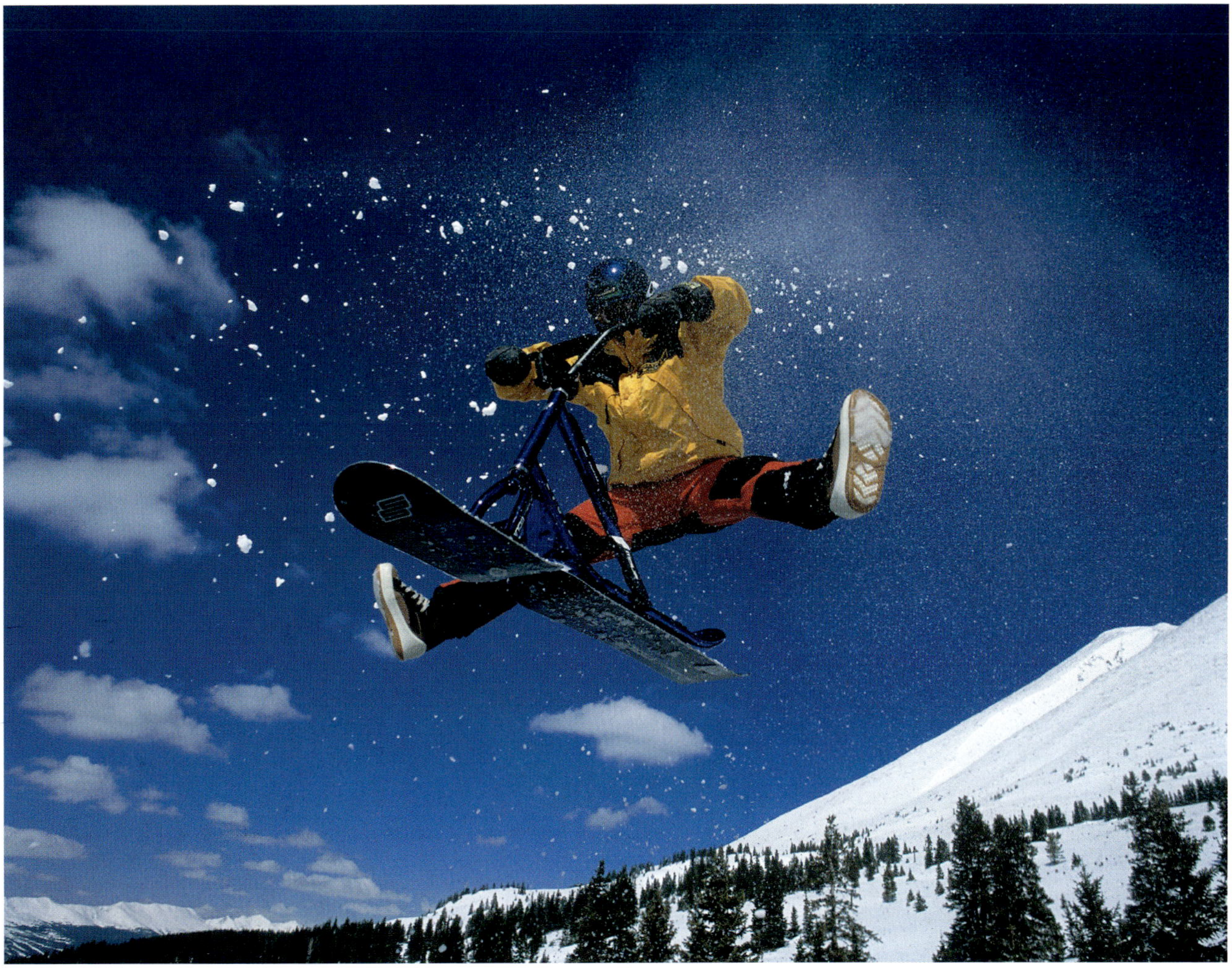

So eine Aufnahme ist nur mit viel Geduld, vielen Versuchen und größtem technischem Aufwand perfekt hinzubekommen. Hilfreich ist hier ein nachführender Autofokus, mit dem man den Sportler verfolgen kann. So ein Autofokus passt die Fokussierung extrem schnell an das bewegte Motiv an.

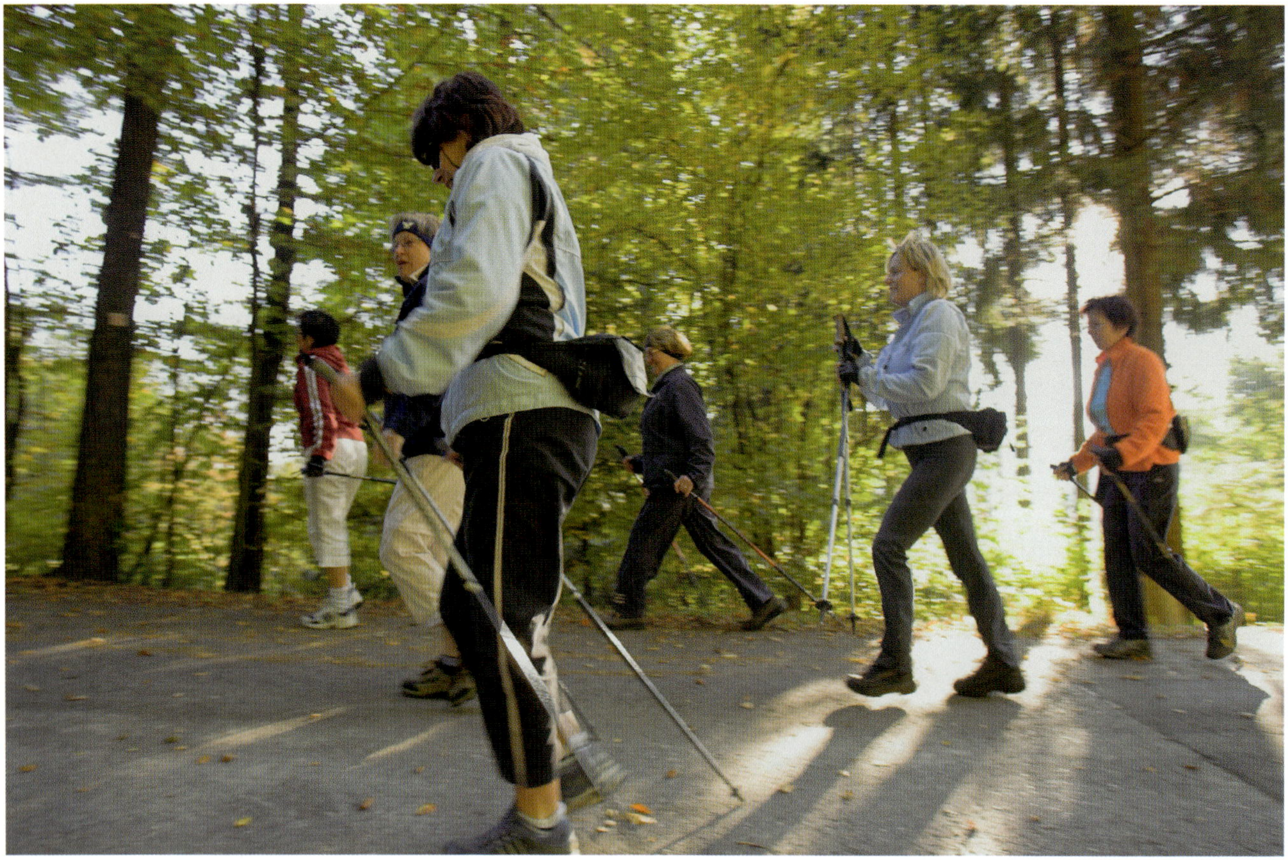

Für dieses Foto wurde die auf einem Stativ montierte Kamera zuvor manuell fokussiert. Blende und Verschlusszeit wurden ebenfalls vorher manuell festgelegt. Die Nordic-Walking-Gruppe wurde dann gebeten loszulaufen. Dieses Foto ist eines aus einer ganzen Reihe von Aufnahmen, die mit der Reihenbildfunktion einer digitalen Spiegelreflexkamera gemacht wurden. Die Kamera wurde, um den Hintergrund zu verwischen, horizontal mit der Gruppe mitbewegt.

Sportfotos auch ohne High-Tech-Kamera

Besitzt Ihre Kamera keinen nachführenden Autofokus, ist es nicht möglich, ein sich bewegendes Motiv mit der Kamera zu verfolgen – der Fokus wird nicht angepasst. Stellen Sie deshalb besser manuell auf einen Punkt scharf, an dem das Motiv vorbeikommen wird, und drücken Sie im richtigen Augenblick ab. Bei Innenaufnahmen in Sporthallen ist das Licht in der Regel sehr schwach. Stellen Sie, um mit möglichst kurzen Verschlusszeiten fotografieren zu können, die Empfindlichkeit auf den höchsten verfügbaren ISO-Wert.

Blitz, Standortwechsel und variable Brennweite

Wenn Sie in Innenräumen nah an Ihre bewegten Motive herankommen können, fotografieren Sie mit Blitz. Dadurch wird das Motiv erstens besser ausgeleuchtet und zweitens in seiner Bewegung eingefroren, weil der Blitz nur sehr kurz aufleuch-

Obwohl die kämpfenden Bären nicht scharf sind, vermittelt das Bild rechts seine Botschaft von Wildheit, Kampf und Dynamik. Das aufgerissene Maul und die durch die relativ lange Verschlusszeit von 1/15 sek erzeugte Bewegungsunschärfe vermitteln dem Betrachter, worum es geht. Sie sehen, perfekte Schärfe ist nicht immer notwendig.

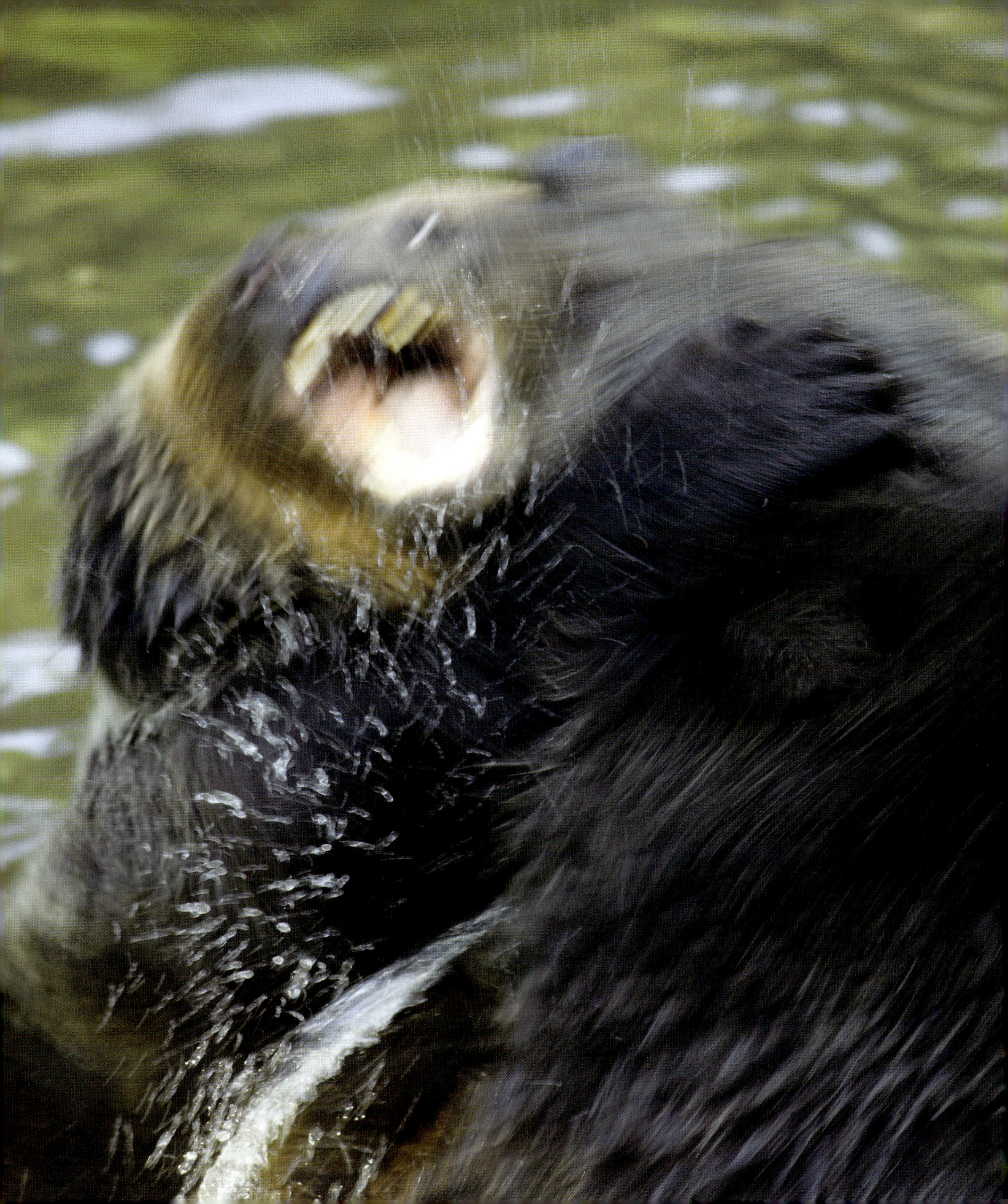

tet. Wechseln Sie bei größeren Sportveranstaltungen wenn möglich den Standort, und machen Sie Fotos aus verschiedenen interessanten Perspektiven. Ebenso sollten Sie ständig die Brennweite variieren, um verschiedene Bildausschnitte festzuhalten. Das bringt Abwechslung in die Bilderreihe, und Sie erzielen eine größere Auswahl.

Dokumentarische Fotos von Bewegungen

Dokumentarische Fotos von Bewegungen arbeiten häufig mit dem Einfrieren des Motivs – es entstehen statische Bilder, die einen kurzen Moment festhalten. Um Dynamik und Bewegungsunschärfe ins Bild zu bringen, müssen Sie dagegen mit etwas längeren Verschlusszeiten fotografieren. Die Kunst bei dieser Technik besteht darin, nur gerade so viel Bewegungsunschärfe zu zeigen, dass nach wie vor erkennbar ist, um was und wen es sich handelt, und das Hauptmotiv möglichst scharf bleibt.

Bewegungsunschärfe erzeugen

Bewegungsunschärfe entsteht meist auf zwei Arten: Entweder stehen Sie und die Kamera still und das Motiv fährt, läuft oder fliegt an Ihnen vorbei,

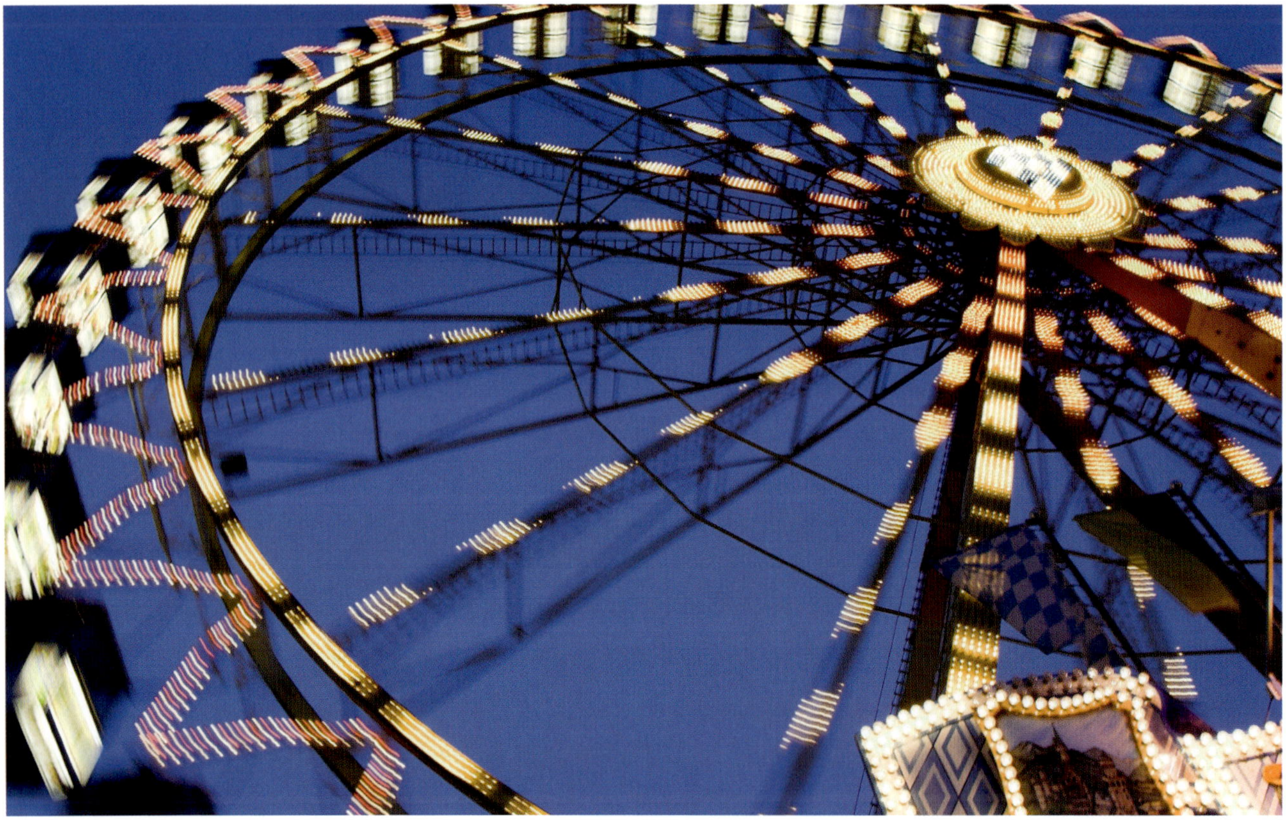

Die Bewegung des Riesenrads wird durch die Verschlusszeit von 1/15 sek eingefangen. Um die statischen Bildteile im Vordergrund nicht zu verwackeln, war die Kamera auf einem Stativ montiert.

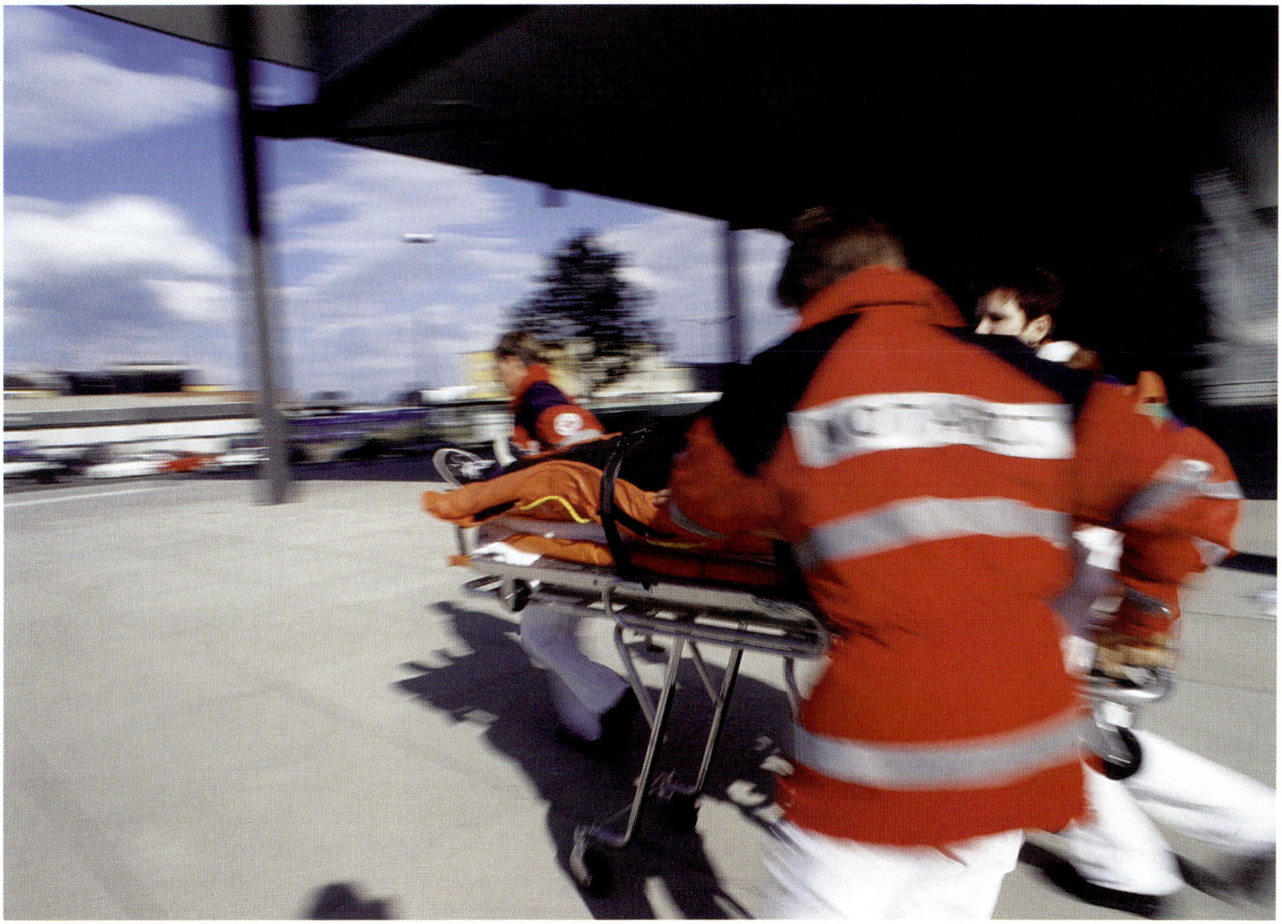

Das Mitziehen gehört zu den fotografischen Techniken, die, wenn man sie einmal beherrscht, zu besonders dynamischen Fotos verhelfen. Erwarten Sie jedoch nicht, dass jedes Bild klappt. Wenn einer von 50 Versuchen toll aussieht, sollten Sie zufrieden sein.

oder Sie bewegen die Kamera, während das Motiv stillsteht. Eine dritte Variante, bei der Sie die Kamera mit dem Motiv mitbewegen, wird als Mitziehen bezeichnet.

Um Bewegungsunschärfe zu erzeugen, wird die Kamera auf eine relativ lange Verschlusszeit von z. B. 1/15 sek eingestellt. Wenn mit Ihrer Kamera möglich, verwenden Sie die Blendenautomatik (T, Tv), wobei die Kamera die für korrekte Belichtungen notwendige Blende automatisch zur von Ihnen festgelegten Verschlusszeit regelt. Aber Vorsicht! Sind die Verschlusszeiten beim Fotografieren in einem schlecht beleuchteten Raum zu kurz, sodass selbst die größte Blende für die korrekte Belichtung nicht ausreicht – die Kamera gibt ein Warnsignal –, müssen Sie eine noch längere Verschlusszeit wählen oder die Empfindlichkeit des Sensors z. B. auf ISO 200 oder 400 erhöhen. Zwar wird durch höhere Empfindlichkeit auch das Bildrauschen verstärkt, bei Fotos mit Bewegungsunschärfe spielt das aber kaum eine Rolle.

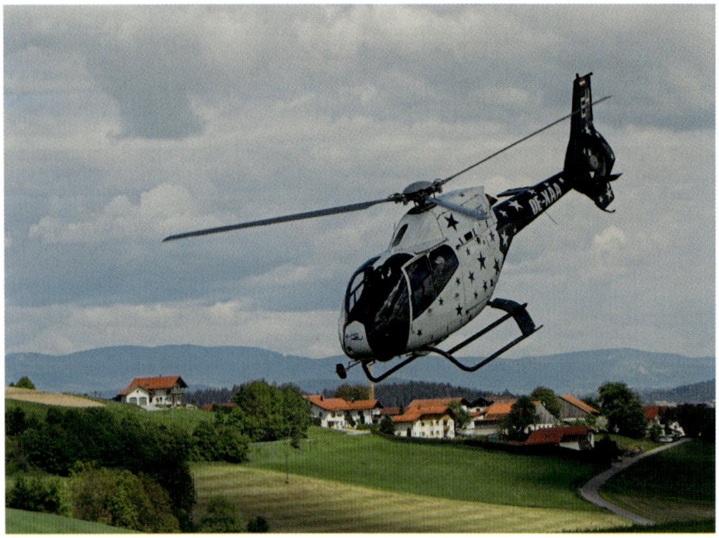

Um die Rotorblätter des Hubschraubers in der Bewegung nahezu einzufrieren, musst mit einer Verschlusszeit von 1/4000 sek fotografiert werden.

Tipp

Wasserspritzer in der Bewegung einfrieren

Ein Test mit einer Kamera, an der man Fokus, Blende und Verschlusszeit manuell verändern kann, verdeutlicht die einfrierende Wirkung eines Blitzes. Dunkeln Sie einen Raum komplett ab und stellen Sie ein Gefäß mit Wasser auf, in das Sie später ein kleines Objekt wie eine Münze hineinfallen lassen. Schrauben Sie die Kamera auf ein Stativ und stellen Sie eine Verschlusszeit von 1/30 sek und Blende 11 ein. Fokussieren Sie manuell auf die Mitte des Gefäßes, wo die Münze ins Wasser eintauchen wird. Wählen Sie eine Brennweite, mit der das Eintauchen und das aufspritzende Wasser möglichst komplett erfasst werden. Ein Fernauslöser erleichtert den Versuch, aber auch der auf etwa zehn Sekunden gestellte Selbstauslöser hilft, die Wasserspritzer zu erwischen. Lösen Sie, nachdem Sie das Licht ausgeschaltet haben, mit der einen Hand die Kamera aus und lassen Sie mit der anderen die Münze ins Wasser fallen. Es entsteht ein Foto, das die vom Blitzlicht in der Bewegung eingefrorenen Wasserspritzer zeigt. Vermutlich werden Sie ein paar Versuche benötigen, bis das Timing stimmt. Sind die Fotos über- oder unterbelichtet, verändern Sie die Blende bei den nächsten Aufnahmen entsprechend.

Fotografische Technik des Mitziehens

Besonders beeindruckende Fotos von bewegten Motiven entstehen mit der fotografischen Technik des Mitziehens. Dabei richten Sie Ihre Kamera auf ein sich bewegendes Motiv und verfolgen es mit einer Drehbewegung Ihres Körpers. Das Motiv sollte ständig in der Mitte des Suchers sein. Auch während des Drückens des Auslösers müssen Sie die Kamera weiterhin an die Bewegung des Motivs angepasst halten und dürfen Ihre Drehung nicht abrupt stoppen. Der Autofokus funktioniert bei dieser Technik natürlich nicht. Sie müssen manuell scharf stellen. Fokussieren Sie dazu auf einen Punkt, den das Motiv passieren wird und an dem Sie den Auslöser drücken.

Verwischter Hintergrund

Optimal sind solche Fotos dann, wenn der Hintergrund verwischt und dadurch die Bewegung deutlich macht, das Hauptmotiv aber möglichst scharf abgebildet wird. Der verwischte Hintergrund entsteht nur dann, wenn Sie keine zu kurzen Verschlusszeiten an der Kamera einstellen. Daher ist das Sportprogramm in diesem Fall nicht geeignet, weil es automatisch die kürzestmöglichen Verschlusszeiten einstellt. Falls Sie die Belichtungswerte manuell regeln können, stellen Sie für Tageslichtaufnahmen Verschlusszeiten von ungefähr 1/60 sek oder weniger ein. Länger als 1/15 sek sollten die Zeiten allerdings nicht sein, da es ansonsten sehr schwierig wird, das Hauptmotiv halbwegs in der Schärfe zu halten.

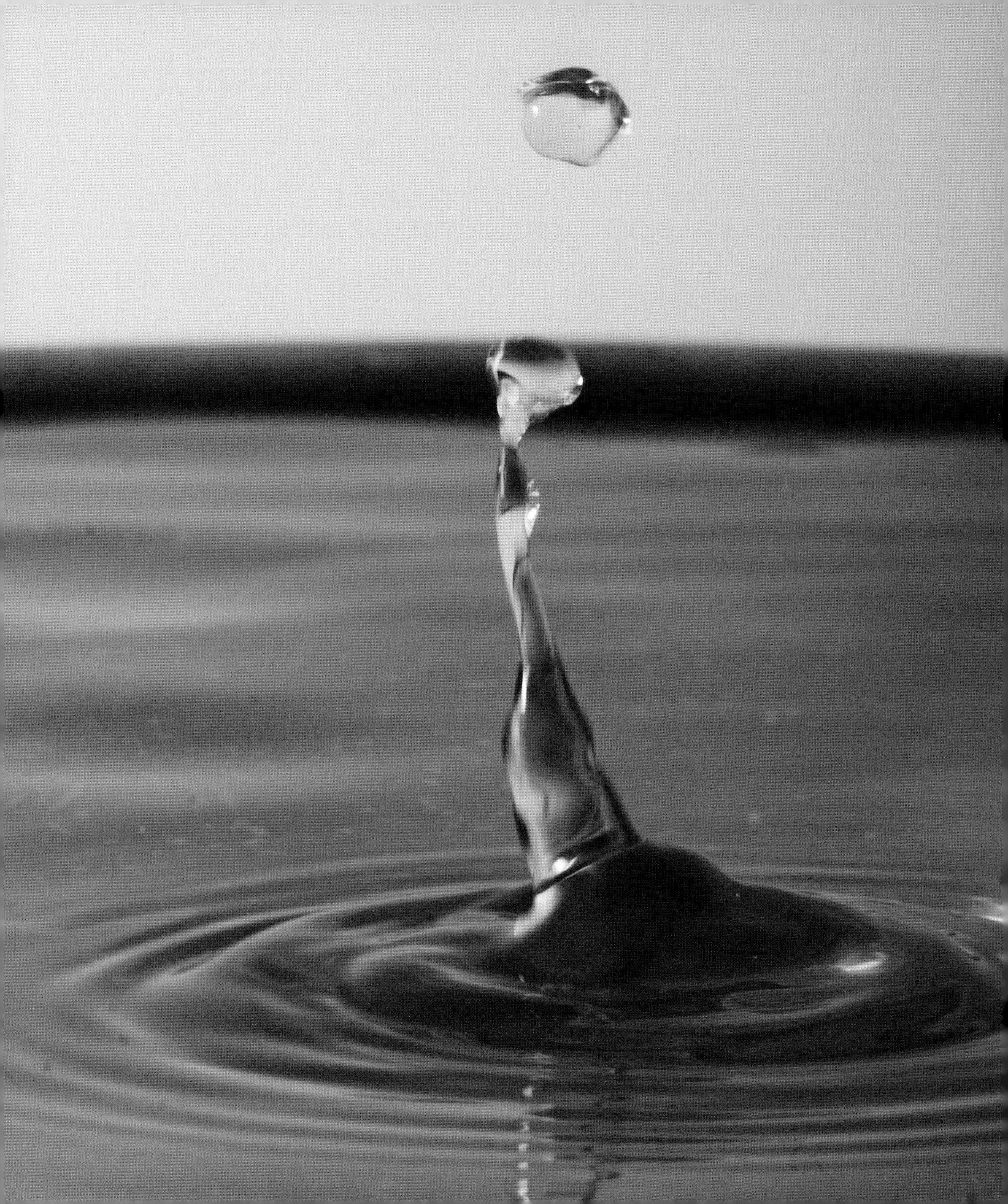

Ist es bei Ihrer Kamera nicht möglich, manuell in die Belichtung einzugreifen, verwenden Sie entweder die Automatik und schalten den Blitz ab, oder Sie probieren das Aufnahmeprogramm für Landschaftsfotos aus. Es wählt kleine Blenden und dadurch relativ lange Verschlusszeiten aus.

Tipp

Bewegungen auf den Punkt einfrieren

Um eine Bewegung einzufrieren, müssen Sie mit kurzen Verschlusszeiten fotografieren. Je nach Geschwindigkeit des Motivs können Zeiten zwischen 1/125 sek und 1/4000 sek oder weniger nötig sein, um das Objekt ohne Bewegungsunschärfe abzubilden. Wenn Sie Ihre Kamera nicht manuell auf eine bestimmte Verschlusszeit einstellen können, verwenden Sie zum Fotografieren das Sportprogramm. Es wählt automatisch die je nach Lichtverhältnissen kürzestmögliche Verschlusszeit aus.

Kontrollieren Sie die Fotos gleich am Kameradisplay. Sind die Bewegungseffekte zu ausgeprägt, muss die Verschlusszeit verkürzt werden. Bei zu geringer Wirkung werden die Zeiten verlängert. Erwarten Sie auch nach längerem Üben nicht, dass jedes auf diese Weise geschossene Foto gelingt. Die Fehlerquote ist auch mit viel Erfahrung oft recht hoch.

Manuell auf einen Punkt scharf stellen

Damit Sie das Motiv scharf erwischen, haben Sie verschiedene Möglichkeiten. Hochwertige Kameras mit einem nachführenden Autofokus halten das Hauptmotiv – haben Sie es erst einmal im Sucher – permanent in der Schärfe, solange Sie den Auslöser halb durchgedrückt halten. Nur wenige digitale Kompaktkameras besitzen diese Technologie allerdings bisher bereits.

Am einfachsten ist es also, den Autofokus abzuschalten und manuell auf einen festen Punkt scharf zu stellen. Erreicht das bewegte Motiv diesen Punkt, drücken Sie den Auslöser. Die Auslöseverzögerung müssen Sie allerdings mit einkalkulieren. Am besten machen Sie mehrere Aufnahmen, damit Sie eine Auswahl haben. Um die Schärfentiefe, also die scharf abgebildete Bildtiefe, zu maximieren, können Sie mit möglichst kurzer Brennweite arbeiten. Dazu müssen Sie relativ nah an Ihr Motiv herankommen, was z. B. bei Sportveranstaltungen nicht immer möglich ist. Erwarten Sie anfangs nicht zu viel von Ihren Mitziehfotos – diese Technik erfordert wirklich viel Übung. Lassen Sie sich jedoch nicht entmutigen. Sobald Sie die ersten gelungenen Bilder im Kasten haben, sehen Sie, dass sich die Mühe gelohnt hat.

Mehr Dynamik durch Einsatz des Blitzes

Man fotografiert mit Blitz, wenn das Umgebungslicht nicht ausreicht. Das in Ihre Kamera integrierte Blitzgerät, besser noch ein Zusatzblitz, kann bei richtigem Einsatz auch Dynamik in Ihre Fotos bringen. Schlagen Sie im Kamera-Handbuch nach, welche Blitzfunktionen Ihre Kamera unterstützt.

In Verbindung mit relativ langen Verschlusszeiten, wie sie für die Technik des Mitziehens eingesetzt werden, ermöglicht ein Blitz, das Hauptmotiv inmitten seiner Bewegungsunschärfe in der Bewegung einzufrieren. Das Prinzip dahinter: Der Blitz leuchtet extrem kurz auf und die ebenso kurze Reflexion des Lichts vom Hauptmotiv wird vom Kamerasensor während der im Vergleich dazu relativ langen Verschlusszeit erfasst. Sowohl Bewegungsschlieren sind sichtbar als auch im Idealfall ein scharfes Hauptmotiv.

Das Problem dabei: Der Blitz wird standardmäßig immer am Anfang der Verschlusszeit ausgelöst. Die Bewegungsschlieren entstehen dadurch vor dem Motiv. Um dem entgegenzuwirken, muss Ihre Kamera einen Blitzmodus unterstützen, der Blitzen auf den 2. Verschlussvorhang heißt. Dabei wird der Blitz erst am Ende der Belichtung gezündet. Dies führt dazu, dass die Kamera zunächst die Bewegungsschlieren und am Ende das durch den Blitz kurz angestrahlte Hauptmotiv aufnimmt.

Tipp

Arbeiten mit integriertem Blitz oder Zusatzblitzgerät

Um sehr schnelle Bewegungen in der Nähe der Kamera einzufrieren, hilft der integrierte Blitz oder ein Zusatzblitzgerät. Die Leuchtdauer eines Blitzes ist viel kürzer als die kürzeste Verschlusszeit Ihrer Kamera. Ein bewegtes Motiv kann mit Blitzlicht eingefroren werden, weil es nur sehr kurz vom Blitz angestrahlt wird, und dieser kurze Lichtausbruch in die längere Verschlusszeit fällt.

Mitziehen und Blitzen geschickt kombinieren

Sie können das Mitziehen und das Blitzen von Bewegung auch miteinander kombinieren. Kurze Verschlusszeiten oder das kurze Aufleuchten des Blitzes frieren Bewegungen ein. Lange Verschlusszeiten und Mitziehen bringen Bewegungsunschärfe ins Bild. Die Kombination aus geblitzter Bewegung und parallel zum Motiv geschwenkter Kamera verstärkt den Eindruck der Dynamik.

Zum richtigen Zeitpunkt auslösen

Zunächst müssen Sie die richtigen Belichtungswerte (lange Verschlusszeit von 1/30 sek oder länger) manuell festlegen und danach auf einen

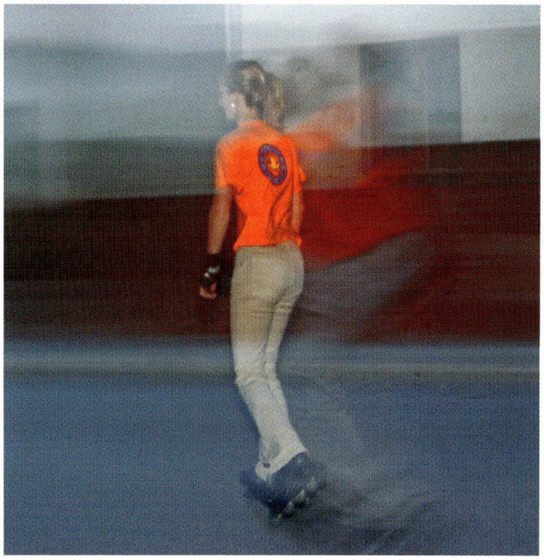

Das Blitzen auf den 2. Verschlussvorhang schafft Aufnahmen, bei denen hinter dem bewegten Motiv Schlieren auftauchen. Im Kamera-Handbuch steht, wie Sie diesen Blitzmodus aktivieren.

Punkt fokussieren, den das Motiv passieren wird. Dann sollte der Blitzmodus *Blitzen* auf den 2. Verschlussvorhang eingestellt werden. Um perfekte Fotos zu erhalten, müssen Sie während der Mitziehbewegung kurz vor dem fokussierten Punkt auslösen, damit der Blitz (2. Verschlussvorhang) an exakt der Stelle aufleuchtet, an der sich das Motiv genau in der Schärfe befindet. Ob Kinder, Haustiere, Sportveranstaltungen oder Straßenverkehr – Gelegenheiten, die genannten Techniken auszuprobieren, gibt es überall in Hülle und Fülle.

Fotografie von Gebäuden und Denkmälern

Ob im Urlaub oder zu Hause – die Fotografie von Gebäuden, architektonischen Besonderheiten und Denkmälern ist immer eine Herausforderung. Und das gleich in verschiedener Hinsicht. Bei der Fahrt zur Arbeit, beim Spazierengehen oder während eines Ausflugs können Sie immer wieder auf lohnende Motive stoßen – es müssen nicht immer die Prachtbauten vergangener Jahrhunderte sein. Sie müssen nur einen Blick für außergewöhnliche Details entwickeln.

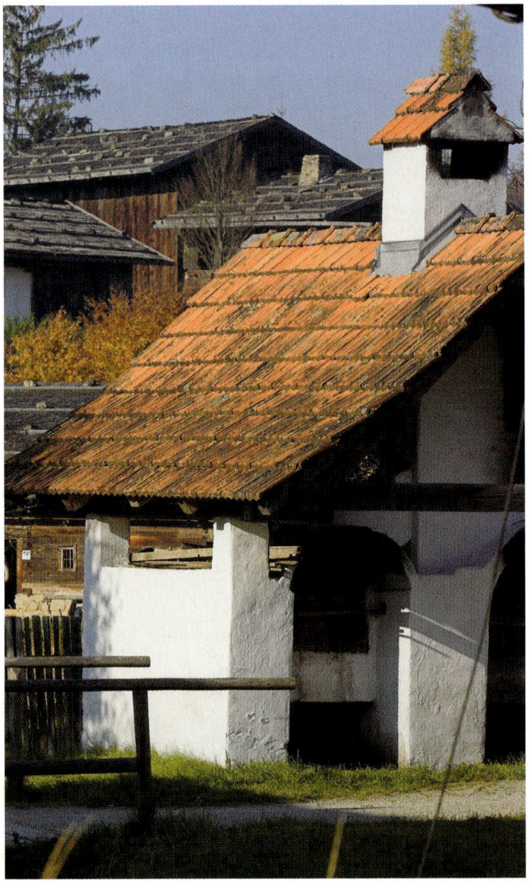

Machen Sie nicht den Fehler, Gebäude immer von vorn zu fotografieren und in der Bildmitte anzuordnen. Da sich Gebäude und Denkmäler nicht bewegen, haben Sie genügend Zeit für Experimente. Hier wurde der Bildausschnitt bewusst so gewählt, dass der alte Backofen im Anschnitt rechts liegt.

Nutzen Sie für die Gebäudefotografie natürliche Rahmen. Im Bild rechts wurde geschickt und farblich effektvoll das Geländer einer Treppe eingesetzt, um das Hochhaus im Bild zu umrahmen.

Auf das richtige Licht kommt es an

Wollen Sie ein architektonisches Motiv fotografieren, kommt es darauf an, das richtige Licht zu erwischen. Ein trüber Tag kann interessant für eine im Nebel verschwindende Brücke sein. Ein strahlend blauer Himmel passt ausgezeichnet zu südländischer Architektur. Harte Kontraste, die gut das Typische moderner Bauten unterstreichen, erhalten Sie zur Mittagszeit. Sanfte Lichtstimmungen, etwa für die Silhouette eines Fischerdorfs, herrschen morgens und abends vor. Sie sollten versuchen, zur richtigen Zeit am richtigen Ort zu sein, um für Ihre Fotos das Beste aus einem architektonischen Motiv herauszuholen.

Mehr Flexibilität mit verschiedenen Brennweiten

Für die bewusst gestaltete Gebäudefotografie und die Flexibilität bei der Wahl des Bildausschnitts benötigen Sie verschiedene Brennweiten. Die meis-

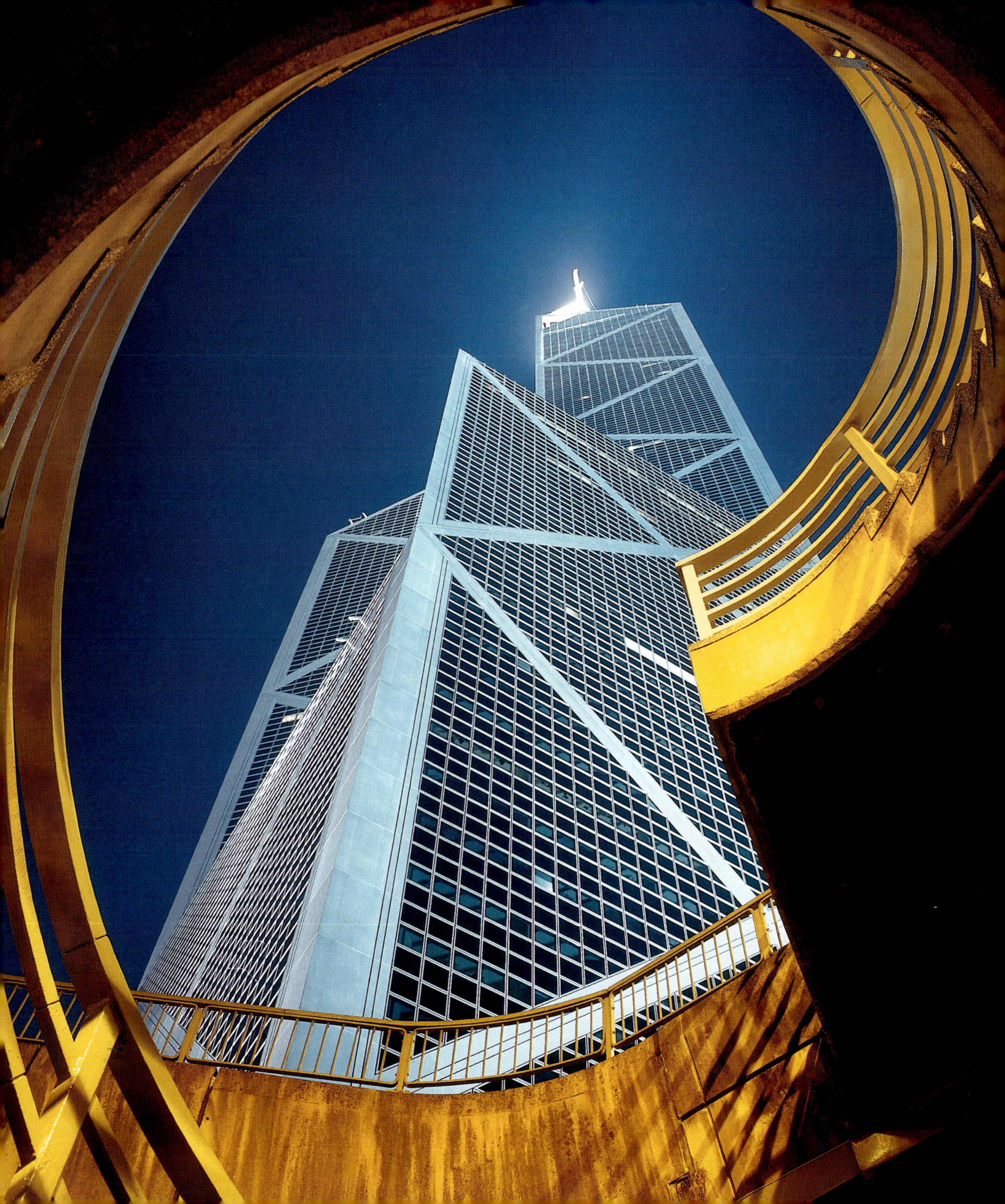

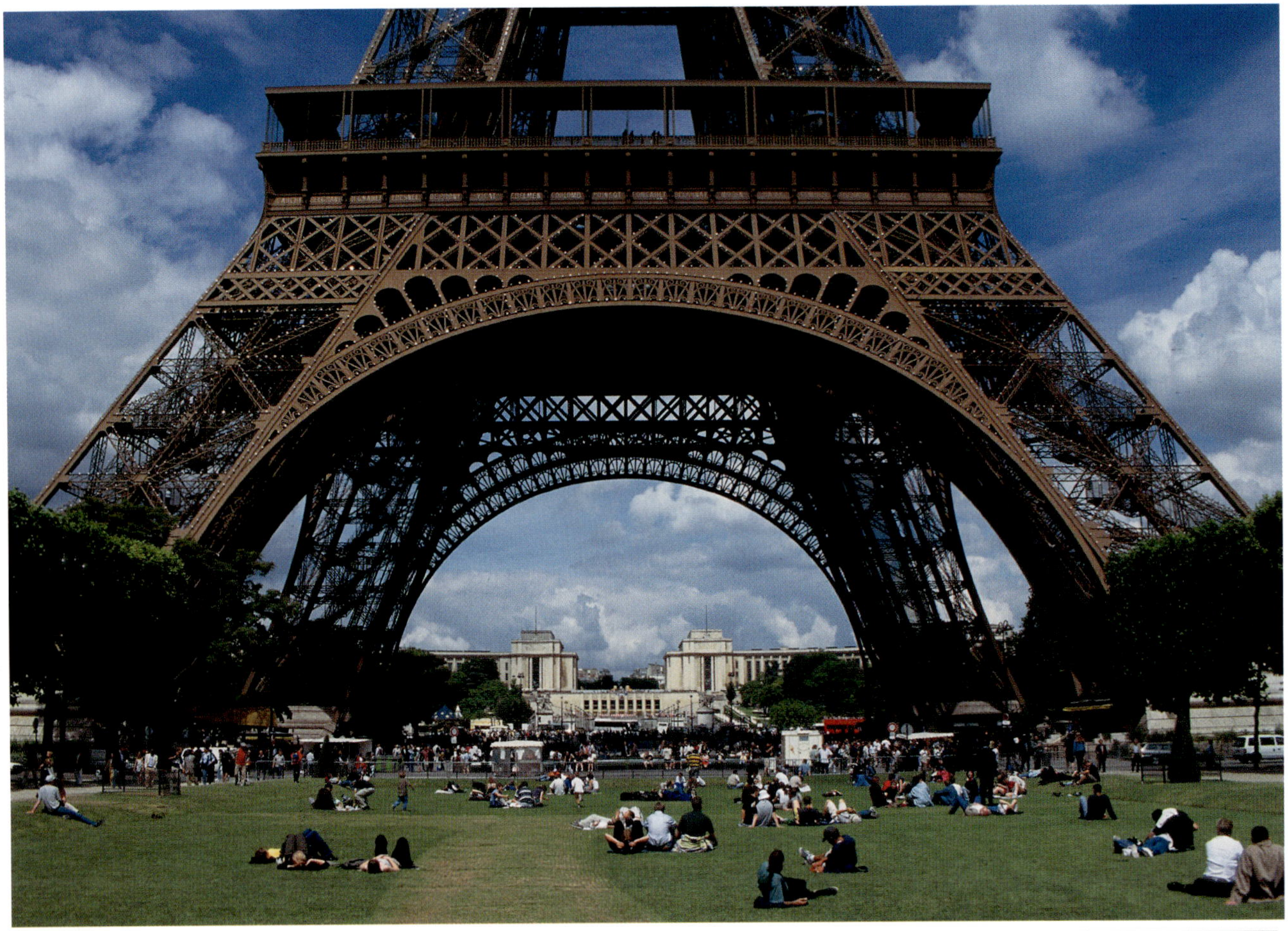

Standortwechsel und der kreative Einsatz verschiedener Brennweiten sind das A und O in der Gebäudefotografie. Zwar ist der Eiffelturm auf dem linken Bild nicht komplett zu sehen, der Betrachter erkennt das Motiv trotzdem. Versteifen Sie sich nicht darauf, jedes Gebäude immer komplett aufs Bild zu bekommen, Details sind ebenso wichtig.

ten kompakten Digitalkameras sind mit einem Zoomobjektiv ausgestattet, das die wichtigsten Brennweiten abdeckt. Weil Kompaktkameras in erster Linie für Familienschnappschüsse oder Urlaubsfotos konzipiert sind, beginnt der Brennweitenbereich der Zoomobjektive bei relativ kleinen (Weitwinkel-)Brennweiten, damit Sie möglichst viel auf das Bild bekommen.

Je nach Kamera reichen die Werte in den mittleren bis langen Telebereich hinein. Bezogen auf das Kleinbildformat bedeutet das, dass die Brennweiten von Zoomobjektiven bei etwa 28 bis 35 mm beginnen und bei mittleren Zooms bis etwa 100 mm, bei langen Zooms auch bis über 200 mm und mehr reichen. Teure Digitalkameras verfügen über Superzoomobjektive, die einen Brennweitenbereich von rund 30 bis 400 mm abdecken können. Für die Gebäudefotografie sind vor allem Weitwinkel- bis mittlere Telebrennweiten interessant. Bei digitalen Spiegelreflexkameras können Sie Zoomobjektive und Festbrennweitenobjek-

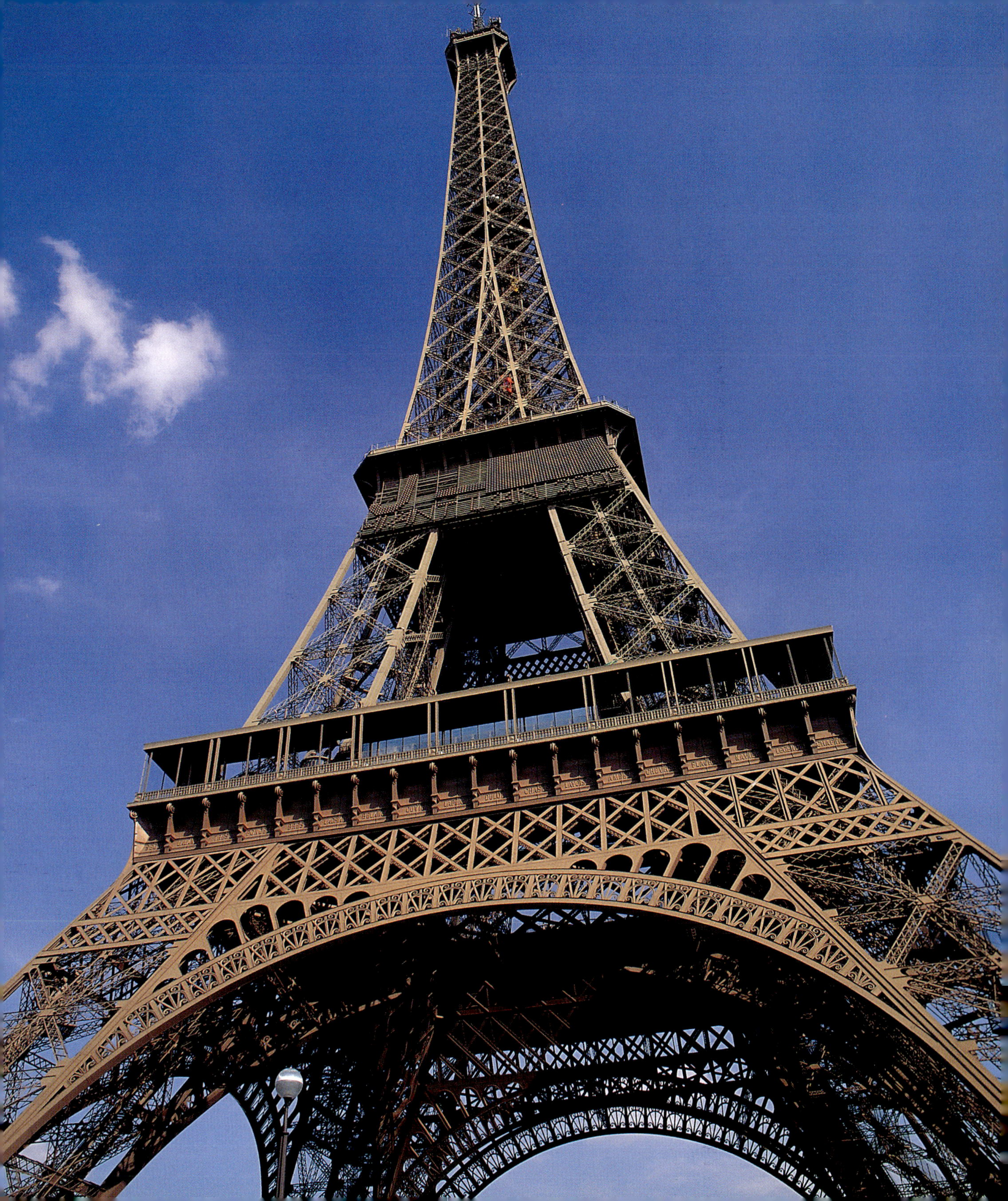

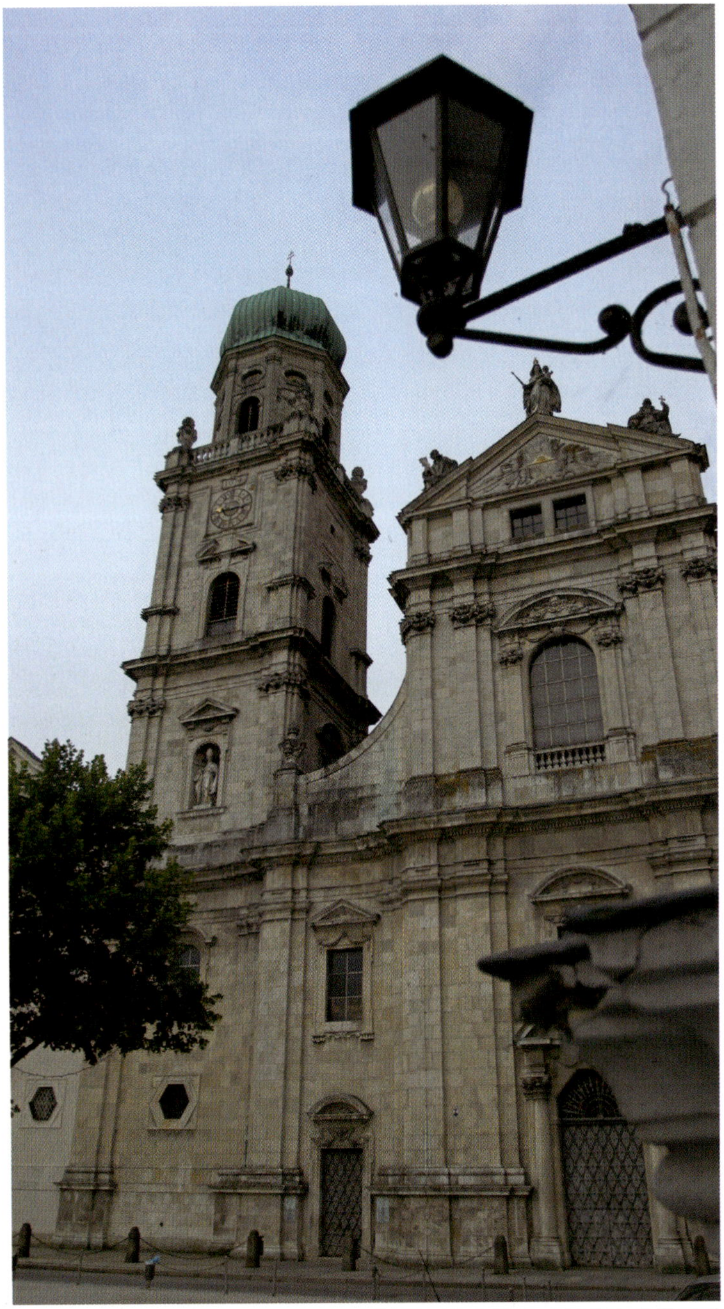

Wird die Kamera nach oben gekippt, entstehen im Bild die gefürchteten stürzenden Linien – der Passauer Dom scheint nach hinten zu kippen.

tive einsetzen. Sie können außerdem mit (sehr teuren) Spezialobjektiven für die Gebäudefotografie arbeiten, die perspektivische Verzerrungen, die so genannten stürzenden Linien, ausgleichen.

Optische Eigenschaften für die bewusste Bildgestaltung

Zoomobjektive sind ein Hilfsmittel, um bei der Bildgestaltung den Bildausschnitt zu wählen, ohne den Standort wechseln zu müssen. Die Wirkung eines Bildes wird beim Einsatz verschiedener Brennweiten lediglich dadurch beeinflusst, dass mehr oder weniger auf das Bild kommt. Verschiedene Brennweiten haben interessante optische Eigenschaften, die Sie für eine bewusste Bildgestaltung kennen sollten.

Weitwinkelfotografie

Wenn Sie mit Weitwinkel fotografieren, wollen Sie vermutlich eine Landschaft oder ein Gebäude komplett auf dem Bild haben. In Verbindung mit einer an der Kamera eingestellten kleinen Blende führen Weitwinkelbrennweiten zu ausgedehnter Schärfentiefe. Für die Gebäudefotografie bedeutet dies, dass Sie auch Nebenmotive in Ihrer Nähe –

Tipp

Optische Fehler in der Weitwinkelfotografie

Verzeichnung ist ein optischer Fehler, der besonders in der Weitwinkelfotografie auftreten kann. Hierbei werden gerade Linien gebogen gezeigt. Je weiter Linien wie Häuserkanten am Bildrand liegen, desto stärker wirkt sich die Verzeichnung aus. Bei der tonnenförmigen Verzeichnung werden Linien nach außen, bei der kissenförmigen nach innen gebogen. Der Grad der Verzeichnung hängt von der Qualität des Objektivs ab und kann nur mithilfe komplizierter Bildbearbeitungsverfahren korrigiert werden.

ein Tor, einen Brunnen oder einen Menschen – in den Bildaufbau einbeziehen können. Dadurch erhält ein Bild räumliche Tiefe. Allerdings bewirkt die Weitwinkelfotografie auch, dass Motive, die sich näher an der Kamera befinden, im Vergleich zu weiter entfernt liegenden deutlich größer, zuweilen sogar riesig wirken.

Eine spezielle Variante des Weitwinkelobjektivs sind so genannte Fisheye-Objektive. Diese zeigen einen extrem großen Blickwinkel, je nach Ausführung sogar bis zu 180°. Es gibt Fisheyes, die rechteckige Aufnahmen produzieren und dabei sämtliche Linien, die nicht in der Bildmitte verlaufen, verbiegen. Eine zweite Variante, bei der die Verzerrungen noch deutlicher auftreten, sind Fisheyes, die den Bildbereich kreisrund zeigen und eher für die experimentelle Fotografie geeignet sind. Fisheye-Objektive gibt es sowohl für Spiegelreflexkameras als auch in Form von aufschraubbaren Konvertern für digitale Kompaktkameras.

Normalbrennweite

In der Kleinbildfotografie erzeugt die Brennweite von 50 mm den Blickwinkel, den Sie beim Betrachten des Motivs ohne Kamera haben. Ihre Motive werden im Sucher weder vergrößert noch verkleinert gezeigt. Man spricht bei dieser Brennweite von der Normalbrennweite. Sie ist in erster Linie für dokumentarische Aufnahmen geeignet. Gebäude werden „so wie sie sind" dargestellt. Je nach Sensorgröße Ihrer Digitalkamera liegt die Normalbrennweite jedoch bei einem anderen Wert. Ist Ihre Kamera mit einem Zoomobjektiv ausgestattet, probieren Sie durch Verstellen des Zooms aus, wann sich Ihre Sicht mit der der Kamera deckt.

Effekt mit Telebrennweiten

Fotografieren Sie mit Telebrennweiten (ab ca. 100 mm bezogen auf das Kleinbildformat), entsteht

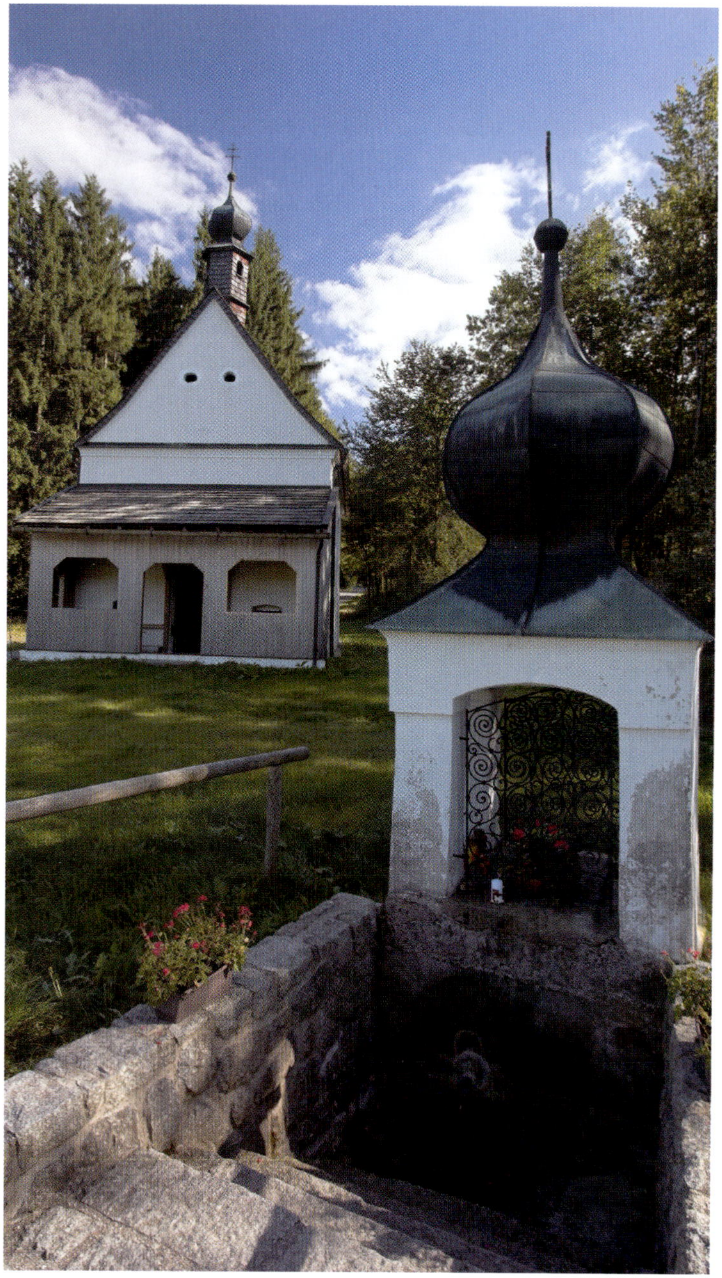

Das Vordergrundmotiv ist ebenso wie die hinten stehende Kapelle scharf abgebildet. Weitwinkelbrennweite und kleine Blende – in diesem Fall wurde mit Blende 16 fotografiert – erzeugen große Schärfentiefe.

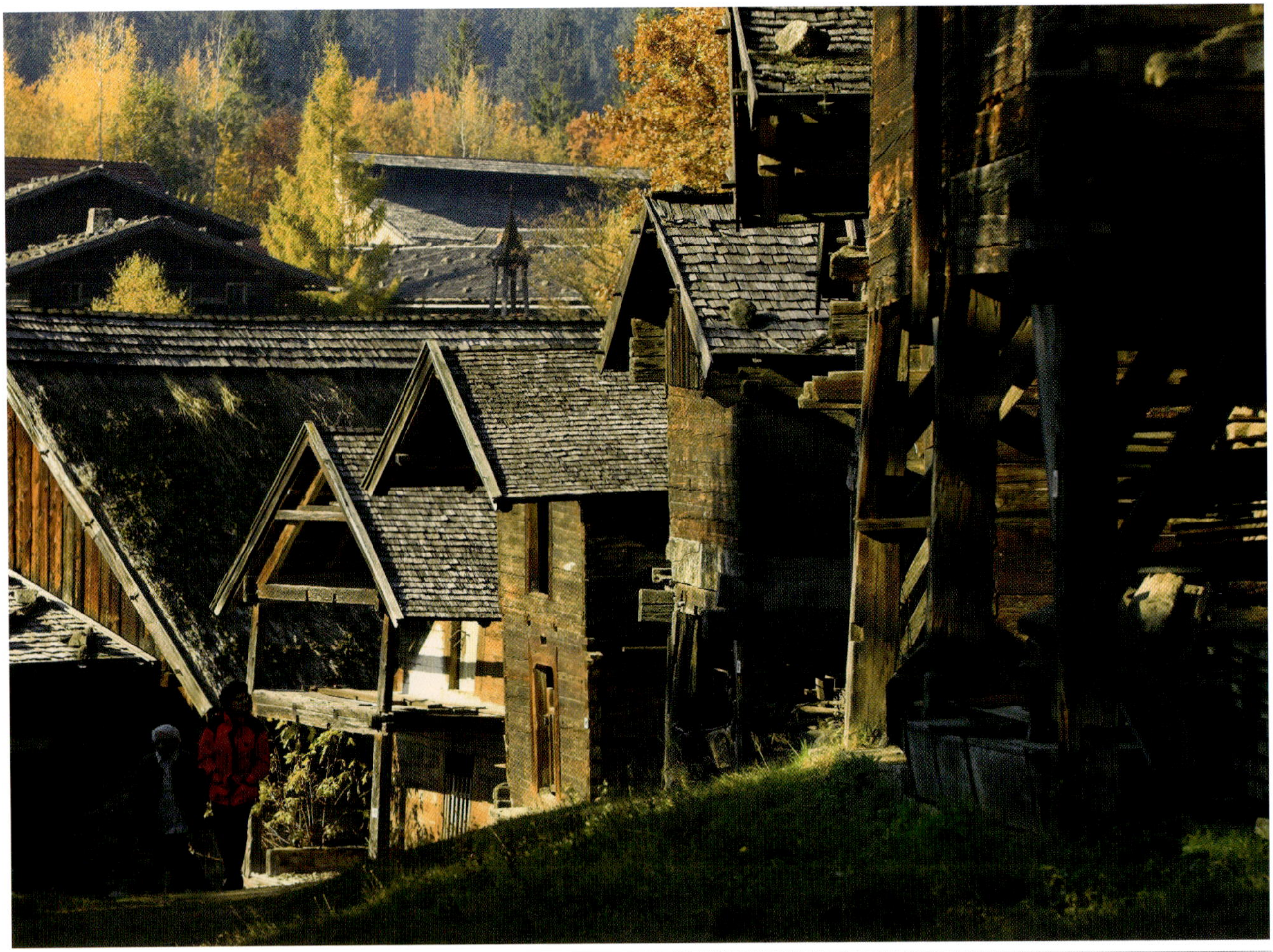

Durch die Telebrennweite von ca. 150 mm wird die Perspektive der Landschaft gerafft; die Gebäude wirken dicht gedrängt.

ein Effekt, bei dem die Entfernung hintereinander stehender Motive scheinbar verkürzt oder gerafft wird. So scheint die in einiger Entfernung hinter einem Denkmal aufragende Gebäudefassade nah an das Hauptmotiv im Vordergrund heranzurücken. Bei der Verwendung von Weitwinkeleinstellungen entsteht der gegenteilige Effekt: Entfernungen zwischen einzelnen Motiven werden scheinbar vergrößert.

Mit allen Sinnen auf das Bauwerk konzentrieren

Wenn Sie vor einem beeindruckenden Gebäude stehen, nehmen Sie immer auch die gesamte Umgebung wahr. Hupende Autos, Menschen im Gespräch, den Geruch eines Cafés oder einer Bäckerei, den Wind, die Hitze eines Sommertags – all diese Eindrücke können Sie nicht mit dem Fotoapparat festhalten. Deshalb sollten Sie sich beim

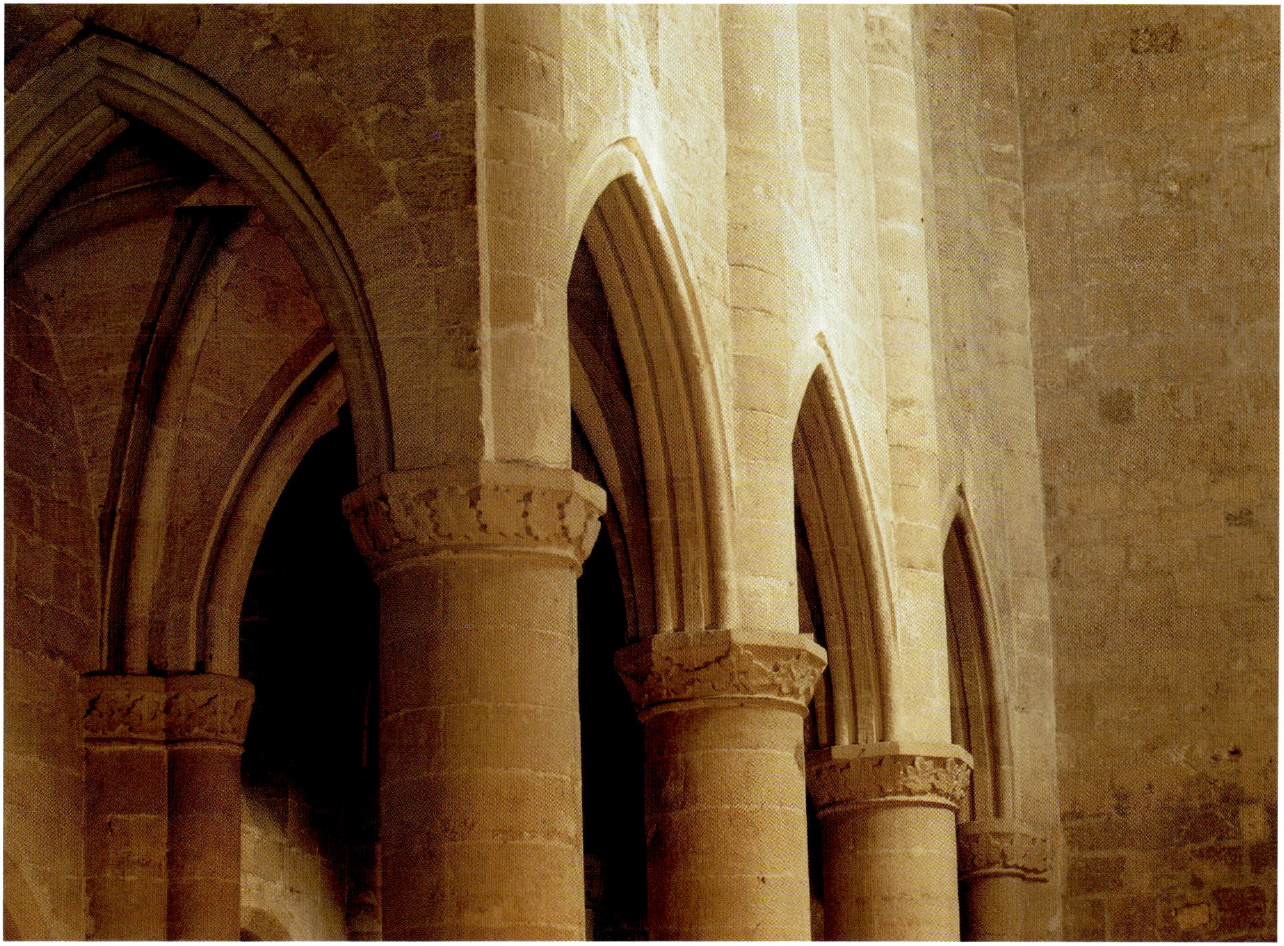

Beim Fotografieren schummrig beleuchteter Gewölbe müssen Sie wegen langer Verschlusszeiten entweder mit Stativ arbeiten, um nicht zu verwackeln, oder Sie wählen eine höhere ISO-Empfindlichkeit an Ihrer Kamera aus. Nachteil der hohen ISO-Werte: Das Bildrauschen wird immer störender, je höher die Empfindlichkeit.

Fotografieren voll und ganz auf das Bauwerk konzentrieren. Beginnen Sie damit, aus einiger Entfernung Gesamtansichten aufzunehmen. Wenn möglich, umrunden Sie Ihr Motiv und probieren verschiedene Perspektiven (von oben, von unten, seitlich) aus. Gibt es Nebenmotive im Vordergrund, die zur Wirkung des Gebäudes beitragen? Ein Denkmal, ein Brunnen, die Straße mit Passanten können interessant sein. Außerdem liefern sie Anhaltspunkte zur Größeneinschätzung des Motivs. Das ist gerade dann wichtig, wenn Sie vor besonders großen oder kleinen Bauwerken stehen.

Haben Sie bei den ersten Aufnahmen Ansichten entdeckt, die sich für Ausschnitte eignen, machen Sie als Nächstes Fotos von Teilen des Bauwerks. Vermutlich werden Sie auch kleinere Details – Malereien, Reliefs, Intarsien etc. – entdecken, die es zu fotografieren lohnt. Wechseln Sie hier-

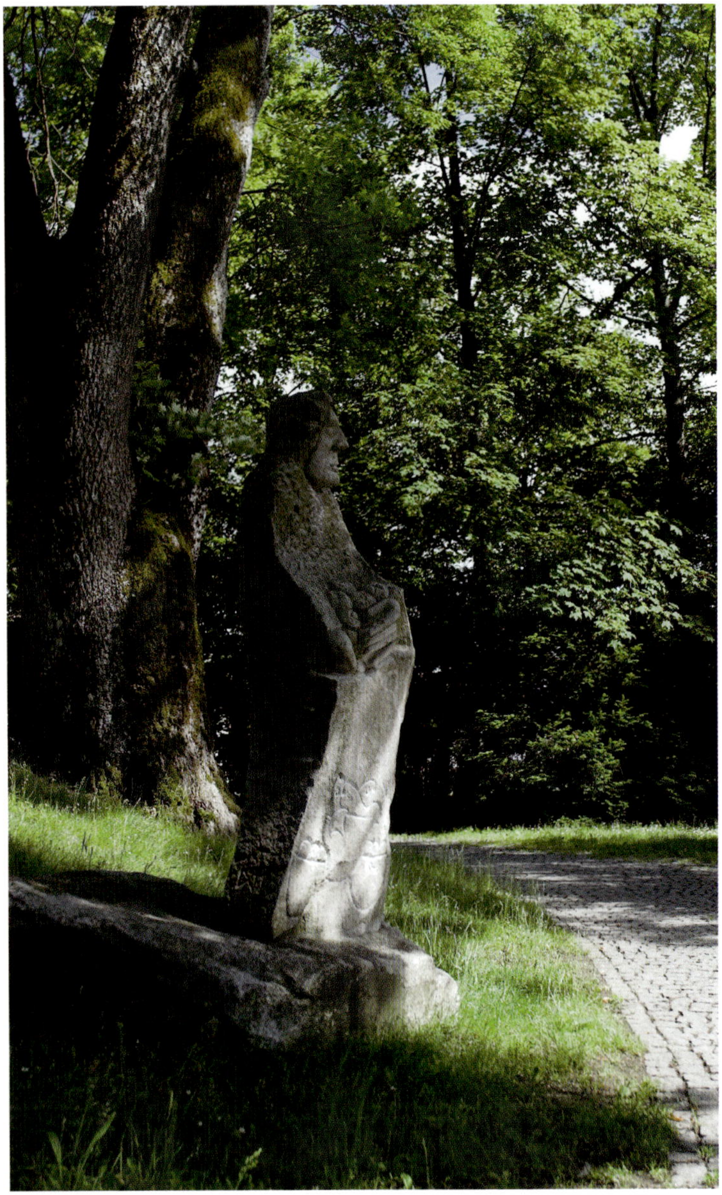

Bei extremen Hell-Dunkel-Unterschieden ist es ratsam, die Bilder sofort auf dem Display zu kontrollieren. Ist der Tonwertumfang eines Motiv zu hoch, werden entweder die Schatten pechschwarz oder die Lichter völlig überstrahlt und weiß. In so einer Situation helfen Belichtungsreihen, bei denen mehrere Aufnahmen mit unterschiedlichen Belichtungswerten gemacht werden. Ob und wie das mit Ihrer Kamera geht, steht im Handbuch.

für entweder den Standort oder arbeiten Sie mit dem Zoomobjektiv, um Details nah heranzuholen. Achten Sie bei Detailaufnahmen besonders auf den Schattenwurf, denn je nach Sonnenstand kann ein kleines Relief an einer Hauswand ganz unscheinbar, wenige Stunden früher oder später aber hochinteressant wirken. Bei farbigen Details werden Sie oft in der Mittagssonne mit eher blassen Farben oder überstrahlten Flächen zu kämpfen haben. Auch hier bietet sich für kontrastreiche Bilder eine andere Tageszeit an.

Höhere ISO-Werte für gut belichtete Innenräume

Bei vielen Gebäuden ist es kein Problem, mit Kamera und Stativ (wichtig für schlecht beleuchtete Räume) auch in den Innenräumen zu arbeiten. In manchen Museen, Kirchen oder religiösen Bauwerken kann das Fotografieren jedoch verboten oder zumindest unerwünscht sein. Manchmal darf man zwar seine Kamera, nicht aber das Stativ mit nach innen nehmen, weil die Räume zu eng sind oder andere Besucher gestört werden können. Auch das Fotografieren mit Blitzlicht ist manchmal untersagt, um beispielsweise lichtempfindlichen Wandgemälden keinen Schaden zuzufügen. Versuchen Sie nicht, Verbote zu unterlaufen. Früher büßte man schlimmstenfalls seinen Film ein, heute ist es möglicherweise die teure Speicherkarte.

Erkundigen Sie sich auf jeden Fall vorher, ob und auf welche Weise es erlaubt ist, Fotos zu machen. Wenn kein Stativ erlaubt ist, müssen Sie wahrscheinlich mit höherer Empfindlichkeit fotografieren und diese dazu auf einen höheren ISO-Wert stellen. Zwar wird dadurch das Bildrauschen erhöht, Sie erhalten aber zumindest scharfe Bilder, weil die Belichtungszeiten wegen der hohen Sensorempfindlichkeit entsprechend verkürzt werden können und man aus der Hand fotografieren kann.

Bildstabilisator und Spotmessung

Wenn Ihre Kamera mit einem Bildstabilisator ausgestattet ist, haben Sie eventuell die nötige Belichtungsreserve für dunkle Innenräume. Die zwei bis drei Belichtungsstufen, die der Stabilisator bringen kann, reichen zusammen mit einer etwas höheren Empfindlichkeit möglicherweise schon aus. Je nach Motiv können Sie aber auch über eine Spotmessung, sofern Ihre Kamera über diese Funktion verfügt, vernünftig belichtete Aufnahmen machen. Die Spotmessung bietet sich an, wenn es im Innenraum ein deutlich helleres Motiv gibt, wie man es beispielsweise in Kirchen im Altarraum findet. Wollen Sie bei der

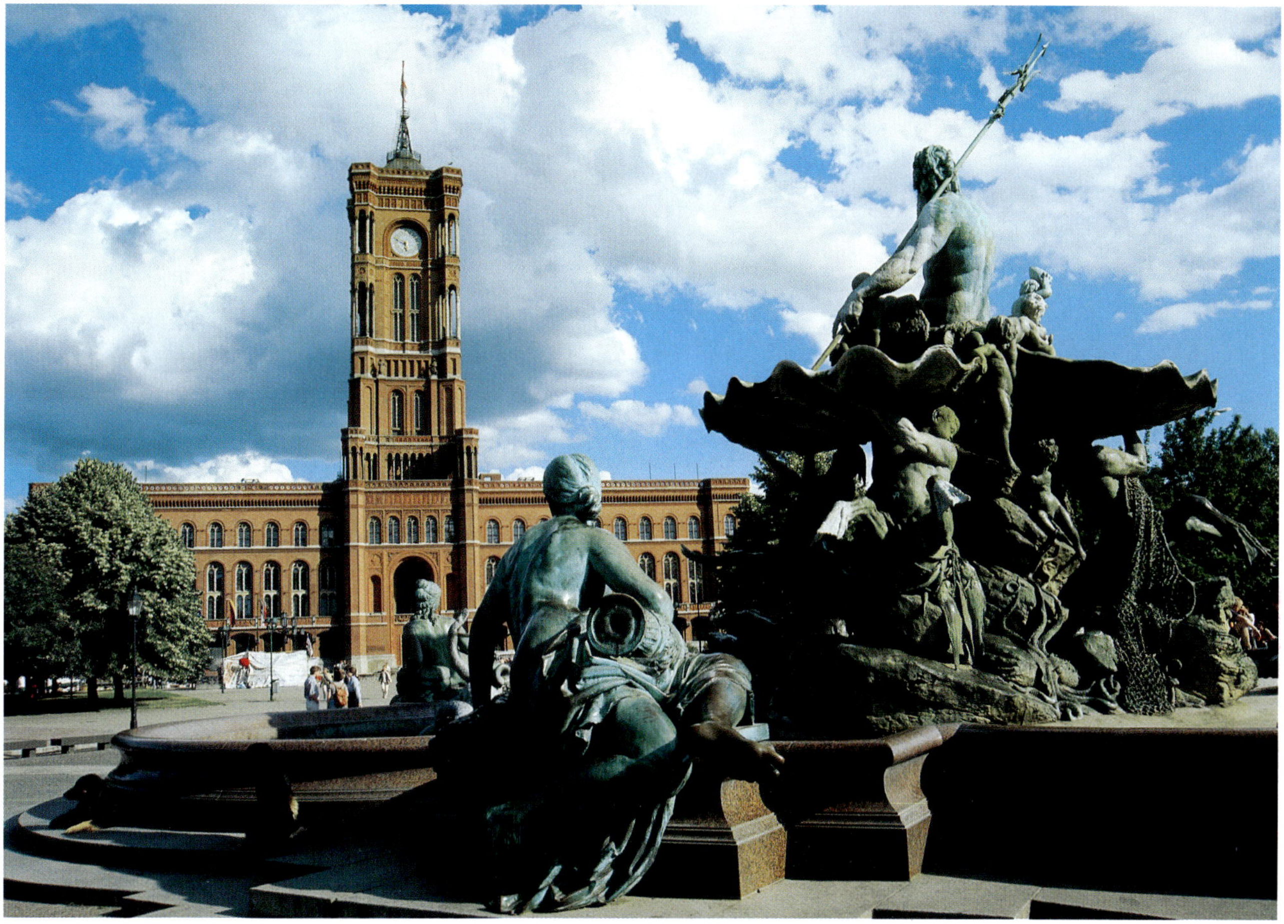

Haben Sie die Möglichkeit, sich vom Gebäude, das Sie fotografieren möchten, ein wenig zu entfernen, vermeiden Sie dadurch effektiv stürzende Linien. In diesem Fall kam dem Bild außerdem zugute, dass der Brunnen ein attraktives Vordergrundmotiv abgab. Die vorderen Brunnenfiguren blicken zum Gebäude, was den Blick des Betrachters zusätzlich zum Hauptmotiv leitet.

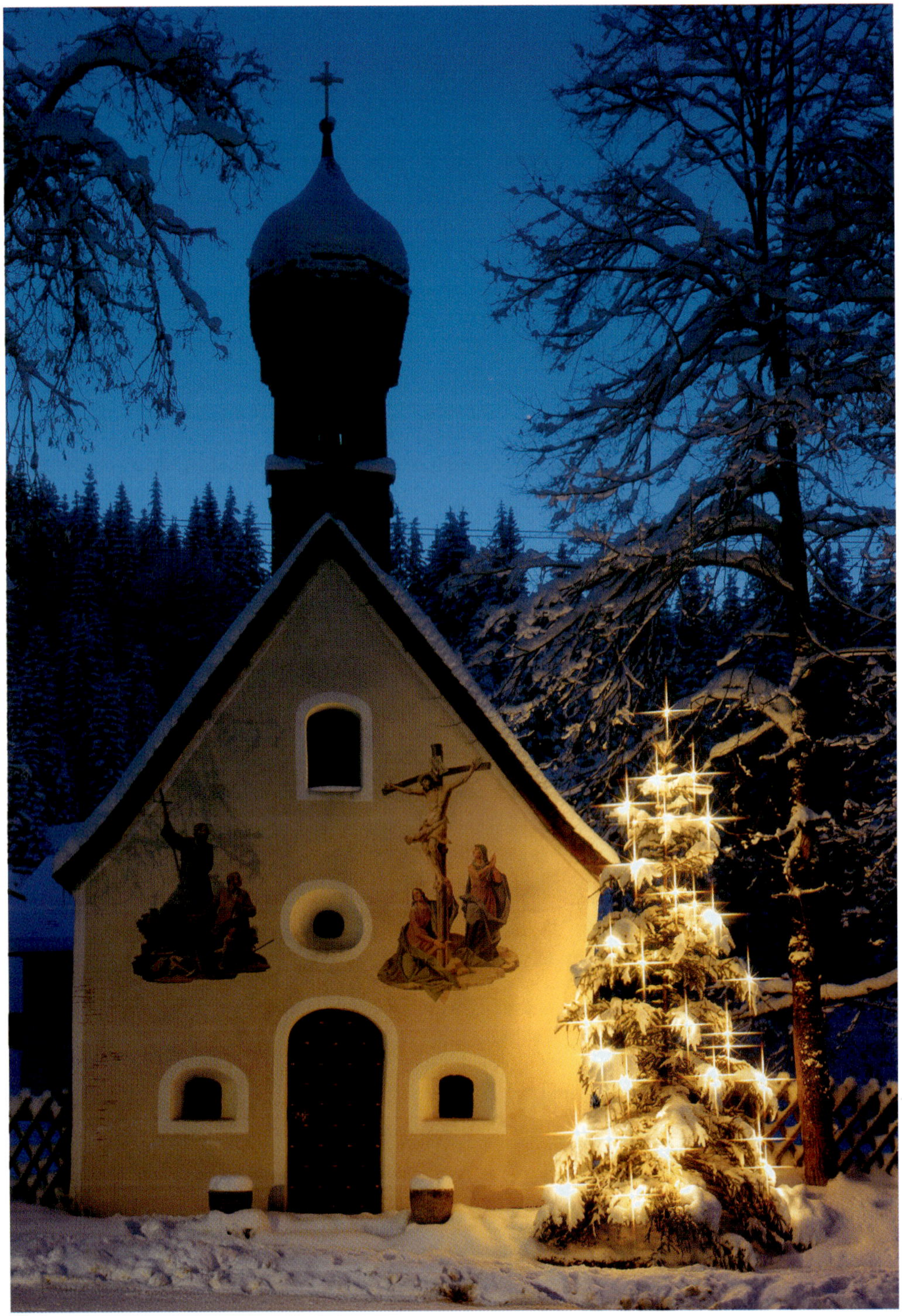

Das bläuliche Licht der Dämmerung und der gelbliche Schein der Baumbeleuchtung ergeben eine Lichtmischung, die die Stimmung der winterlichen Szenerie optimal transportiert.

Belichtung auf Nummer sicher gehen, sehen Sie im Handbuch Ihrer Kamera nach, ob sie Belichtungsreihen unterstützt. Dadurch erhalten Sie mit hoher Wahrscheinlichkeit zumindest immer ein gut belichtetes Foto.

Tolle Architekturfotos zur blauen Stunde

Ganz entscheidend für gelungene Architekturfotos ist das Licht – ob es sich nun um das Sonnenlicht oder künstliches Licht von Scheinwerfern, Blitzgeräten oder Feuer handelt. Viele Fotografen sind für Gebäudefotos in der so genannten blauen Stunde unterwegs, der Zeit kurz vor Sonnenaufgang oder kurz nach Sonnenuntergang. Zu diesen Tageszeiten wirkt das Licht bläulich. Es ist besonders diffus, die Schatten sind sehr weich.

Atemberaubende Lichtstimmungen

Weil die Lichtmenge zur blauen Stunde relativ gering ist, sind Fotos mit bester Bildqualität und maximaler Schärfentiefe (niedrige Empfindlichkeit, kleine Blende) meist nur mit Stativ möglich. In Kombination z. B. mit Scheinwerfern, die eine Kirche anstrahlen, oder mit Straßenlaternen, die eine Häuserfront ausleuchten, können atemberaubende Lichtstimmungen entstehen, die so zu keiner anderen Tageszeit gemacht werden können.

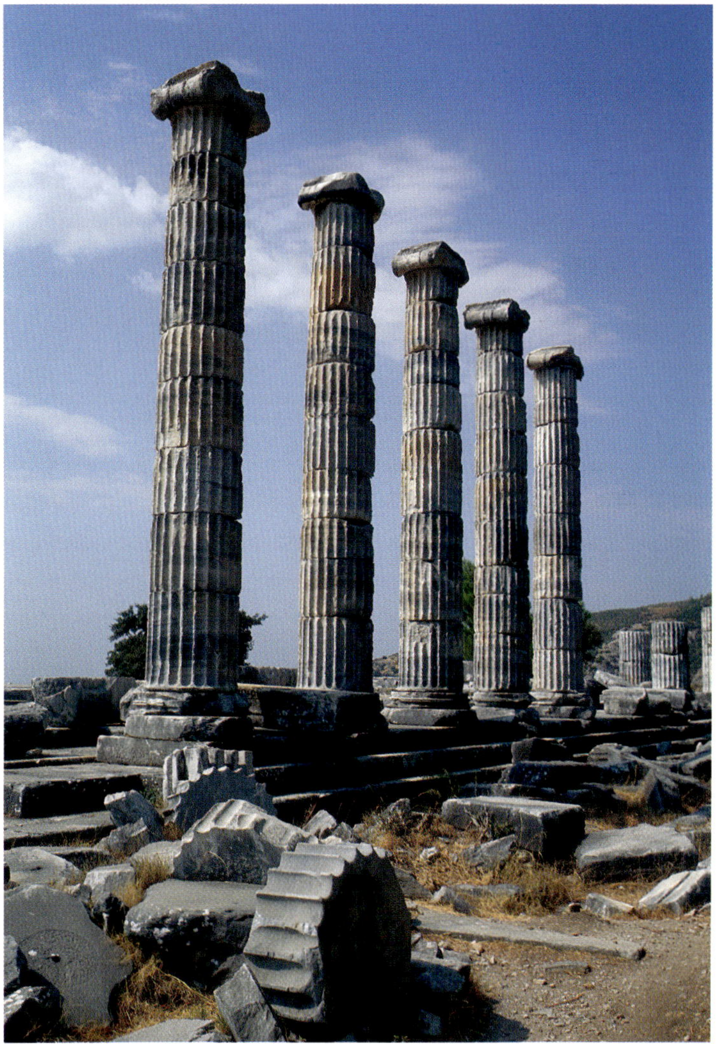

Fotografieren Sie zur blauen Stunde mit der Sonne im Rücken, erhalten die Bilder den für diese Tageszeit typischen Charakter. Würden Sie sich in Richtung Sonnenuntergang drehen, würden Rot, Gelb und Orange die Farbigkeit eines Motivs bestimmen.

Stürzende Linien bei Gebäudefotos vermeiden

Der meist ungewollte Effekt der stürzenden Linien, bei dem Gebäude auf Ihren Fotos nach hinten zu kippen scheinen, lässt sich vermeiden, wenn Sie auf Augenhöhe mit dem Motiv stehen, Ihre Kamera absolut waagerecht halten und damit das gesamte Motiv erfassen können. Sobald Sie die Kamera nach oben oder unten kippen, laufen die Kanten eines Gebäudes perspektivisch zusammen. Wenn es nicht möglich ist, einen idealen Standort zum Fotografieren einzunehmen, entfernen Sie sich vom Gebäude und fotografieren mit Telebrennweiten. Hierdurch wird der störende Effekt verringert. Bei Gebäuden, die an Plätzen

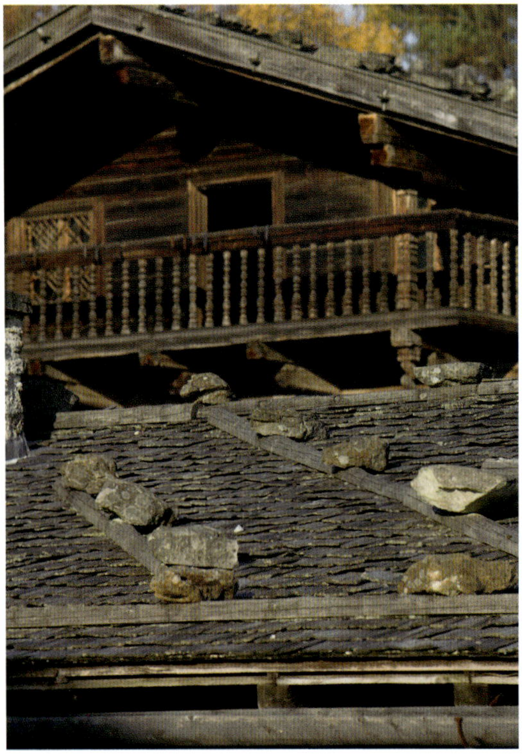

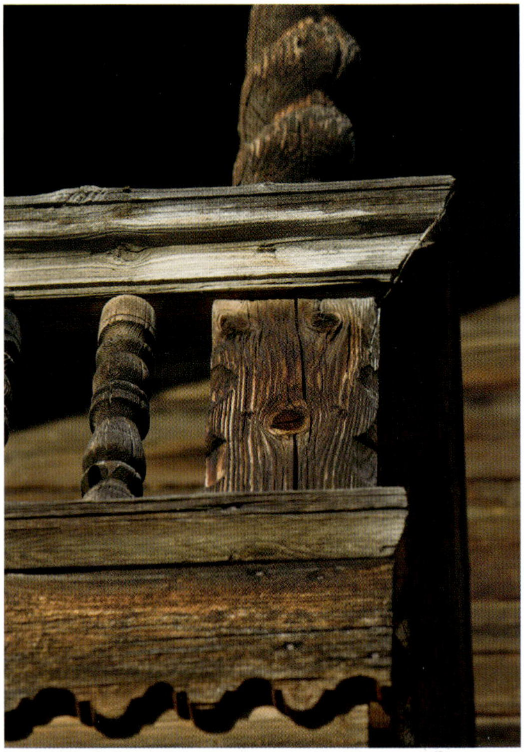

In einer Präsentation z. B. von Urlaubsfotos bringt die Kombination aus Totalen und Detailfotos den Reiz eines Motivs richtig zu Geltung.

stehen, ist dies oft möglich, auch wenn dann nur mit einer Weitwinkelbrennweite fotografiert werden kann. Ist auch das nicht machbar, weil das Gebäude zum Beispiel mitten in einem Gebäudekomplex steht, bleibt als letzte Möglichkeit die Bildbearbeitung.

Tipp

Auf die Schnelle einen vorteilhaften Blickwinkel finden

Wenn Sie auf Reisen Sehenswürdigkeiten fotografieren möchten, helfen oft Prospekte und Reiseführer weiter. Auf den darin abgebildeten Fotos sehen Sie meist, welchen Kamerastandpunkt der Fotograf gewählt hat. So sparen Sie viel Zeit auf der Suche nach einem vorteilhaften Blickwinkel. Natürlich schadet es nicht, ein Gebäude trotzdem zu umrunden.

Mehr Dynamik gewinnen

Charakteristisch für Gebäudeaufnahmen mit stürzenden Linien ist die Froschperspektive, die das Gebäude deutlich größer erscheinen lässt. Wenn sich diese Perspektive nicht umgehen lässt, können Sie versuchen, diesen Eindruck aktiv in die Gestaltung Ihrer Bilder mit einzubeziehen. Nehmen Sie nicht den einzelnen Wolkenkratzer, sondern die ganze Straßenschlucht ins Bild. Durch die steil aufragenden Fassaden wirkt die Straße schmaler und die Komposition gewinnt an Dynamik.

Lichtstimmungen erkennen und einfangen

Fotografie bedeutet grob übersetzt „Malen/Schreiben mit Licht". Aber anders als ein Maler mit Pinsel und Leinwand, dessen Werke über lange Zeit entstehen können, hat der Fotograf oft nur einen kurzen Augenblick zur Verfügung, in dem Motiv und Beleuchtung optimal passen. Die Kunst des Fotografierens besteht zum großen Teil darin, Lichtstimmungen zu erkennen, diese in die Bildgestaltung einzubeziehen und die Lichtverhältnisse fotografisch korrekt festzuhalten.

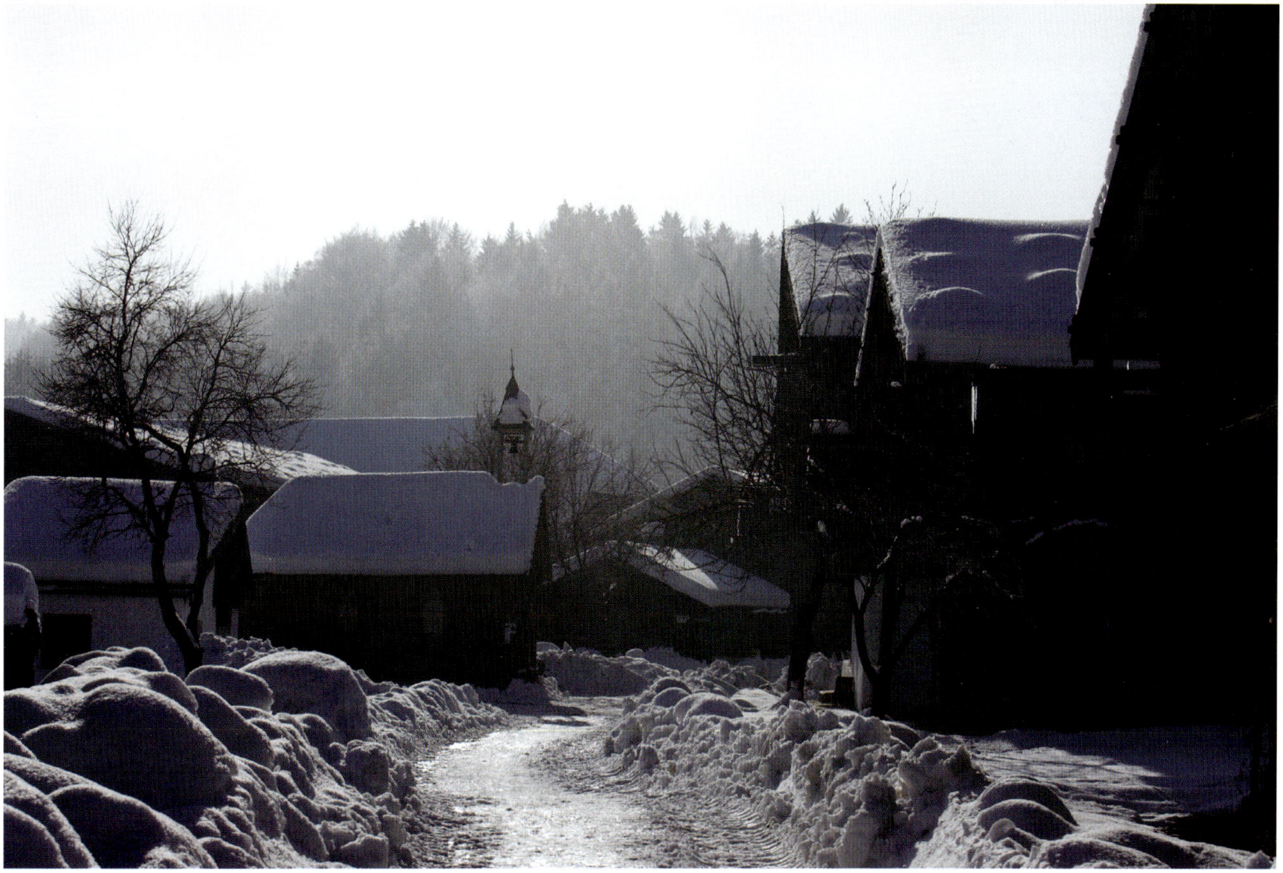

Eine winterliche Gegenlichtsituation stellt den Belichtungsmesser jeder Kamera auf eine harte Probe. Richten Sie die Kamera zur Ermittlung der richtigen Werte auf einen Bereich mittlerer Helligkeit; für die Aufnahme wird die Kamera mit halb gedrücktem Auslöser wieder zurückgeschwenkt.

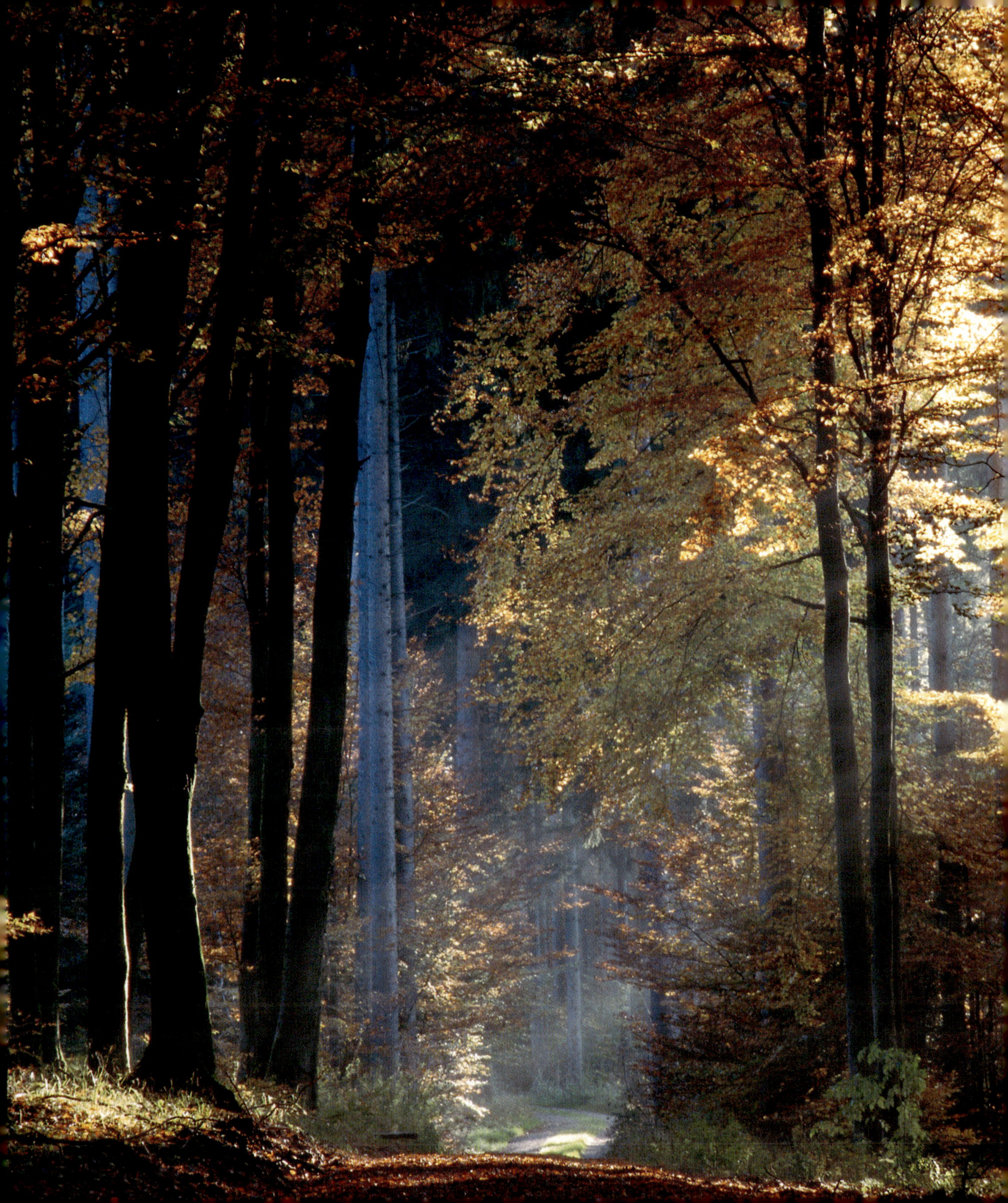

Das feurige Licht eines atemberaubenden Sonnenuntergangs, die festliche Beleuchtung eines Weihnachtsmarkts oder das Glitzern im Wasser eines Springbrunnens zur Mittagszeit sind außergewöhnliche Impressionen. Fotografisch interessante Lichtsituationen zu erkennen hängt, zum großen Teil von Ihrer Erfahrung ab. Je länger Sie fotografieren, desto mehr Motive werden Sie finden – und zwar von ganz allein. Denn immer wenn Sie mit der Kamera unterwegs sind, schulen Sie ganz automatisch Ihren Blick für außergewöhnliche Bilder. Neben der Erfahrung beim Erkennen von Motiv und Lichtstimmung brauchen Sie aber außerdem das technische Wissen, um diese Augenblicke mit der Kamera optimal in gelungenen Aufnahmen zu verewigen.

Mit der Kamera Belichtungsreihen aufnehmen

Gerade bei besonders interessanten Lichtstimmungen ist es meistens ein wenig komplizierter, korrekt belichtetes Material zu erhalten. Je nach Motiv kann manchmal eine leichte Über- oder Unterbelichtung nötig sein, um bildwichtige Bereiche besser herauszustellen. So ist das Fotografieren eines Sonnenuntergangs relativ knifflig, weil sich die von der Kamera vorgeschlagenen Belichtungswerte mit der kleinsten Bewegung in Richtung Sonne sofort verändern. Im Zweifel machen Sie ein paar Testaufnahmen, kontrollieren sie auf dem Display und stellen dann die richtigen Belichtungswerte für Blende und Verschlusszeit manuell ein. Einfacher ist es, wenn Ihre Kamera Belichtungsreihen aufnehmen kann.

Zwielicht im Wald und ein paar durch die Bäume auf einen Waldweg fallende Sonnenstrahlen sind nicht nur in der Realität, sondern auch auf einem Foto atemberaubend. Hier ist es wegen des großen Tonwertspektrums zwischen hellsten und dunkelsten Bildteilen besonders wichtig, auf exakte Belichtung zu achten. Machen Sie zur Sicherheit mehrere Aufnahmen mit unterschiedlichen Belichtungswerten, am besten per Belichtungsreihen.

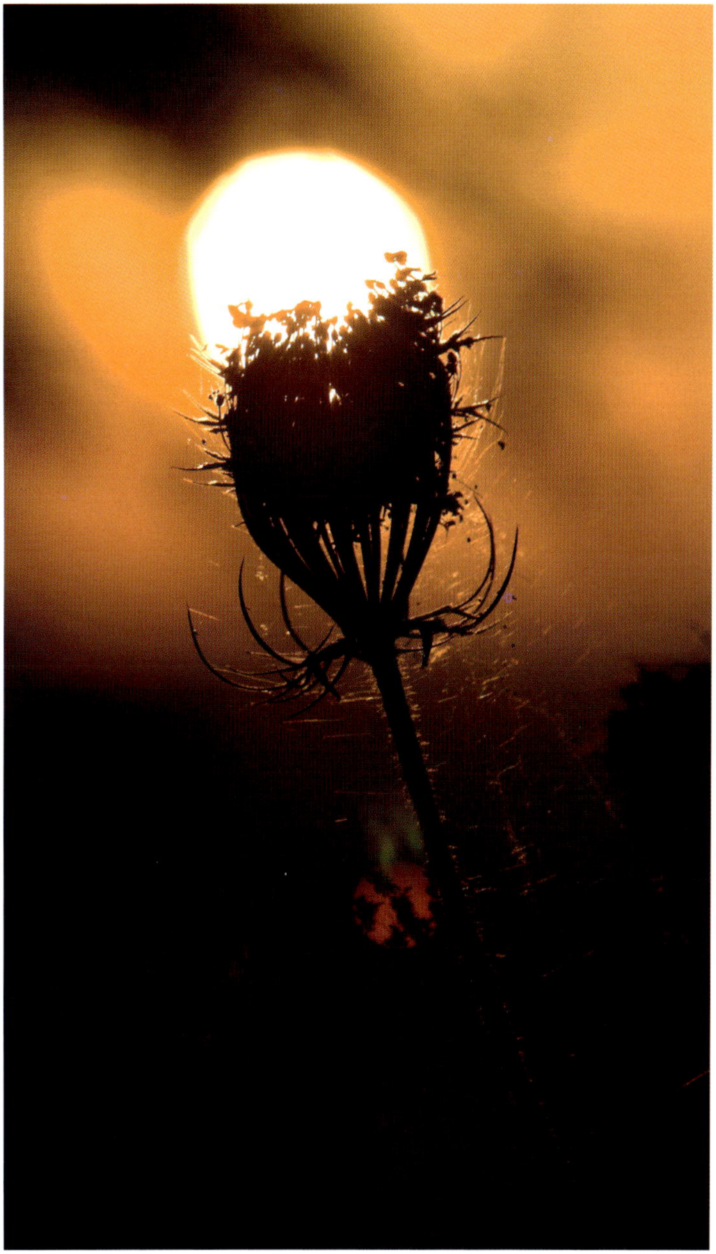

Das Licht der untergehenden Sonne erzeugt Bilder in Gelb, Orange und Rot. Problematisch kann dieses Licht werden, wenn der automatische Weißabgleich Ihrer Kamera versucht, den vermeintlichen Farbstich auszugleichen. Probieren Sie in so einer Situation am besten verschiedene Weißabgleichseinstellungen aus.

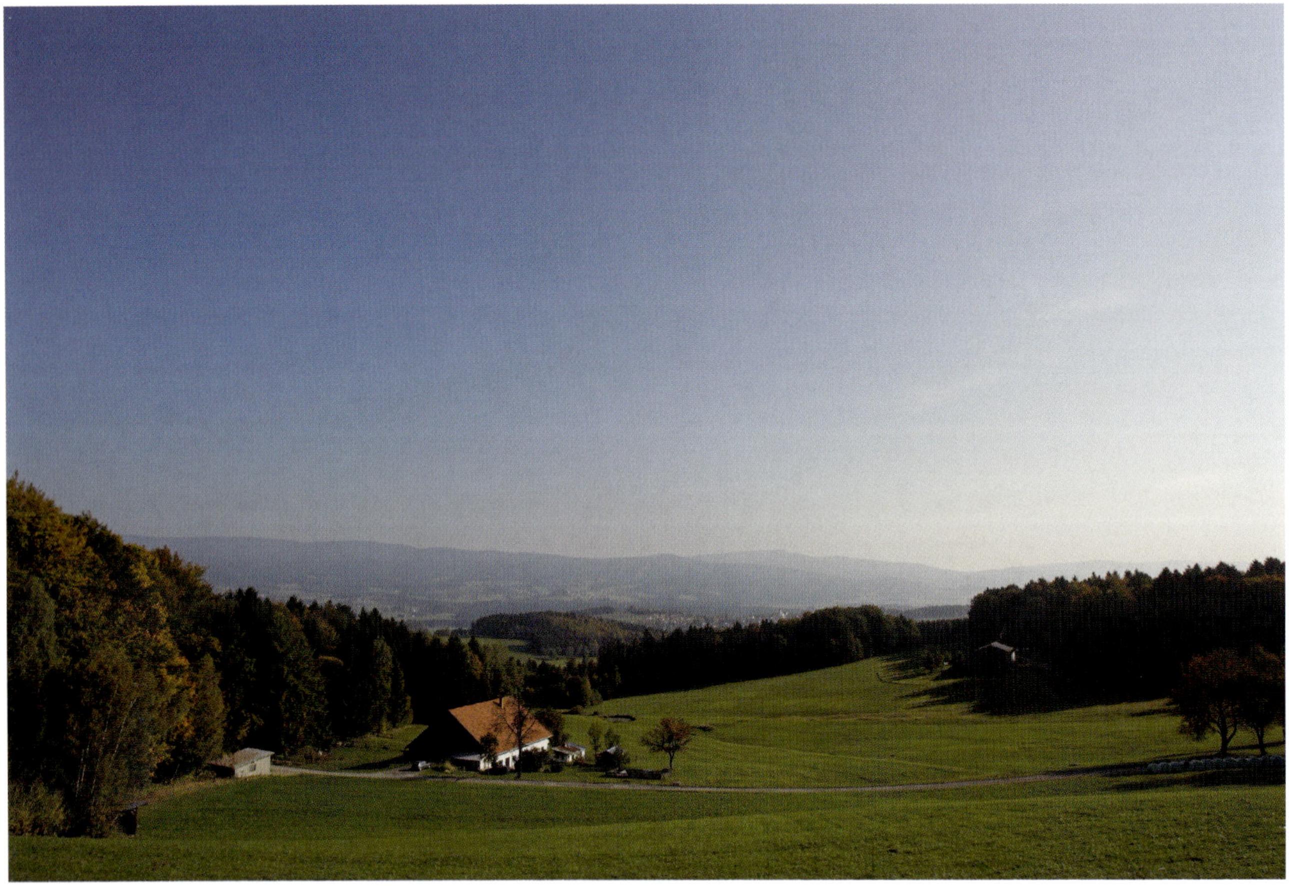

Die langen Schatten zeigen, dass hier am späten Nachmittag fotografiert wurde. Für Landschaftsaufnahmen ist die tiefstehende Sonne ideal, weil durch die Schatten die Landschaft perfekt modelliert wird. Das ist übrigens auch ein Grund, warum viele Landschaftsfotografen vor allem im Herbst fotografieren: Die Sonne steht niedrig am Himmel, und das Licht ist durch die Farben der Natur besonders stimmungsvoll.

Probates Mittel für die richtige Belichtung

Verfügt Ihre Kamera nicht über die Möglichkeit der manuellen Einstellung, bewegen Sie sie vom Hauptmotiv zu einem Bereich mittlerer Helligkeit und drücken den Auslöser dort halb durch. Die ermittelten Belichtungswerte werden dadurch gespeichert. Danach schwenken Sie die Kamera mit halb durchgedrücktem Auslöser wieder zurück, um den gewünschten Bildausschnitt fotografieren zu können. Die Kamera einen Punkt mittlerer Helligkeit anmessen zu lassen, ist ein probates Mittel, um die richtige Belichtung zu erzielen.

Belichtungswerte mit der Spotmessung bestimmen

Sehen Sie im Handbuch Ihrer Kamera nach, wie die Spotmessung funktioniert. Dann können Sie in schwierigen Lichtsituationen damit arbeiten und die Belichtungswerte noch exakter bestimmen. Bei der Spotmessung wird nur ein sehr kleiner Bildbereich für die Messung herangezogen. Wenn es darum geht, ein bestimmtes Detail unabhängig vom Rest der Szene richtig zu belichten, ist die Spotmessung die zuverlässigste Art der Belichtungsmessung.

Jede Stimmung hat ihre ganz eigene Farbe

Das Licht der Sonne beleuchtet je nach Tageszeit und Wetter die Welt in ganz unterschiedlichen Farben. Sonnenauf- und -untergänge tauchen die Umgebung in Rot und Orange. Das Tageslicht im Gebirge ist blau. An Regentagen und im Nebel sehen Farben aus, als wären sie mit einem Grauschleier überzogen.

Auch Kunstlicht verursacht ganz unterschiedliche Farben von Grün (Gaslampen) bis Rot (Feuerschein), die Sie für stimmungsvolle Fotos nutzen können. Das frontale, helle Licht eines Kamerablitzes ist für das spontane Fotografieren von

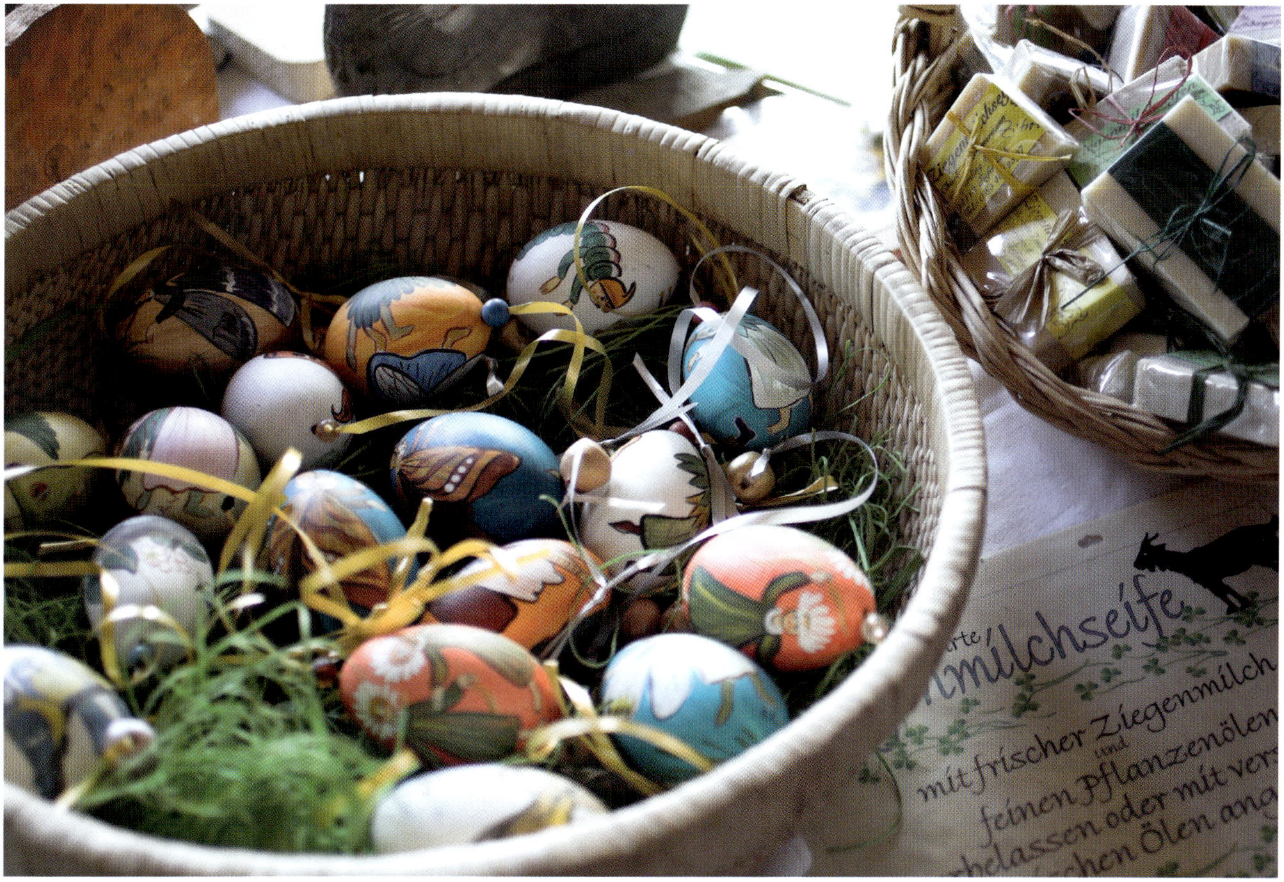

Das von rechts hinten auf die Szene fallende Licht der Nachmittagssonne ist sehr diffus, sorgt aber dennoch für deutliche Hell-Dunkel-Kontraste. Dadurch werden die Formen im Bild sehr plastisch herausgearbeitet.

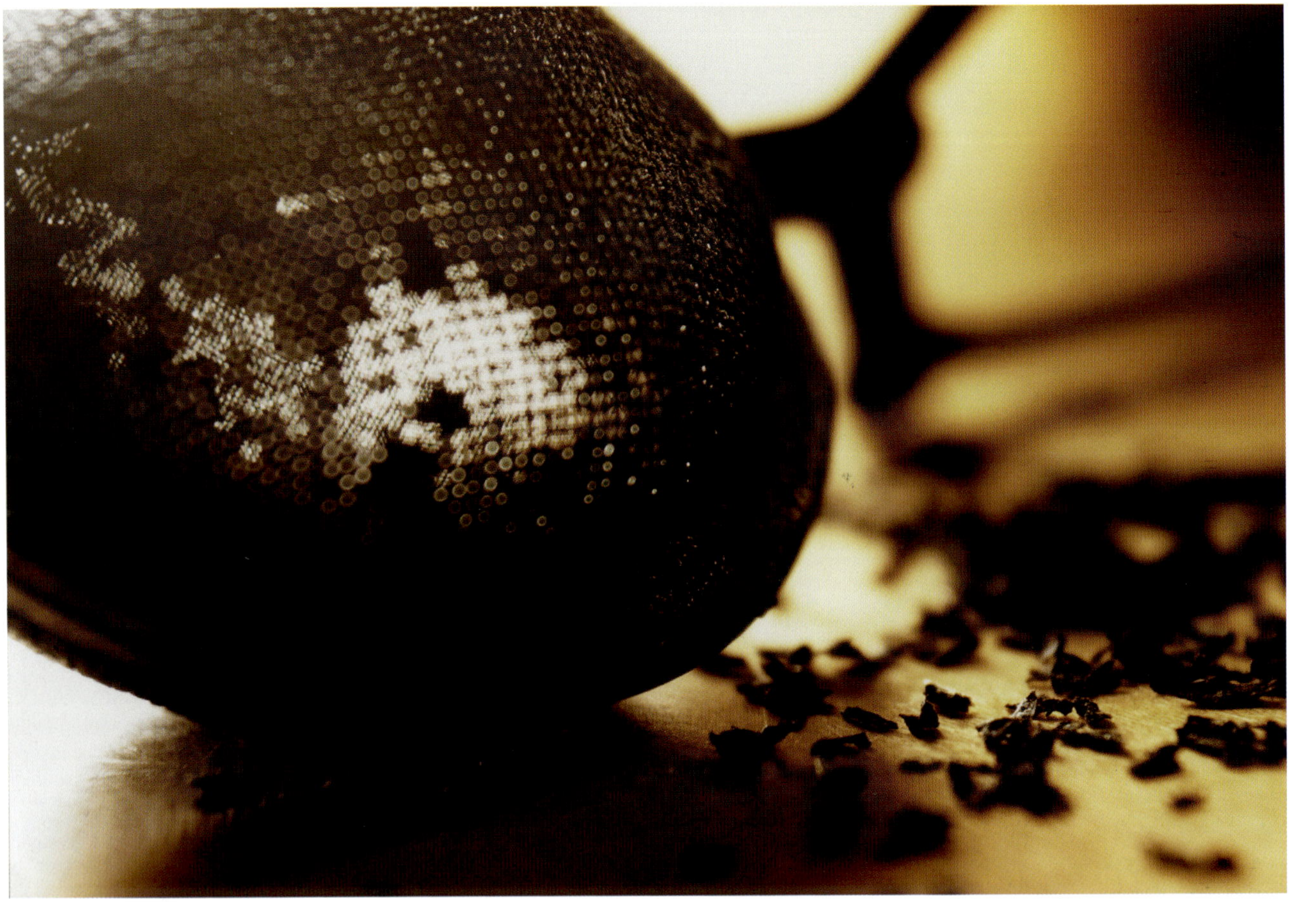

Stimmungsvolles Licht gibt es nicht nur draußen. Halten Sie die Augen auf, und suchen Sie nach ganz alltäglichen Motiven, denen ungewöhnlicher Lichteinfall – wie hier das Gegenlicht von links hinten – zu besonderem Ausdruck verhilft.

Lichtimpressionen jedoch ohne Vorplanung und gezielte Steuerung des Lichtverlaufs nicht geeignet. Wie Sie Blitzlicht für andere interessante Beleuchtungseffekte einsetzen, erfahren Sie im Kapitel „Kunst- und Studiolicht gezielt steuern".

Richtung des Lichts für unterschiedliche Eindrücke

Sind Sie mit der Kamera draußen unterwegs, sollten Sie genau darauf achten, wo sich die Sonne gerade befindet, und wann immer möglich Ihren Standort zum Motiv entsprechend anpassen. Je nachdem, aus welcher Richtung das Licht auf ein Motiv fällt, lassen sich völlig andere Eindrücke erzielen.

Licht von schräg oben

Das Licht von schräg oben entspricht der gewohnten Sichtweise des Menschen. Die Schatten fallen nach schräg unten. Konturen werden deutlicher herausgearbeitet, je tiefer das Licht steht.

Wenn möglich, fotografieren Sie immer mit der Sonne im Rücken. Die Beleuchtung ist dann relativ ausgeglichen und Sie haben keine Probleme mit so genannten Blendenflecken. Scheint die Sonne mehr oder weniger direkt in das Objektiv der Kamera, entsteht auf den Fotos eine Reihe kreisrunder Blendenflecken in verschiedenen Größen und Farben. Solche Flecken können bei Motiven, die etwa die Hitze eines Sommertags thematisieren, reizvoll sein. Sie reduzieren aber punktuell die Farbsättigung und lassen sich mithilfe der Bildbearbeitung nur mit höchstem Aufwand retuschieren.

Falls es sich nicht vermeiden lässt, in Richtung der Sonne oder einer anderen starken Lichtquelle zu fotografieren, lassen sich Blendenflecken durch den Einsatz einer Gegenlichtblende minimieren.

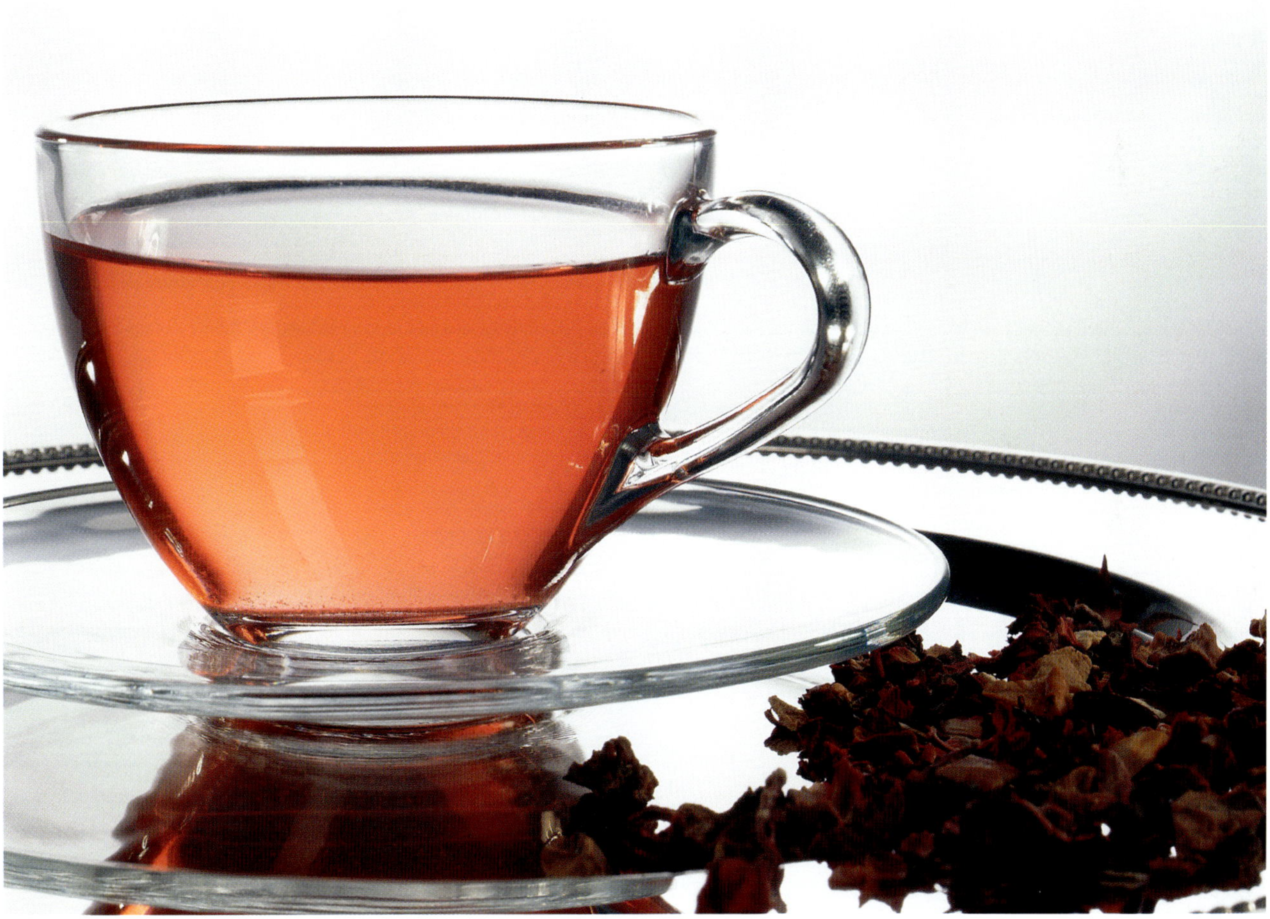

In der Produktfotografie von gläsernen oder durchscheinenden Gegenständen wird oft mit Gegenlicht gearbeitet. Das von hinten einfallende Licht lässt transparente Dinge leuchten.

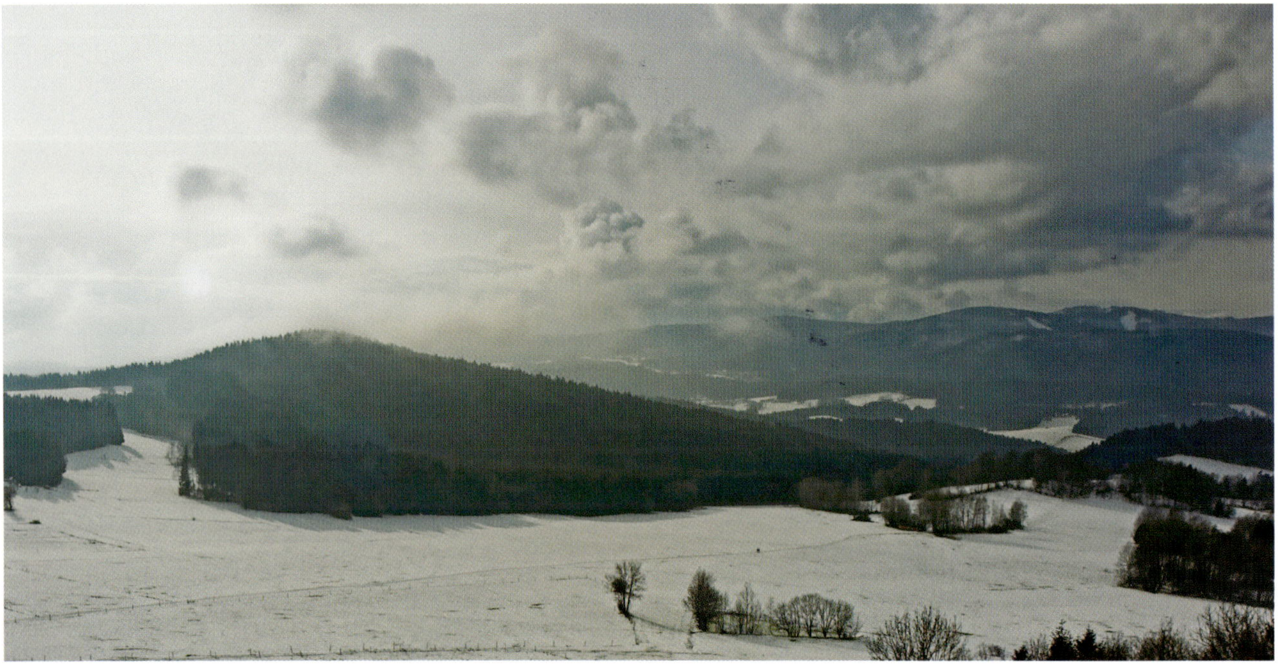

Aufreißende Gewitterwolken lassen Sonnenlicht auf eine ansonsten trübe Landschaft fallen. Dadurch entstehen ausdrucksstarke Kontraste. Ist der Himmel für ausgeglichen belichtete Fotos zu hell, verwenden Sie einen Grauverlaufsfilter, der vor das Objektiv geschraubt wird. Diese Filter sind drehbar, Sie können sie so einstellen, dass der helle Himmel abgedunkelt wird.

Licht des frühen Morgens

Für stimmungsvolle Landschafts-, Natur- und Architekturfotos ist das Licht des frühen Morgens und des späten Nachmittags ideal. Seitlich einfallendes Sonnenlicht arbeitet die Strukturen deutlich durch kontrastreiche Licht-Schatten-Übergänge heraus. Das rötliche Licht des beginnenden und endenden Tages taucht die Motive in warme Farben.

Seitliche Beleuchtung

Eine seitliche Beleuchtung ist für die Darstellung von Konturen optimal und verleiht jedem Motiv Dreidimensionalität. Allerdings sind Motive mit seitlichem Licht oft etwas schwierig zu belichten, da die angestrahlte Motivseite extrem hell ist und die der Lichtquelle abgewandte Seite in tiefem Schatten liegt. Das kann den Sensor Ihrer Digitalkamera überfordern, weil er das vorherrschende Helligkeitsspektrum nicht erfassen kann. Sie müssen sich entscheiden, ob Sie lieber die hellen Bereiche oder die dunklen korrekt belichtet haben möchten, und die Kamera zur Belichtungsmessung auf den entsprechenden Motivteil richten.

Tipp

Die Kamera vor Regen schützen

Fotografieren Sie bei schlechtem Wetter mit einem Stativ, besorgen Sie sich bei Ihrem Fotohändler eine Schirmhalterung. Diese wird ans Stativ geschraubt und schützt die Kamera effektiv vor Regen.

Licht von oben

Bei Licht von oben – zum Beispiel an einem heißen Hochsommertag – wirken Licht und Schatten hart. Landschaften sehen flach aus, weil die Schatten sehr klein sind. Beim Fotografieren von Personen im Freien ist das Mittagslicht ebenfalls problematisch, weil Gesichter hässliche Schatten unter Augen, Nase und Kinn erhalten. Allerdings hat das Mittagslicht auch den Vorteil, dass es vom Betrachter intuitiv erkannt wird. Urlaubsfotos zur Mittagszeit in einem mediterranen Land vermitteln sehr gut die Hitze, das grelle Licht, ganz allgemein die Stimmung eines heißen Urlaubstages.

> Tipp
>
> **Windgeschützte Kamerastandorte finden**
>
> Bedenken Sie, dass der Wind Ihre Kamera trotz Stativ in Bewegung versetzen kann. Digitalkameras und entsprechende Stative sind relativ leicht, und selbst leichter Wind führt schon zu verwackelten Fotos. Stellen Sie Ihre Ausrüstung also windgeschützt auf.

Gegenlichtaufnahmen – eine echte Herausforderung

Eine echte Herausforderung für jeden Fotografen sind Gegenlichtaufnahmen, bei denen die Hauptlichtquelle ein Motiv von hinten anstrahlt. Dazu gehören z. B. Naturdetails wie Bäume oder Blüten, die vor der dahinter stehenden Sonne zu Silhouetten werden, oder Menschen in einem dunklen Torbogen, die man aus einem Innenraum heraus aufnimmt. Gelungene Gegenlichtmotive wirken besonders professionell und stimmungsvoll, sodass sich der Aufwand, sich mit den damit verbundenen Schwierigkeiten auseinander zu setzen, auf alle Fälle lohnt.

Gegenlicht wirkt gestalterisch auf zweierlei Art: Es lässt erstens massive, undurchsichtige Objekte als dunkle, scherenschnittartige Silhouetten erscheinen und verursacht zweitens um halbtransparente und durchscheinende Motive einen hellen Lichtsaum – ein interessanter Effekt.

Blendende Bilder auch bei schlechtem Wetter

Bei uns in Mitteleuropa gehört schlechtes Wetter – Regen, Nebel, Schnee – zum Leben dazu. Doch es wäre schade, wenn man den grauen Tagen nicht auch ein paar gute Seiten abgewinnen würde. Vor allem, wenn Sie sich für Landschaftsfotografie begeistern können, werden Sie für das Ertragen von ein wenig Kälte und Nässe mit tollen Impressionen belohnt. Das Wichtigste bei schlechtem Wetter: Verstauen Sie die in der Kameratasche befindliche Digitalkamera zusätzlich in einem Plastikbeutel, und nehmen Sie sie nur für die Fotos aus der Umhüllung. Wischen Sie falls nötig Regentropfen nach dem Fotografieren sofort mit einem weichen Tuch ab.

Unterwassergehäuse als Regenschutz

Wenn Sie für Ihre Kamera ein Unterwassergehäuse besitzen, ist das natürlich der beste Schutz vor Regen. Hierbei sollten Sie jedoch bedenken, dass jede weitere Glas- oder Plastikscheibe vor dem Objektiv die Bildqualität mehr oder weniger verringert. Nur bei hochwertigen Unterwassergehäusen ist dieser Faktor zu vernachlässigen. Für optimale Bildqualität sollte das Objektiv auf jeden Fall „freie Sicht" haben.

Grauverlaufsfilter bei Schlechtwetteraufnahmen

Zusätzlich zum Regenschutz kann bei Schlechtwetteraufnahmen ein Grauverlaufsfilter hilfreich sein. Wenn der von Wolken bedeckte Himmel aufreißt, und sich die Sonne zeigt, können die Hell-Dunkel-Kontraste sehr groß werden. Dann sollten Sie den Himmel mit dem Grauverlaufsfilter abdecken, damit der Kamerasensor das gesamte Helligkeitsspektrum erfassen kann. Fotografieren Sie mit einer kompakten Digitalkamera, die mit einem Zoomobjektiv ausgestattet ist, sollten Sie den gesamten Brennweitenbereich ausnutzen. Visieren Sie jedes Schlechtwettermotiv mit verschiedenen Brennweiten an. Weitwinkelaufnahmen vermitteln optimal die Weite der Landschaft, was sich vor allem bei dramatischem Wolkenhimmel toll macht. Integrieren Sie bei Weitwinkelfotos wenn möglich ein interessantes Vordergrundmotiv in die Bildgestaltung, um den Betrachter ins Bild einzuführen. Falls kein solches Motiv im Vordergrund zu finden ist, suchen Sie sich einen Blickfang im Bild, der zur Licht- und Wetterstimmung passt. Dies können ein einsamer Baum im Schnee und Regenschirme von Passanten sein. Bei der Arbeit mit Telebrennweiten wird die Perspektive im Bild gerafft, und hintereinander liegende Motive scheinen zusammenzurücken – ein Effekt, der z. B. für die Aufnahme einer drohend aufragenden Gewitterfront hinter einem Haus toll wirkt.

> Tipp
>
> **Im Regen fotografieren**
>
> Wenn Sie Regen fotografieren möchten, müssen Sie ein paar Dinge bedenken. Möchten Sie Regentropfen im Flug „einfrieren", brauchen Sie Verschlusszeiten, die kürzer als 1/125 sek sind. Um den Regen in Streifen zu zeigen, arbeiten Sie mit längeren Verschlusszeiten, z. B. von 1/30 sek und mehr. Je länger die Verschlusszeit ist, desto länger sind die von den Regentropfen gezeichneten Streifen. Damit Regentropfen auf einem Foto sichtbar werden, benötigen Sie einen dunklen Hintergrund oder Flächen, auf denen die Regentropfen aufschlagen. Nehmen Sie z. B. für Wellenmuster eine Pfütze oder einen See mit ins Bild. Der Aufschlag von Tropfen auf Pflanzenblättern oder dem Lack eines Autos kann ebenfalls interessante Regenmotive produzieren.

Landschaften bei schlechtem Wetter

Die Belichtung von Landschaften bei schlechtem Wetter können Sie meistens der Automatik der Kamera überlassen. Ausnahmen sind sehr dunkle Motive wie schwarze Wolken, sehr helle Motive und Gegenlichtaufnahmen, bei denen die Sonne direkt ins Objektiv strahlt. Arbeiten Sie in solchen Situationen mit der Spotmessung und richten Sie die Kamera zum Ermitteln der Belichtungswerte auf einen Bereich mittlerer Helligkeit (Gras, Asphalt). Oder machen Sie eine Belichtungsreihe, und wählen Sie später bei der Bildkontrolle nur die besten Bilder aus.

Prächtige Feuerwerke punktgenau einfangen

Farbenprächtige Feuerwerke sind immer ein ganz besonderer Anlass für tolle Fotos. Um die feurigen, bunten Kaskaden optimal aufs Bild zu bekommen, brauchen Sie die richtige Ausrüstung, ein wenig Hintergrundwissen über Nachtaufnahmen und ein paar Tipps zur Bildgestaltung.

Ein wesentliches Merkmal guter Bilder vom nächtlichen Spektakel ist die Darstellung einzelner oder kombinierter Bildmotive, wie sie sich dem Betrachter nur über einen Zeitraum von einer Sekunde und mehr erschließen. Versuchen Sie, nicht nur eine Rakete, sondern gleich einen ganzen Schwarm oder mehrere hintereinander abgeschossene Feuerwerkskörper vom Aufsteigen bis zur Explosion auf ein Bild zu bekommen.

Das stellt nicht nur an die Ausstattung Ihrer Kamera gewisse Ansprüche, sondern bedeutet auch, dass es mit ein paar spontanen Bildern nichts wird. Feuerwerksbilder wollen geplant sein. Entschädigt werden Sie dafür mit außergewöhnlichen Aufnahmen von absoluter Einzigartigkeit, denn der Inhalt Ihrer Bilder ist niemals mehr reproduzierbar.

Lange Verschlusszeiten

Die wichtigste Grundlage für solche Fotos sind lange Verschlusszeiten. Deshalb sollten Sie sich zunächst über die möglichen Belichtungszeiten Ihrer Kamera im Handbuch informieren. Je länger die einstellbaren Verschlusszeiten sind, desto flexibler können Sie arbeiten und desto mehr Explosionen und Lichtspuren bekommen Sie auf ein Bild.

Erleichtert wird Ihnen die Aufnahme durch den hohen Kontrast am Nachthimmel und die Bewegung der Lichtkörper. Mit einer geeigneten Kamera können Sie problemlos das Lichtspiel eines Feuerwerkskörpers nahezu komplett auf die Speicherkarte bannen, weil die Bewegung mit der Langzeitbelichtung optimal erfasst wird.

Tipp

Bildrauschen mit niedriger Empfindlichkeit vermeiden

Digitalkameras sind in Bezug auf Langzeitbelichtungen leider empfindlicher als analoge Kameras. Weil sich der Sensor während der Belichtung erwärmt, wird das so genannte Bildrauschen verstärkt. Zu dessen Minimierung sollten Sie mit niedriger Empfindlichkeit (ISO 100 oder weniger) fotografieren und die Verschlusszeit auf maximal einige Sekunden beschränken.

Ausrüstungstipps für gelungene Feuerwerksfotos

Ohne Stativ lässt sich ein Feuerwerk nicht fotografieren. Würden Sie mit kurzen Verschlusszeiten (z. B. 1/60sek oder weniger) arbeiten, damit verwacklungsfreie Fotos aus der Hand möglich sind, hätten Sie vom Feuerwerk bestenfalls ein paar Lichtpunkte erwischt. Bilder eines Feuerwerks wirken aber erst durch die Lichtstreifen, die durch die explodierenden Raketen erzeugt werden. Um einzelne Lichtstreifen zu fotografieren, sind lange Verschlusszeiten von mindestens 0,5 sek notwendig.

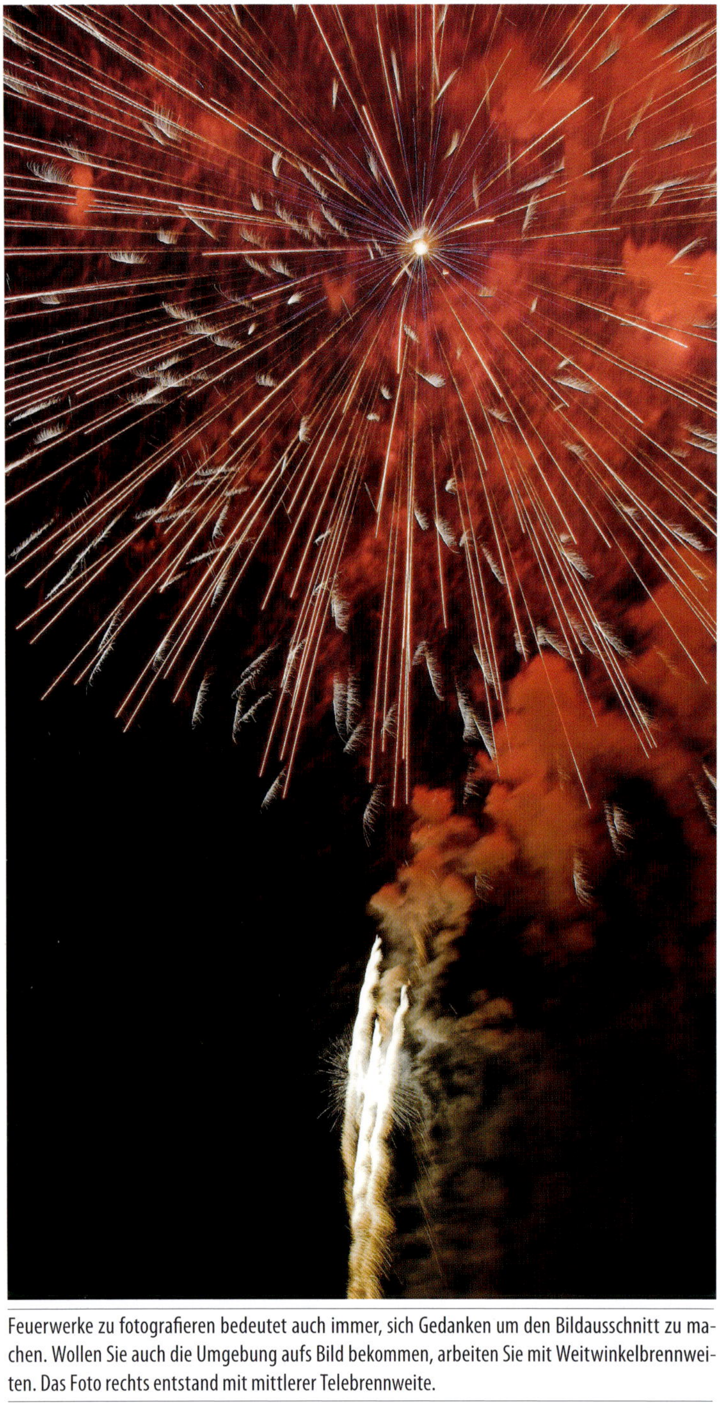

Feuerwerke zu fotografieren bedeutet auch immer, sich Gedanken um den Bildausschnitt zu machen. Wollen Sie auch die Umgebung aufs Bild bekommen, arbeiten Sie mit Weitwinkelbrennweiten. Das Foto rechts entstand mit mittlerer Telebrennweite.

Ohne Stativ würden die Aufnahmen mit Sicherheit verwackeln. Sie können sich zur Not mit einer festen Unterlage behelfen, auf die Sie die Kamera legen. Optimal ist diese Lösung jedoch nicht, weil sich der Bildausschnitt nicht flexibel auswählen lässt. Erst mit Stativ samt Neigevorrichtung können Sie die Kamera exakt auf das Feuerwerk ausrichten.

Belichtungszeiten von mehreren Sekunden

Digitale Kompaktkameras bieten oft als maximale Belichtungszeit nur eine Sekunde an, was für einfache Feuerwerksaufnahmen ausreicht. Da das Aufsteigen der Raketen und die nachfolgenden Explosionen aber auch mehrere Sekunden dauern können, wäre eine entsprechend lange Belichtungszeit besser. Gut ausgestattete Kameras lassen Belichtungen von bis zu 30 sek zu. Bei einigen Modellen – vor allem bei Spiegelreflexkameras – bleibt der Verschluss durch permanentes Drücken des Auslösers oder des Fernauslösers beliebig lang geöffnet. Der Fernauslöser ist hierbei die bessere Lösung, da Sie die Kamera nicht berühren müssen und die Bilder so nicht verwackeln.

Falls Ihre Kamera diese Art der Langzeitbelichtung beherrscht, sollten Sie einen schwarzen Karton in der Größe A4 vors Objektiv halten, anstatt den Verschluss loszulassen. Mit dem Karton vermeiden Sie den Einfall von nächtlichem Streulicht z. B. durch Scheinwerfer, während Sie auf die nächste Feuerwerkskaskade warten. Durch den vor das Objektiv gehaltenen schwarzen Karton ist es viel einfacher, sich auf die Bildgestaltung zu konzentrieren. Vor allem bei kleineren Feuerwerken, wenn nicht ständig eine große Menge an Raketen in den Himmel schießt, können Sie so bei einer Belichtungszeit von beispielsweise 30 sek und länger selbst entscheiden, wann genügend Explosionen auf dem

Bild sind. Halten Sie immer dann, wenn gerade keine Raketen abgefeuert werden, den Karton direkt vors Objektiv und entfernen Sie ihn, wenn es weitergeht.

ISO-Werte, Blende und Verschlusszeit festlegen

Für gute Feuerwerksfotos benötigen Sie eine Kamera, an der Sie die Werte für Empfindlichkeit (ISO), Blende und Verschlusszeit manuell festlegen können. Zwar bieten die meisten Digitalkameras einen Nachtaufnahmemodus, die Belichtungszeiten sind dabei jedoch nicht lang genug. Außerdem wird im Nachtmodus in der Regel der Blitz ausgelöst, um im Vordergrund stehende Motive auszuleuchten. Dies bringt für ein Feuerwerk natürlich nichts. Stellen Sie für Feuerwerksbilder die Empfindlichkeit auf ISO 100 und die Blende auf 11 oder 16 ein, und fotografieren Sie mit Verschlusszeiten von mehreren Sekunden oder mit der manuellen Öffnung des Verschlusses durch einen Fernauslöser. Bei diesen Einstellungen werden automatisch nur die durch die Feuerwerkskörper erzeugten Lichtstreifen vom Sensor erfasst. Der dunkle Himmel bleibt je nach Umgebungsbeleuchtung oder Restlicht der Dämmerung mehr oder weniger dunkel. Falls Straßenlaternen im Bildfeld stehen, werden diese bei langen Belichtungszeiten eventuell überbelichtet. Verändern Sie in diesem Fall den Bildausschnitt.

Geeignete Standorte für Feuerwerksfotos

Suchen Sie sich einen leicht erhöhten Standort, von dem aus Sie das Feuerwerk und die nähere Umgebung überblicken und fotografieren können. Gehen Sie nicht zu nah an den Abschussbereich heran, damit Sie die Flugbahnen der Raketen vom Boden bis zum Explosionspunkt aufs Bild bekommen.

Werden die Raketen in der Nähe einer Stadt abgefeuert, ist es vielleicht möglich, ein typisches Bauwerk wie eine Kirche oder eine Brücke mit aufs Bild zu bekommen. Stellen Sie sich nicht gerade

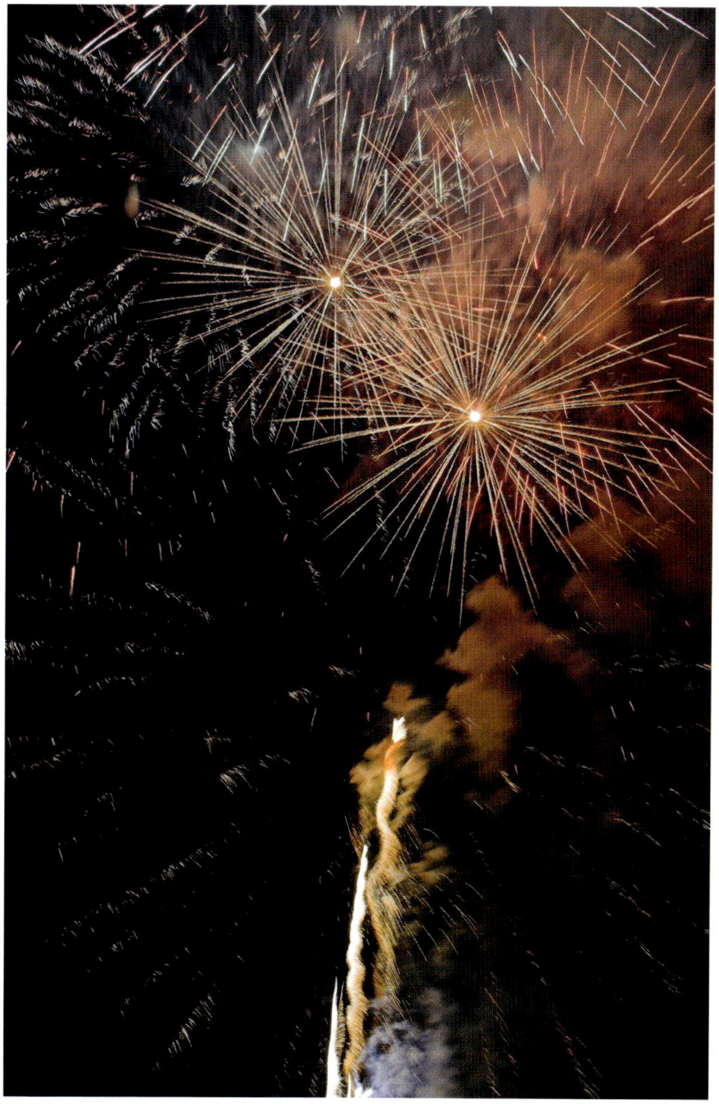

Um die vielen Kaskaden aufs Bild zu bekommen, war eine Verschlusszeit von einer Sekunde nötig. Fotografiert wurde mit Blende 11, die Kamera stand auf einem Stativ und wurde per Fernauslöser betätigt.

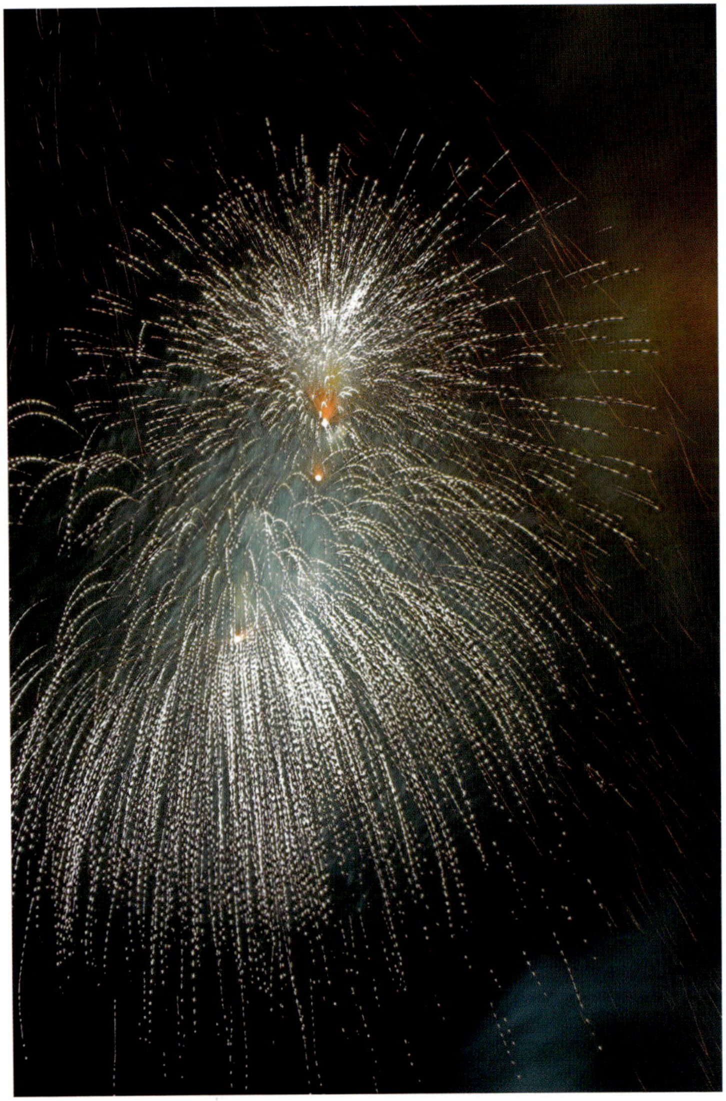

Ist das Feuerwerk bereits einige Zeit in Gang, kann Rauch den klaren Blick auf die Explosionen trüben. Hier hilft, den Bildausschnitt mit größerer Brennweite einzuschränken.

dort auf, wo die größte Menschenansammlung zu befürchten ist. Sonst besteht die Gefahr, dass jemand versehentlich Ihre Ausrüstung umstößt oder während der Belichtung plötzlich eine Person vor dem Objektiv auftaucht.

Tipp

Die Kamera vor Erschütterungen schützen

Bei Langzeitbelichtungen reagiert die Kamera, selbst wenn sie auf ein Stativ montiert ist, besonders empfindlich auf Erschütterungen. Wählen Sie eine Stellfläche, die nicht durch das Herumlaufen der Zuschauer erschüttert wird. Fester Kies oder eine Grasfläche sind besser als z.B. ein Holzboden, der Vibrationen weitergibt. Falls es sehr windig ist, stellen Sie sich vor das Stativ und halten den Wind so gut wie möglich ab. Um Ihr Stativ zusätzlich zu stabilisieren, können Sie Ihre Kameraausrüstung innen an die Streben hängen.

Bildaufbau auf dem Kameradisplay kontrollieren

Ist die Kamera vorbereitet und auf ein Stativ geschraubt, sind der Bildaufbau durch die Auswahl eines Standorts und die Brennweite festgelegt, machen Sie die ersten Bilder und kontrollieren dann rasch den Bildaufbau auf dem Kameradisplay. Denn wirklich gute Fotos entstehen erst, wenn Sie die Umgebung mit einbeziehen und auf den Bildaufbau achten.

Sind im Vordergrund Menschen zu sehen, die begeistert nach oben schauen? Beziehen Sie diese Personen mit ein, auch wenn sie wegen der Langzeitbelichtung des Feuerwerks durch Bewegungsunschärfen verschwimmen. Immerhin ist das Publikum ein zentraler Bestandteil eines Feuerwerks.

Stimmungen bei Abend und bei Nacht

Schwindet das Licht der Sonne am Abend, übernehmen künstliche Lichtquellen die Ausleuchtung von Straßen, Plätzen und Gebäuden. Zu dieser Tageszeit können Sie aufregende Motive finden, die gerade durch die nächtliche Beleuchtung erst ihre besondere Stimmung entfalten: imposante Gebäude, bis lang in die Nacht hinein beleuchtete Straßenzüge, Autos, die mit ihren Scheinwerfern Lichtspuren durch nächtliche Straßen ziehen. Das Wichtigste beim Fotografieren in der Nacht ist die Kenntnis, wie man seine Digitalkamera so einstellt, dass korrekt belichtete und qualitativ hochwertige Fotos entstehen.

Viele Kameras verfügen über einen so genannten Nachtmodus. Der ist aber für viele Nachtaufnahmen nur eingeschränkt zu gebrauchen, weil dabei automatisch der Blitz eingeschaltet und bei einigen Kameramodellen auch die Empfindlichkeit erhöht wird. Manche Nachtaufnahmen leben aber gerade davon, dass kein Blitzlicht eingesetzt wird, das die Stimmung zerstören würde. Lesen Sie im Kamera-Handbuch nach, ob und wie sich der Blitz trotz Nachtmodus abschalten lässt. Am besten klappen Nachtmotive, wenn Sie alle wichtigen Parameter (Blende, Verschlusszeit und Blitzsteuerung) selbst steuern können.

Hohe Empfindlichkeit für Nachtaufnahmen

Für Nachtaufnahmen, die in der Regel längere Belichtungszeiten erfordern, sollte Ihre Digitalkamera mehrere Empfindlichkeitsstufen (ISO) bieten. Je nach Modell variieren die ISO-Werte zwischen 100 und 400, können aber durchaus auch höher liegen. Je höher die an der Kamera eingestellte Empfindlichkeit ist, desto weniger Licht ist für korrekt belichtete Aufnahmen nötig. Sie können dementsprechend mit kürzeren Verschlusszeiten arbeiten. Wie Sie die Empfindlichkeit manuell verändern, können Sie in Ihrem Kamera-Handbuch nachlesen. Der Vorteil hoher Empfindlichkeiten besteht darin, auch in relativ dunkler Umgebung noch aus der Hand fotografieren zu können. Der Nachteil ist, dass das Bildrauschen in den Digitalfotos zunimmt und feine, an ein Filmkorn erinnernde Strukturen entstehen.

Tipp

Lange Verschlusszeiten bei Nachtaufnahmen

Nächtliche Aufnahmen erfordern manchmal Verschlusszeiten, die bei 10, 20 oder mehr Sekunden liegen. Wenn Sie Ihre Kamera für maximale Schärfentiefe manuell auf eine kleine Blende wie z. B. 11 oder 16 einstellen, kann die nötige Verschlusszeit den Rahmen dessen sprengen, was die Kamera zu bieten hat. Einfache Kompaktkameras, die auf Zeiten bis zu maximal einer Sekunde beschränkt sind, eignen sich nur bedingt für Nachtaufnahmen.

Kompromiss zugunsten der Bildqualität

Neben hoher Empfindlichkeit z. B. von ISO 400 und mehr verstärkt ein weiterer Faktor das unerwünschte Bildrauschen: Liegt die für eine korrekt belichtete Nachtaufnahme nötige Verschlusszeit

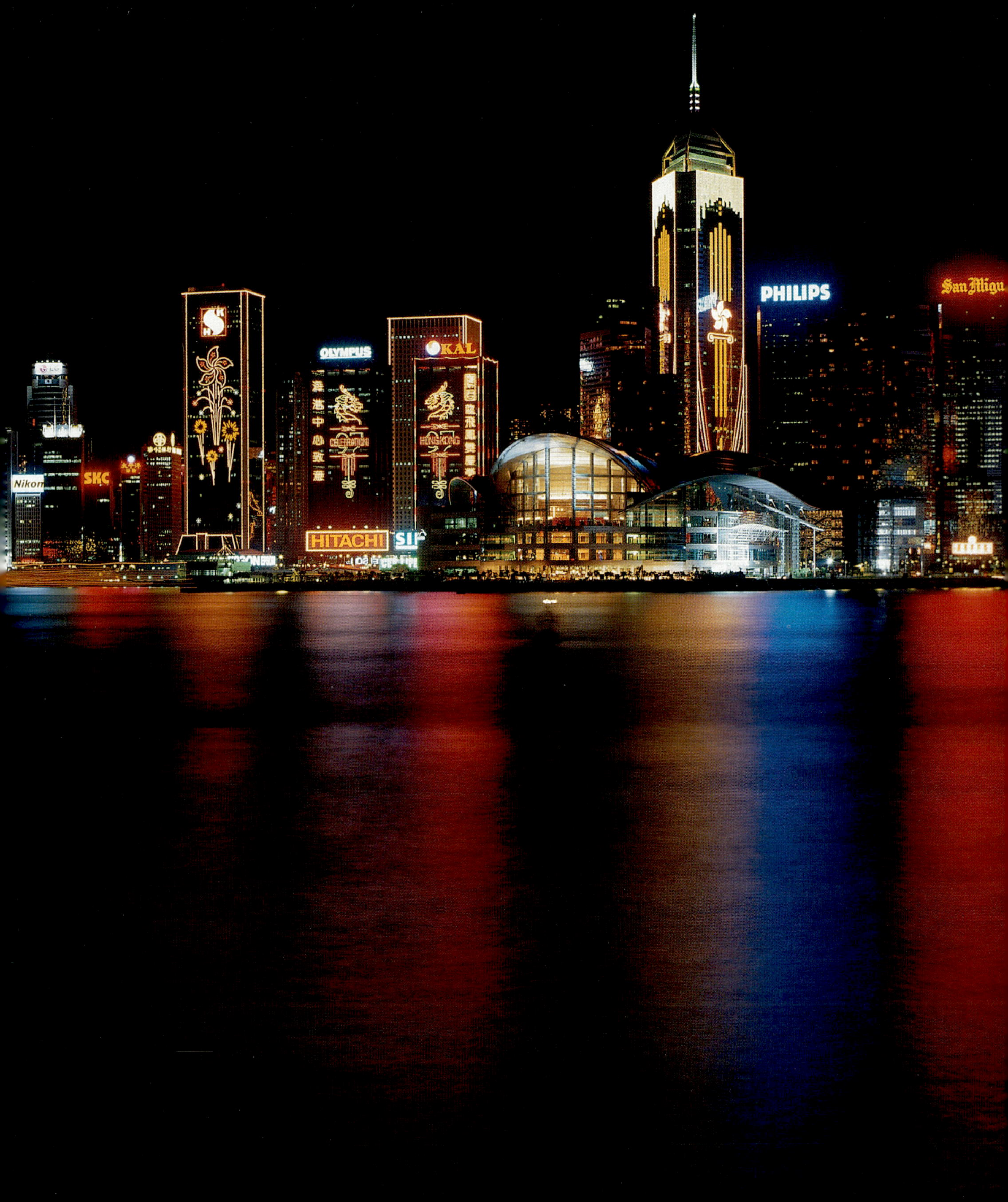

PHILIPS
OLYMPUS
KAL
HITACHI
Nikon
SKC

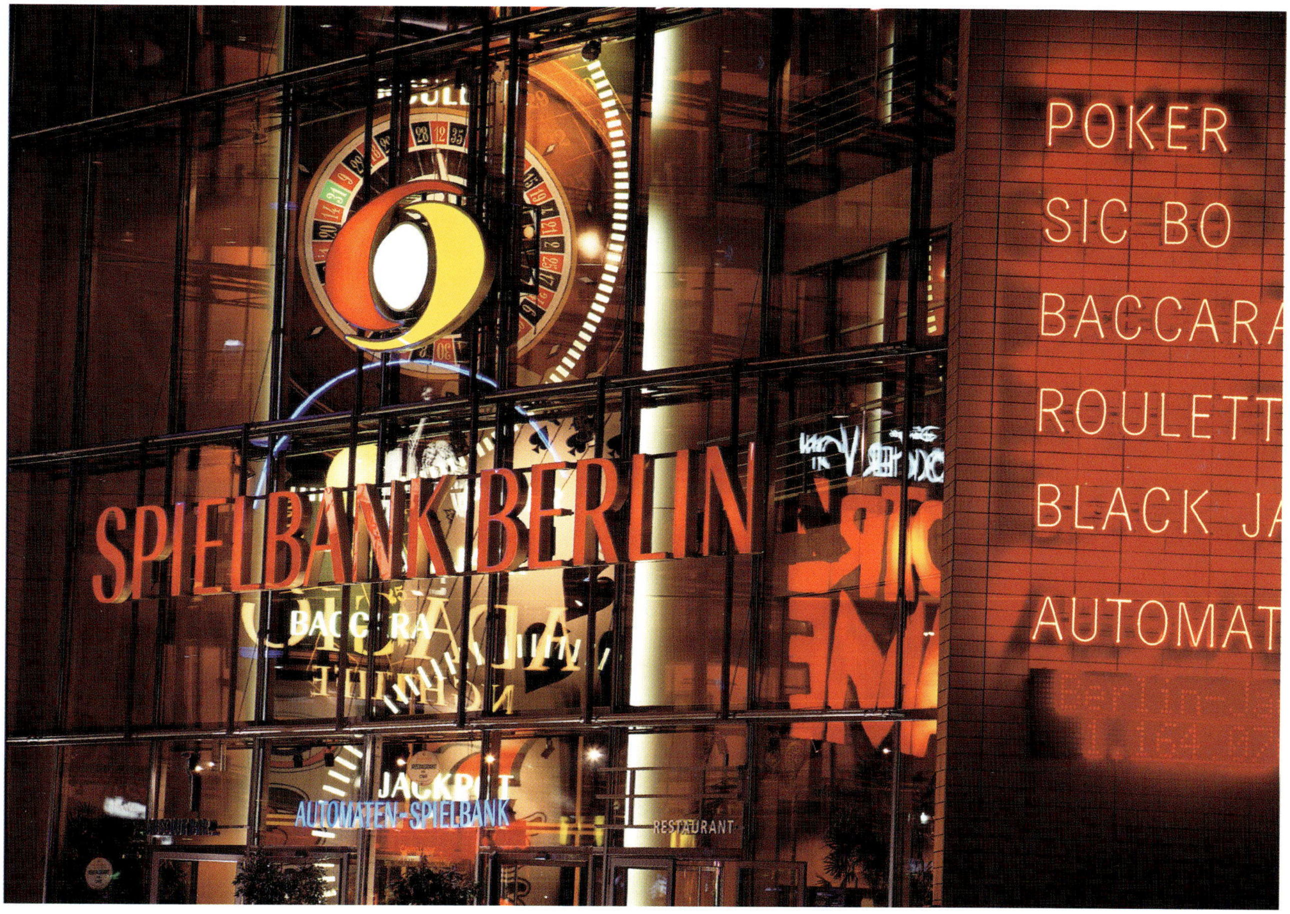

Sind Sie in der Nacht unterwegs, achten Sie auf alles, was beleuchtet ist. Das Zusammenspiel der Farben bringt die Fassade zur Geltung.

bei mehreren Sekunden – was bei Nachtaufnahmen durchaus üblich ist –, erwärmt sich der Sensor und produziert dadurch ebenfalls stärkeres Rauschen. Damit die Bildqualität nicht zu sehr leidet, müssen Sie einen Kompromiss zwischen hoher Empfindlichkeit, kleiner Blende (für große Schärfentiefe) und kürzestmöglicher Verschlusszeit finden.

Gute Nachtaufnahmen sind schon aus technischer Hinsicht schwierig genug. Wenn zur technischen auch noch die gestalterische Perfektion hinzukommt, kann ein in der Nacht aufgenommenes Motiv atemberaubend sein.

Neben der Einstellung der Empfindlichkeit sollte Ihre Kamera für gezielte Nachtaufnahmen auch die Möglichkeit bieten, Blenden und Verschlusszeit manuell zu beeinflussen. Zur Not lässt sich mit der Einstellung für Nachtaufnahmen arbeiten. Je nach Kameramodell haben Sie dann aber keinen Einfluss auf die Empfindlichkeit.

Wenn Sie Ihre Kamera auf ein nächtliches Motiv wie eine angestrahlte Fassade oder eine Straße mit vorbeifahrenden Autos richten und den Auslöser halb durchdrücken, um die Belichtungswerte zu

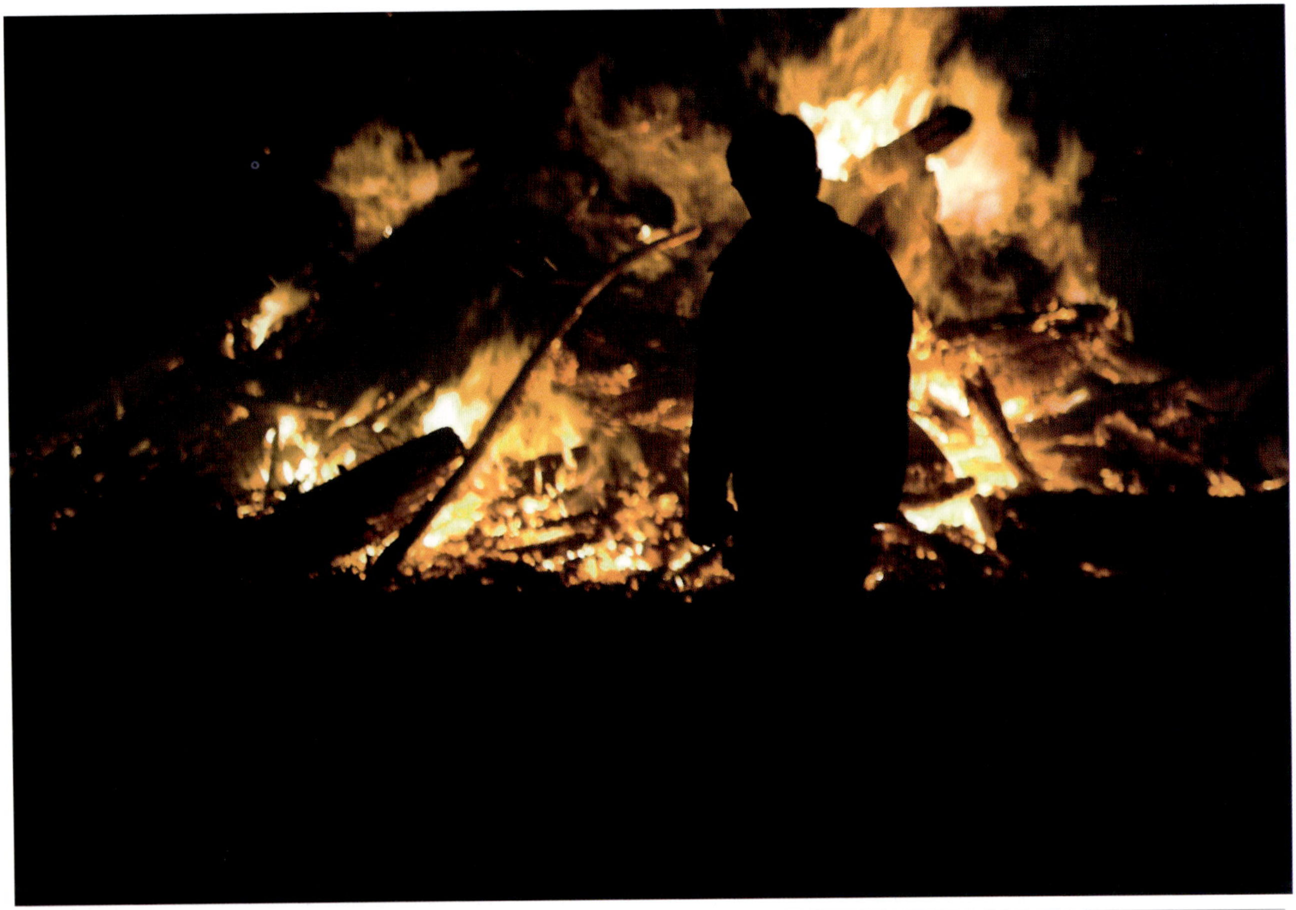

Feuer ist normalerweise nicht ausreichend hell für perfekt belichtete Fotos. Für ein interessantes Gegenlichtmotiv war das Licht des großen Lagerfeuers jedoch vollkommen ausreichend.

messen, wird sie vermutlich Werte für Blende und Verschlusszeit liefern, die das verwacklungsfreie Fotografieren aus der Hand unmöglich machen. Liegt die Verschlusszeit über einem bestimmten Wert – Fotos mit Weitwinkelbrennweiten lassen sich bei ruhiger Hand vielleicht noch mit etwa 1/30 sek machen, Telebrennweiten erfordern noch kürzere Zeiten –, benötigen Sie entweder ein Stativ, müssen die Kamera auf eine stabile Unterlage legen oder sich an eine Wand anlehnen.

Blitzlicht für Motive im Vordergrund nutzen

Fotografieren Sie nachts mit Vollautomatik, wird der Blitz beim Drücken des Auslösers automatisch ausgelöst. Dies ist nicht immer sinnvoll, denn ein weit entferntes Motiv wird vom Blitzlicht nicht erreicht. Steht im Vordergrund am Rand des Blickfelds aber noch ein Baum, ein Mensch oder ein anderes Objekt, wird dieses angestrahlt und lenkt den Blick vom eigentlichen Hauptmotiv ab.

Hier muss man den Blitz abschalten oder auf eine manuelle Belichtungsbetriebsart der Kamera umschalten.

Blickfang im Vordergrund

Manchmal kann es bei Nachtaufnahmen ganz reizvoll sein, einen im Vordergrund befindlichen Blickfang in den Bildaufbau zu integrieren und ihn dazu mit dem Blitz auszuleuchten. Ein Zaun, ein alter, verwitterter Grabstein vor einer Kirche oder vorbeilaufende Personen bringen Dreidimensionalität in ein Foto. Das automatische Belichtungsprogramm für Nachtaufnahmen oder die Kombination aus langer Verschlusszeit und Blitz (oft mit Slow-Sync bezeichnet) ist in solchen Fällen am besten geeignet. Es sorgt einerseits mit langer Verschlusszeit für die richtige Belichtung des entfernten Hintergrunds und andererseits für die Ausleuchtung des Vordergrunds durch den Blitz.

Tipp

Vordergrundmotiv farbig gestalten

Wenn Sie ein Vordergrundmotiv, das durch den Blitz ausgeleuchtet wird, farbig gestalten möchten, halten Sie eine farbige Filterfolie (im Fotofachhandel erhältlich) vor den Blitz (nicht vor das Objektiv!). Das dadurch eingefärbte Licht überträgt die Farbe auf alle Motive, die in Reichweite des Blitzlichts sind.

Dämmerungslicht und Flutlicht kombinieren

Sehenswürdigkeiten wie Kirchen, Denkmäler oder große Brücken werden nachts meistens mit Flutlicht angestrahlt. Dieses allein bewirkt in vielen Fällen keine besonders stimmungsvollen Ansichten auf Fotos. Erst die Kombination aus Flutlicht und dem Licht der Dämmerung ist ideal. Ein

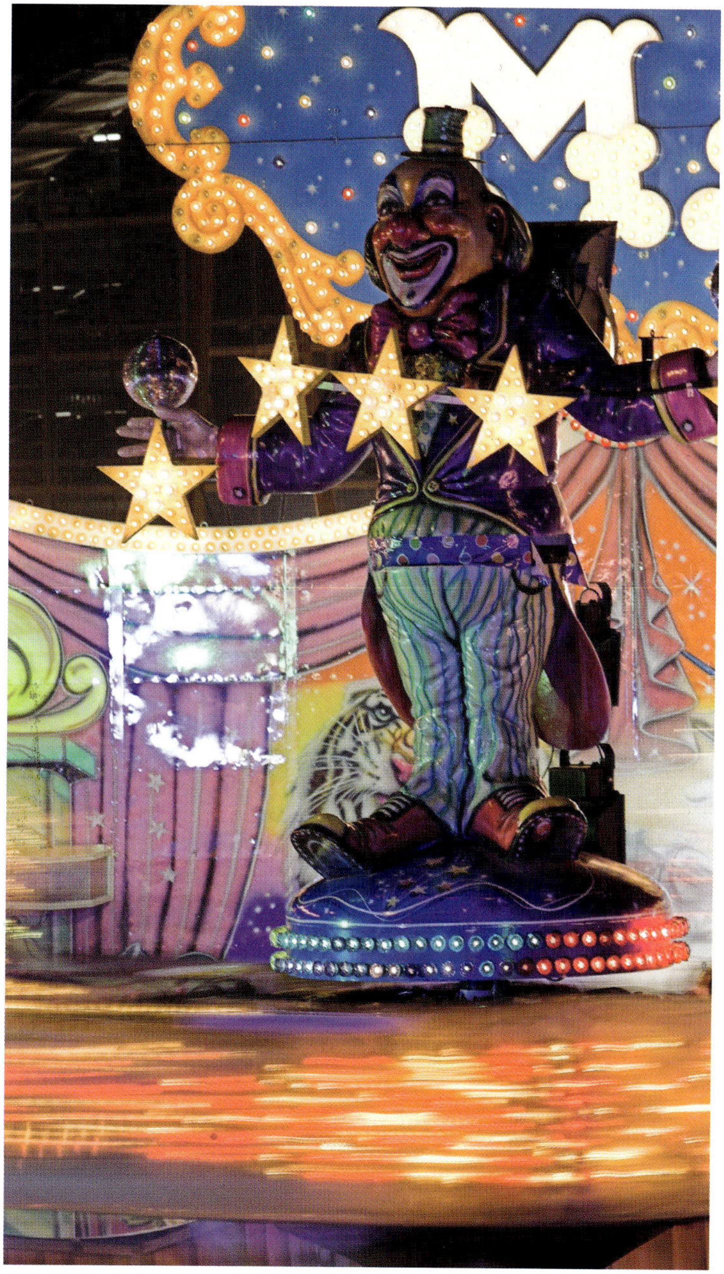

Hier macht die Kombination aus bewegten und unbewegten Motivteilen den Reiz der Aufnahme im Dunkeln aus. Während der beleuchtete Clown still steht, bewegen sich die Kabinen des Karussells und produzieren wegen der langen Verschlusszeit Lichtstreifen.

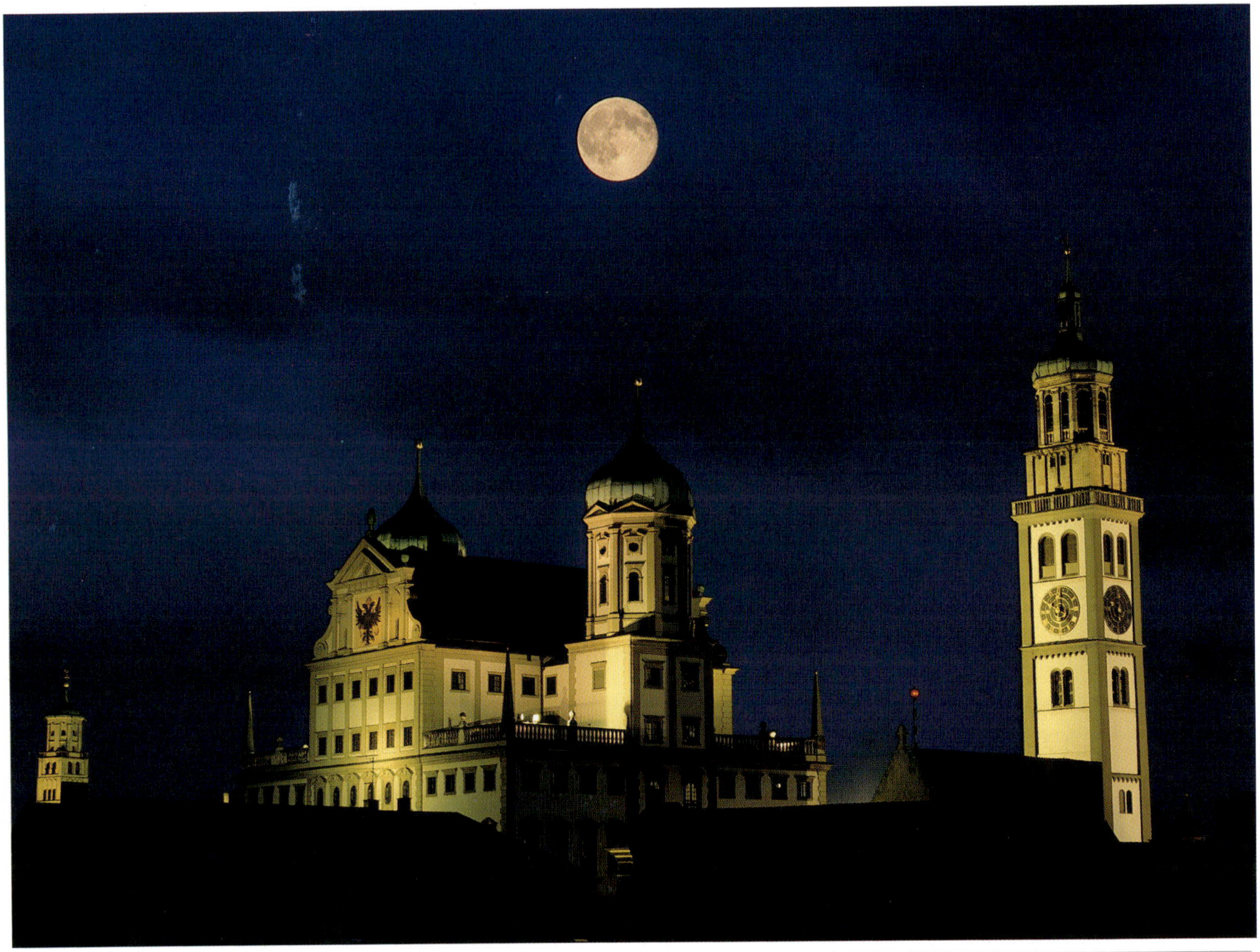

Bedeutende Bauwerke werden nachts mit Flutlicht angestrahlt. Diese Beleuchtung ist zwar ausreichend für Architekturaufnahmen, mit längeren Verschlusszeiten muss man aber dennoch rechnen und ein Stativ dabeihaben.

paar von der untergegangenen Sonne beschienene Wolken geben einen tollen Hintergrund ab. Die Belichtung solcher Motive kann knifflig sein. Hier ist die Spotmessung hilfreich, bei der nur ein kleiner Motivbereich, z. B. der gleichmäßig beleuchtete Teil einer Häuserfront, für die Belichtungswerte vermessen wird. Sehen Sie im Handbuch nach, ob Ihre Kamera diese Art der Belichtungsmessung beherrscht

Motiv mit Flutlicht bei Nacht

Sind Sie im Urlaub und möchten eine bestimmte Sehenswürdigkeit mit Flutlicht in der Nacht fotografieren, erkunden Sie tagsüber den geeigneten Standort. Begeben Sie sich dann mit Stativ und Kamera bei Sonnenuntergang dorthin. Der richtige Zeitpunkt ist entscheidend. Fotografieren Sie zu früh, überlagert das Tageslicht das künstliche Licht. Warten Sie zu lange, bleibt nur noch

> Tipp
>
> **Tipp für interessante Lichteffekte**
>
> Suchen Sie sich eine viel befahrene Straße, eine Kreuzung oder – was besonders interessante Gestaltungen ergibt – einen Kreisverkehr. Stellen Sie die Kamera am besten auf eine etwas erhöhte Position wie eine Brücke, um die Lichtspuren ins Bild hinein- bzw. hinauslaufen lassen zu können.

das Flutlicht, und die Umgebung versinkt in der nächtlichen Schwärze. Machen Sie am besten während der gesamten Stunde direkt nach Sonnenuntergang – der so genannten blauen Stunde – ständig Fotos, und kontrollieren Sie sie auf dem Display. Dann sehen Sie einerseits, ob die Belichtungswerte stimmen, und können andererseits abschätzen, wann das Verhältnis Tageslicht – Flutlicht am wirkungsvollsten ist.

Von fahrenden Autos produzierte Lichtstreifen

Ein echter Klassiker in der Nachtfotografie sind die von fahrenden Autos produzierten Lichtstrei-

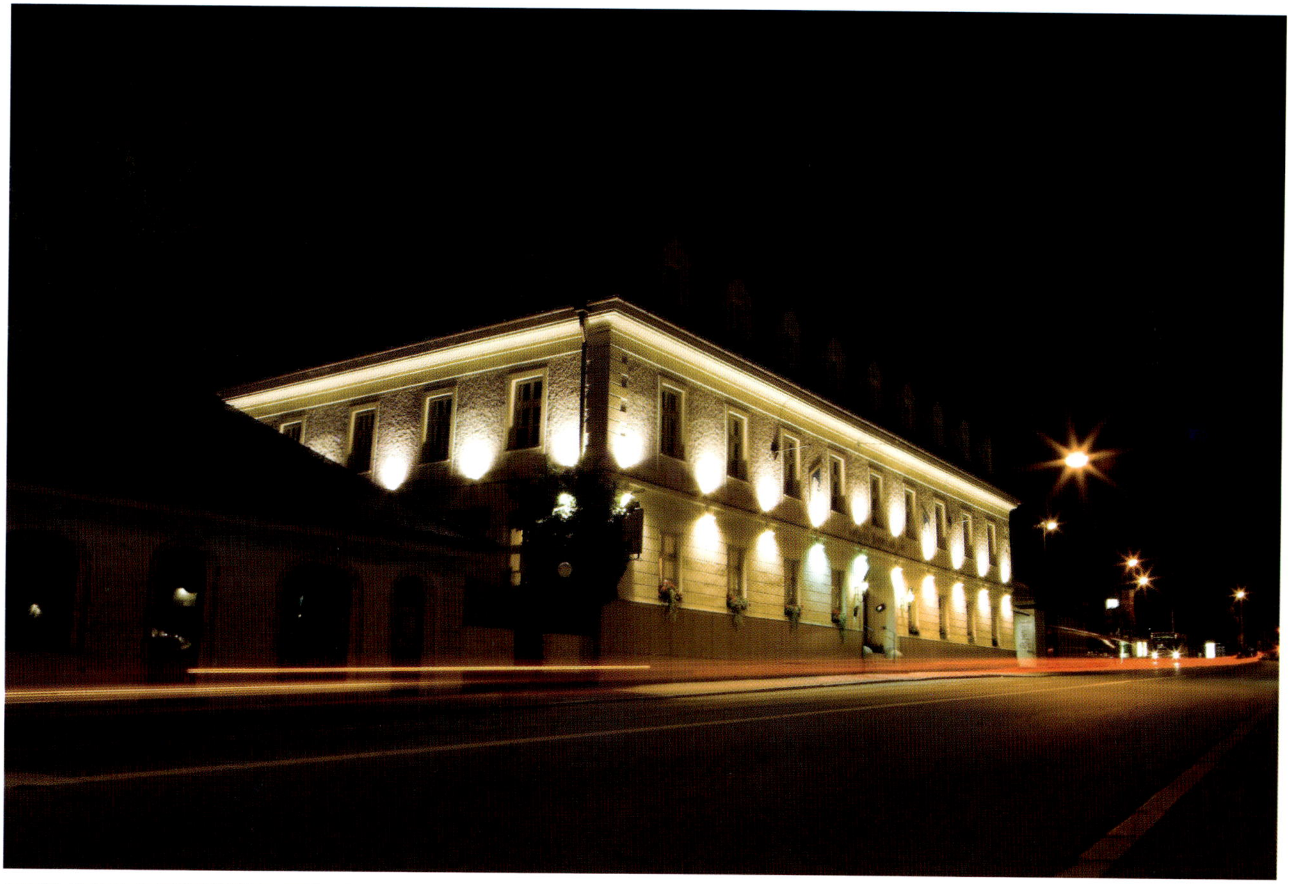

Lichterspuren sind keine fotografische Zauberei. Stellen Sie die Kamera auf ein Stativ, und wählen Sie eine lange Verschlusszeit vor.

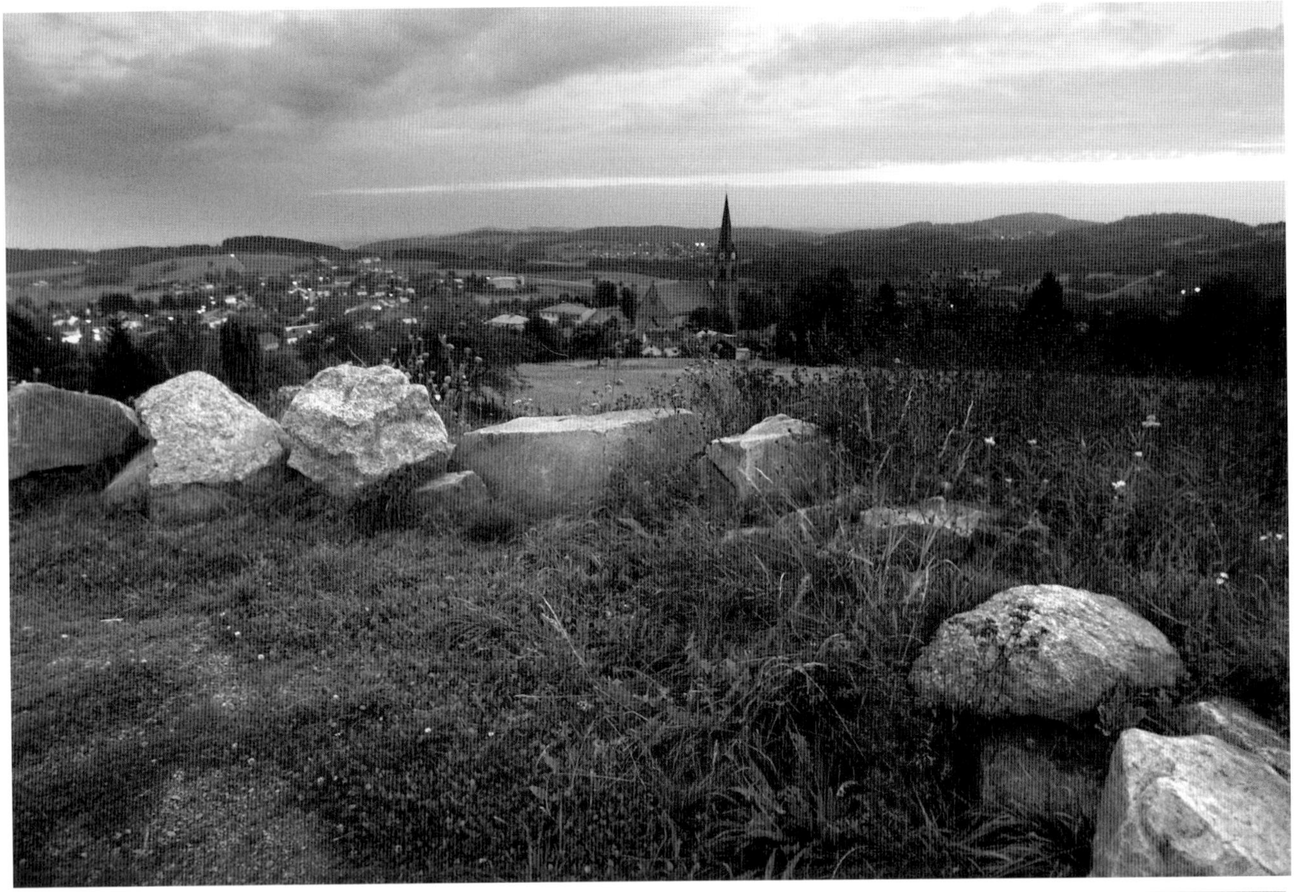

Das Licht der Dämmerung ist schon so schwach, dass man nur mit sehr hoher ISO-Empfindlichkeit noch Fotos aus der Hand machen kann. Dabei wird das Bildrauschen verstärkt. Wird so eine Aufnahme in Schwarzweiß umgewandelt, stört das Bildrauschen kaum noch.

fen. Während von den Fahrzeugen auf den Fotos praktisch nichts zu sehen ist, nimmt der Sensor während einer langen Belichtungszeit von bis zu mehreren Sekunden die roten und weißen Lichter der hinteren und vorderen Scheinwerfer auf und verwandelt sie je nach Dauer der Belichtung in lang gezogene Streifen.

Am besten klappen solche Aufnahmen, wenn Sie an Ihrer Kamera die Belichtung manuell einstellen können. Der integrierte Belichtungsmesser wird aufgrund der Dunkelheit dazu neigen, die Bilder zu hell zu belichten. Eine Alternative zum Ermitteln der richtigen Blende passend zu einer langen Verschlusszeit durch Testaufnahmen ist das Belichtungsprogramm Blendenautomatik (T, Tv) bei gleichzeitiger Reduzierung der Belichtung um zwei Blendenwerte über die Belichtungskorrekturfunktion der Kamera. Ob Ihre Kamera die Blendenautomatik beherrscht und wie sich die Belichtung manuell reduzieren lässt, erfahren Sie in Ihrem Kamera-Handbuch.

Fotografieren Sie mit einer vollautomatischen Kamera – die allerdings für solche Bilder kaum geeignet ist –, achten Sie darauf, den bei Nacht automatisch auslösenden Blitz abzuschalten (siehe Handbuch), um die Autofahrer nicht zu beeinträchtigen.

Aufgrund der langen Belichtungszeiten für solche Fotos müssen Sie mit Stativ arbeiten oder Ihre Kamera auf eine stabile Unterlage stellen. Dann haben Sie allerdings weniger Möglichkeiten, den Bildaufbau zu verändern. Für besonders interessant wirkende Lichtspuren sollten Sie nach Sonnenuntergang fotografieren, wenn noch ein wenig Restlicht den Himmel und die Wolken beleuchtet.

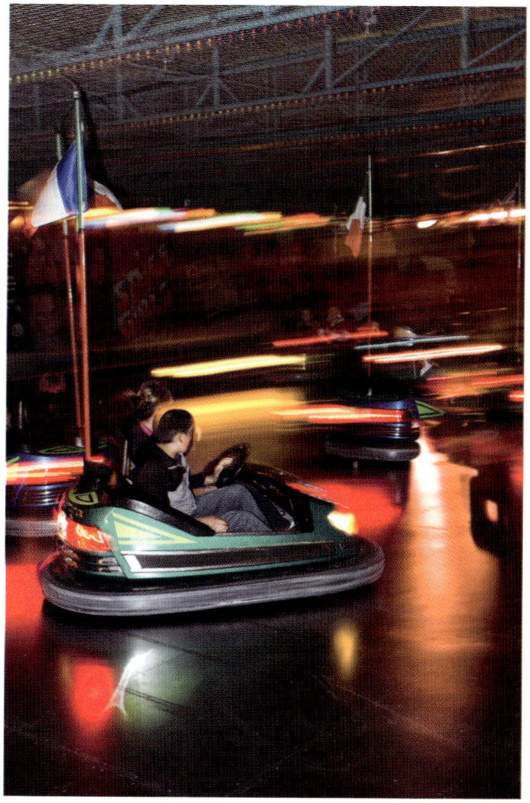

Hier entstanden die Lichtspuren nicht durch das bewegte Motiv wie im Bild auf der vorigen Seite, sondern weil die Kamera die Bewegung des Scooters verfolgt hat. Dadurch verschwimmen die eigentlich statischen Lichter im Hintergrund zu farbigen Streifen.

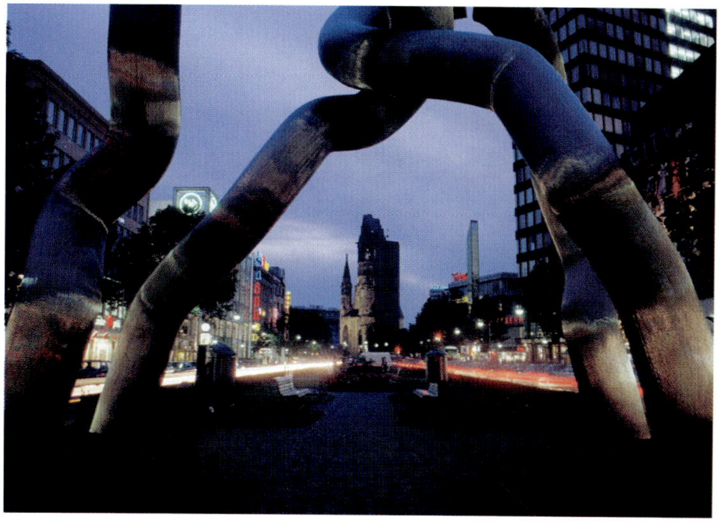

Das Foto ist ein Paradebeispiel für ausgezeichnete Bildgestaltung: Vorder- und Hintergrund sind klar voneinander getrennt, die Skulptur rahmt das Hauptmotiv ein, das Licht der Dämmerung passt perfekt, und die Lichtspuren geben dem eher statischen Motiv Dynamik.

Fotografie im Wechsel der Jahreszeiten

Wetter, Licht und Vegetation verändern sich während des gesamten Jahres ständig. Der Wechsel der Jahreszeiten lässt sich fotografisch anhand einiger ganz typischer Motive und Bildgestaltungen verdeutlichen. Blühende Apfelbäume, aufbrechende Knospen und saftige Wiesen, Menschen am See oder im Urlaub bei knalligem Sonnenlicht, fallende Blätter, Bäume im Nebel und ein Farbenmeer in Rot und Gelb, Schneelandschaften, Eiszapfen und Skifahrer sind nur ein paar der Motive, die sofort mit den jeweiligen Jahreszeiten in Verbindung gebracht werden.

Jede Jahreszeit hat typische Eigenheiten bezüglich des Lichts. Steht die Sonne hoch am sommerlichen Himmel, erzeugt sie viel kürzere Schatten als um die gleiche Tageszeit im Winter. Die Kontraste sind deutlich kräftiger als zu anderen Zeiten. Auch die Lichtfarbe variiert, weil das Licht bei niedrig stehender Wintersonne durch die Atmosphäre auf andere Weise gebrochen wird. Daher ist das Tageslicht im Sommer einen Tick blauer als beispielsweise im Spätherbst. Möchten Sie einer Aufnahme eine etwas andere jahreszeitliche Lichtstimmung verleihen, ist das mithilfe der Bildbearbeitung kein Problem.

Machen Sie sich beim Fotografieren immer klar, in welcher Zeit des Jahres Sie sich gerade befinden. Sie können dann Farben und Lichtintensität, aber auch die für eine Jahreszeit typischen Elemente wie Blüten, Herbstlaub oder Schnee in Ihre Überlegungen zur Bildgestaltung mit einbeziehen.

Frühling – schöne Fotos zu jeder Tageszeit

Sobald der Schnee schmilzt, die ersten Schneeglöckchen und grünen Triebe an Bäumen und Sträuchern erscheinen, bieten sich viele Gelegenheiten für Nah- und Makroaufnahmen. Da die Sonne früh im Jahr noch relativ niedrig steht, können Sie zu praktisch jeder Tageszeit fotografieren, weil seitliches Licht die Formen plastisch erscheinen lässt. Sonnige Tage sind ideal, wenn Sie Motive mit kräftigen Kontrasten fotografieren möchten. An bedeckten Tagen sind die Schatten sehr weich und die Kontraste eher gering.

Frische Knospen an austreibenden Bäumen oder aus dem noch teilweise schneebedeckten Boden sprießende Blumen sind interessante Farbtupfer in der noch ziemlich farblosen Natur. Je länger der Frühling dauert, desto satter werden die Farben auf den Wiesen und an den Bäumen. Auch in den Städten lassen sich Motive finden, die den Frühling zum Ausdruck bringen. Das können die ersten im Straßencafé sitzenden Menschen sein, die noch in dicke Wintermäntel gehüllt sind, spielende Kinder in Parks oder eine Reihe geöffneter Fenster, durch die die Frühlingsluft ins Haus strömt.

Frühlingszeit ist Blumenzeit. Aufgehende Blüten sind immer ein hübsches Symbol für das Erwachen der Natur nach dem Winter. Die Krokusse rechts wurden mit einem 200-mm-Teleobjektiv fotografiert, um den Hintergrund in Unschärfe verschwimmen zu lassen.

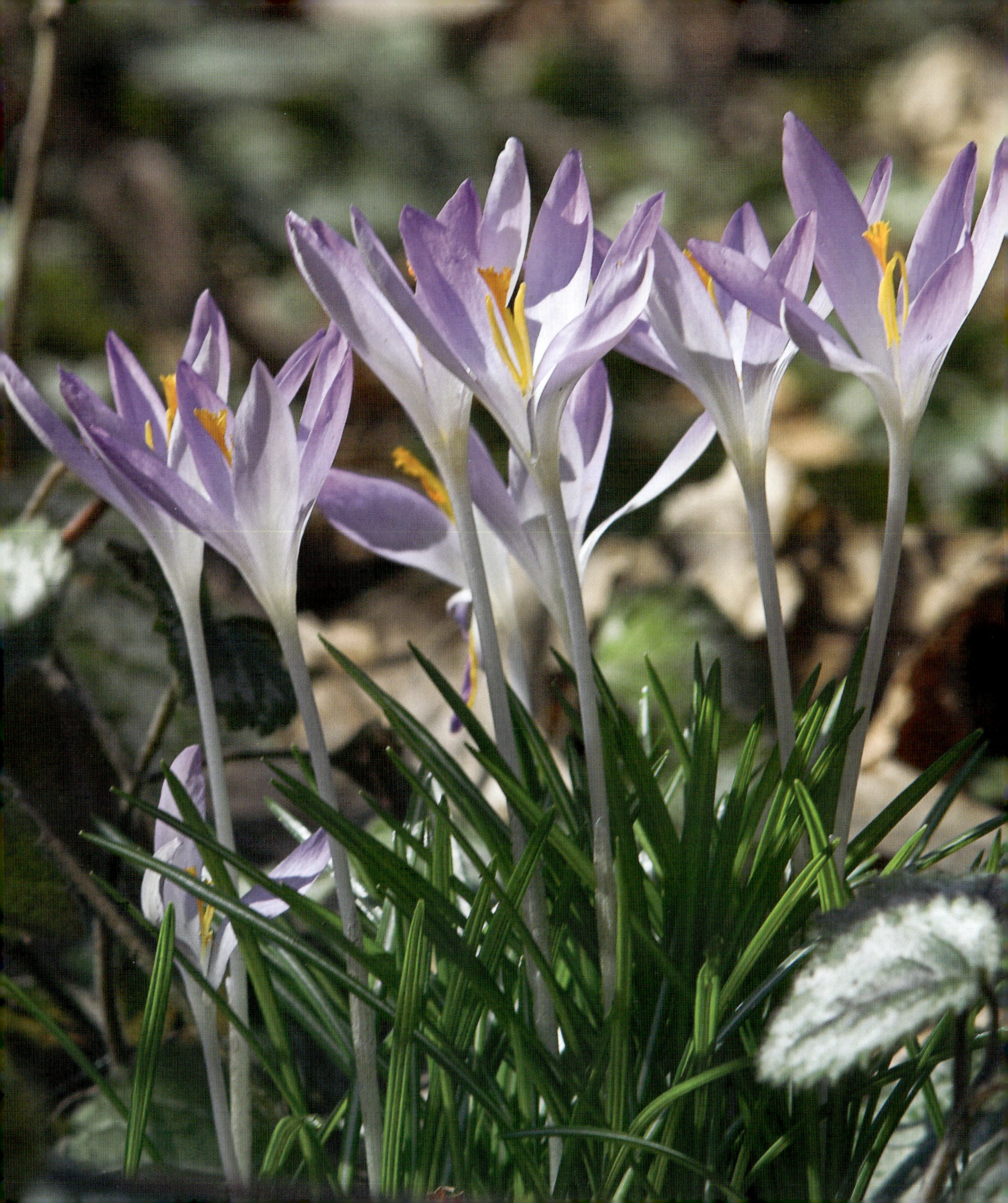

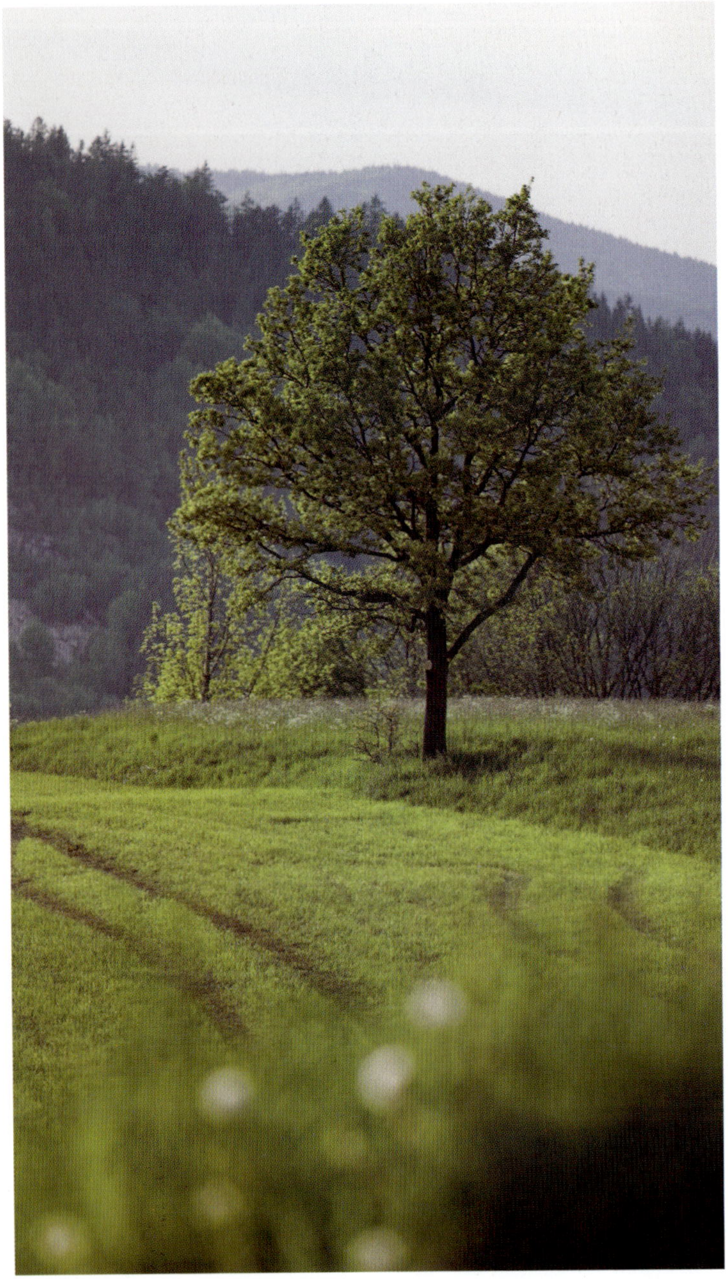

Ist der Frühling schon fortgeschritten, ist Grün in unseren Breitengraden die vorherrschende Farbe. Achten Sie hier auf den korrekten Weißabgleich, da die menschliche Wahrnehmung sehr sensibel auf Farbstiche in grünen Landschaften reagiert.

Der Frühling ist die ideale Jahreszeit, um Motive im Freien zu fotografieren, die man den Winter über nicht gesehen hat. Am besten geeignet für solche Ausflüge sind Digitalkameras, die mit einem Zoomobjektiv ausgerüstet sind. Dadurch haben Sie die Möglichkeit, den Bildausschnitt schnell zu verändern. Sie können außerdem von der weiten Landschaft mit restlichen Schneeflecken bis zu Nahaufnahmen erster Blüten zwischen kurzen und langen Brennweiten wechseln.

Sommer – Licht und Hitze einfangen

Der Sommer ist die Zeit strahlend blauen Himmels, badender Menschen, trockener Feldwege und zuweilen quälender Hitze. Der Sommer lässt sich besonders gut zur Mittagszeit darstellen, wenn die Sonne fast senkrecht steht und die Schatten extrem kurz sind. Zwar sind dann auch die Kontrastverhältnisse besonders hart, tiefe Schlagschatten unter Bäumen oder Sonnenschirmen drücken aber gerade die besonders hoch stehende Sonne aus. Wenn Sie die Belichtung Ihrer Kamera z. B. an einer Wiese oder Straße ausrichten, werden die Schatten dadurch besonders dunkel in den Bildern erscheinen. Bei Menschen, die Sie aus der Nähe fotografieren, können die Schlagschatten unter Augen, Nase und Kinn allerdings unschön wirken. Versuchen Sie, für Porträts im Freien einen schattigen Platz zu finden, der weicheres, aber noch immer ausreichendes Licht für Ihre Aufnahmen bietet.

Stimmung eines Sommertags einfangen

Wenn Ihnen für Ihre Fotos das Licht am Mittag zu kontrastreich erscheint, warten Sie auf die Stunde nach Sonnenaufgang bzw. vor Sonnenuntergang. Die Kombination aus rötlichem Licht der auf- und untergehenden Sonne und länger werdenden

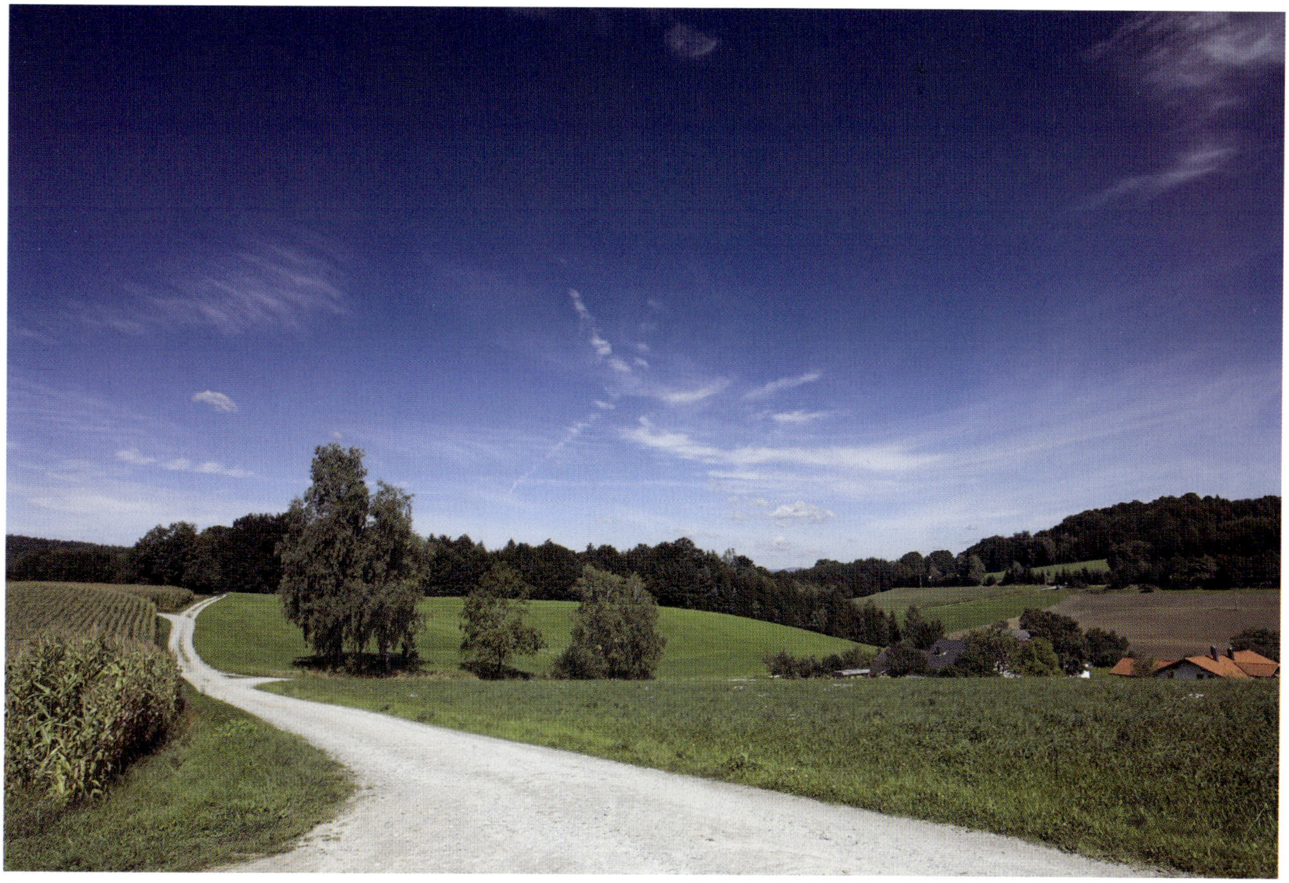

Knallblauen Himmel im Spätsommer kann man verstärken, indem man einen Polfilter vor das Objektiv schraubt. Je nach Lichteinfall und Stellung des Filters – der Polfilter lässt sich drehen – erzielt man damit enorm satte Farben.

Schatten ist ebenfalls bestens geeignet, die Stimmung eines Urlaubs- oder Sommertags einzufangen.

Nah- und Makroaufnahmen im Sommer

Für Nah- oder Makroaufnahmen bieten sich im Sommer eine Vielzahl an Motiven, denn besonders zu dieser Jahreszeit können Sie Schmetterlinge vielfältigster Art und Farben fotografieren. Bei Blütenmotiven haben Sie im Sommer bereits Kontraste zwischen blühenden und ersten verwelkten Blüten, was die fortschreitende Jahreszeit reizvoll verdeutlicht. Wenn Sie aus Ihren Bildern beispielsweise einen Kalender machen möchten, finden Sie in der Natur ideale Blickfänge.

Tipps für gelungene Sommerfotos

Auch die Haupturlaubszeit fällt in den Sommer. Daher bringt jede Art von Urlaubsfoto die Atmosphäre dieser Jahreszeit gut zum Ausdruck. Vor allem zählen natürlich Fotos vom Strand, von Aktivitäten wie Rad fahren, Wandern und Baden, aber auch von typischen Sehenswürdigkeiten zum sommerlichen Repertoire eines Fotografen. Sind

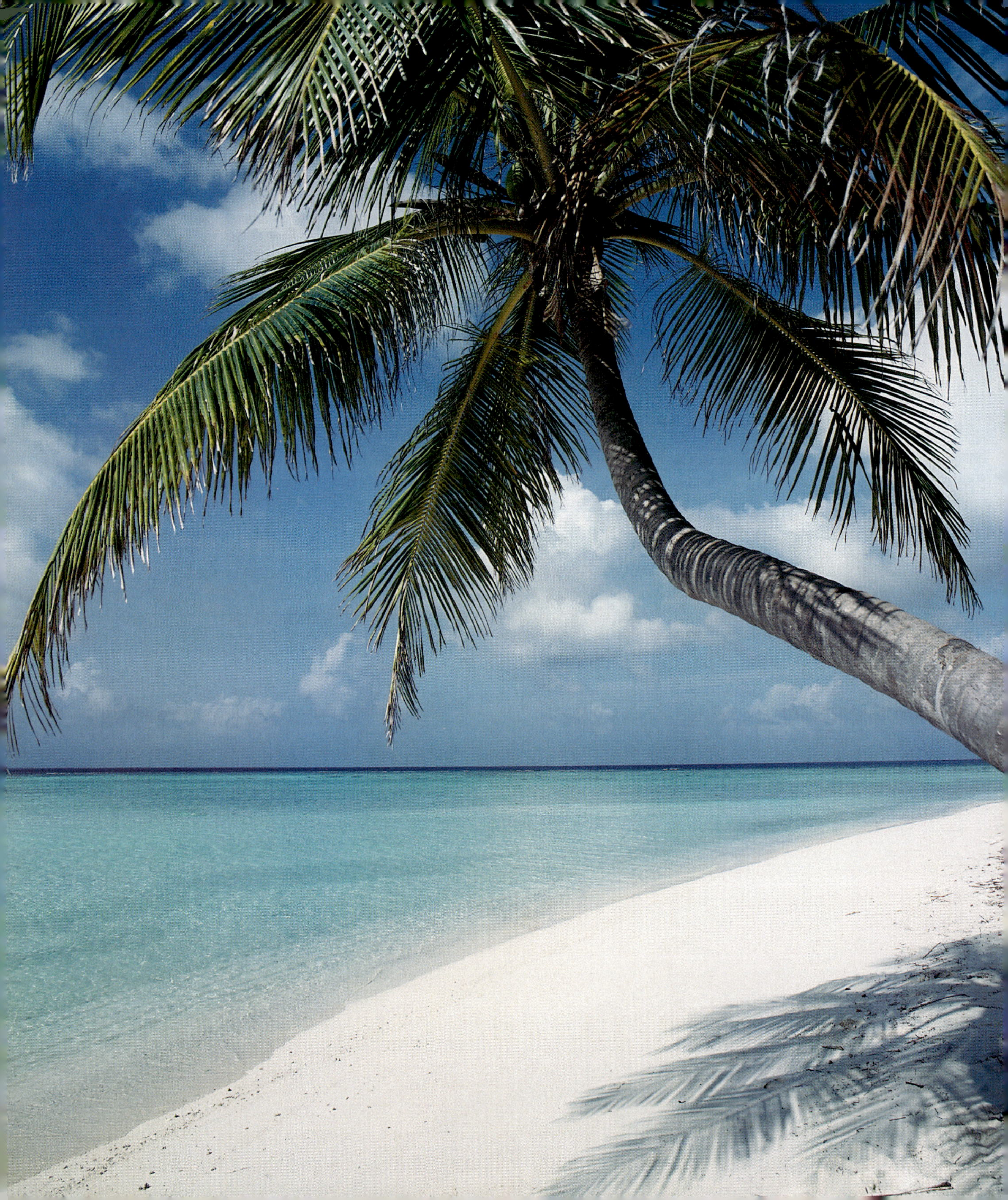

Haben Sie im Urlaub die Gelegenheit, den absoluten Urlaubsstrandpalmen-Fotoklassiker zu schießen – die überhängende Palme am weißen Sandstrand –, warten Sie auf den passenden Augenblick. Denn erst, wenn keine Menschen am Strand zu sehen sind, auch kein Schiff am nahen Horizont ist, das Sonnenlicht fast senkrecht von oben kommt und die Wellen nur sanft ans Ufer branden, dann sollten Sie sich in Ruhe mit einem Stativ in den Schatten stellen und sich Gedanken über die Bildgestaltung machen. Die Belichtung kann knifflig sein, weil das Sonnenlicht harte Schatten erzeugt. Machen Sie zur Sicherheit Belichtungsreihen mit unterschiedlichen Verschlusszeiten. Zumindest eine der Aufnahmen ist dann mit großer Wahrscheinlichkeit ein Treffer.

Sie in einer Stadt unterwegs, sehen Sie sich nach Cafés mit Terrassen um, wo Menschen draußen sitzen und die Sonne genießen. Kaum etwas gibt das sommerliche Flair einer Stadt besser wieder als die Szenerie eines Straßencafés. Und noch ein Tipp für den Stadtbummel: Sehen Sie sich nach Springbrunnen um, an denen Kinder spielen. Die Kombination aus Kindern in bunter Sommerkleidung und dem Glitzern des Wassers kann tolle Effekte produzieren. Bei Fotos mit Wasser hilft ein Polarisationsfilter, zu starke Reflexe zu vermindern und dadurch mehr Details sichtbar zu machen.

Herbst – Farbenpracht und tolles Licht

Wenn Sie sich für die Landschaftsfotografie begeistern, dürfen Sie den Herbst auf gar keinen Fall

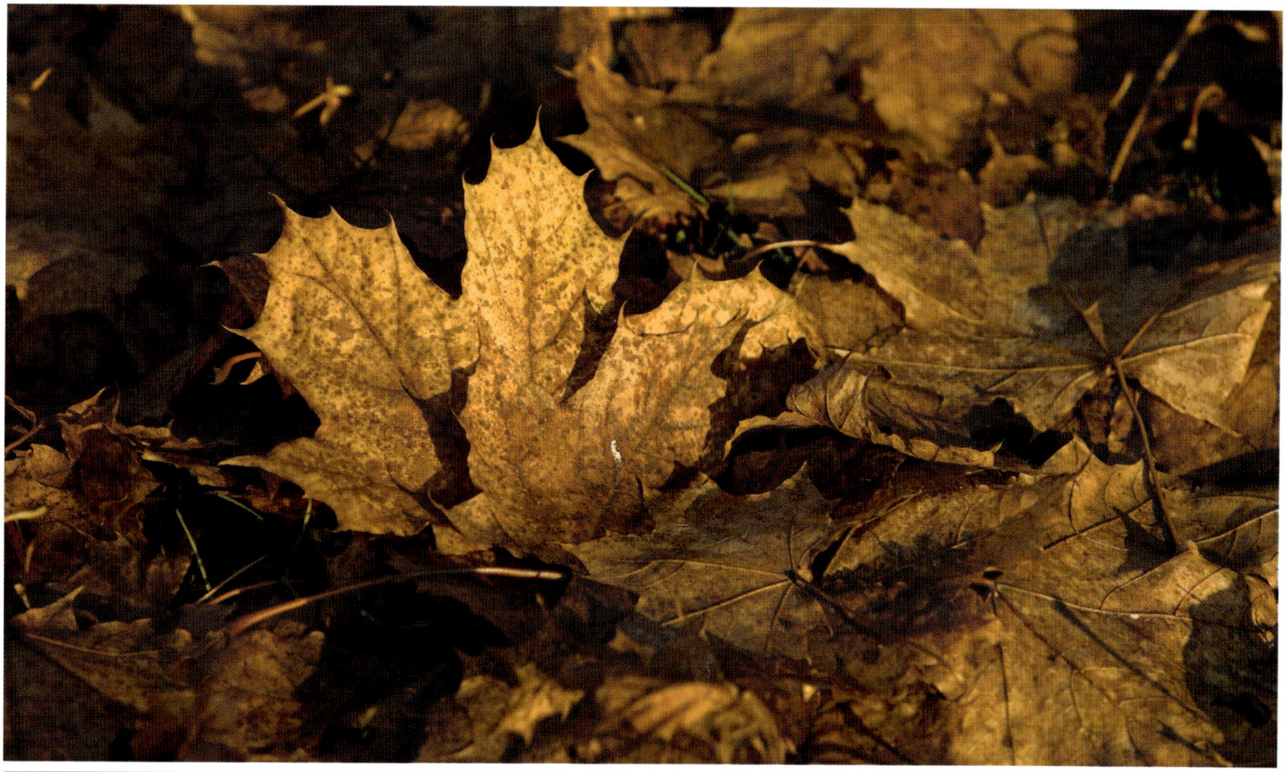

Der Herbst ist die Zeit mit dem wärmsten Licht. Was könnte diese Jahreszeit besser zeigen als welkes Laub bei Sonnenuntergang?

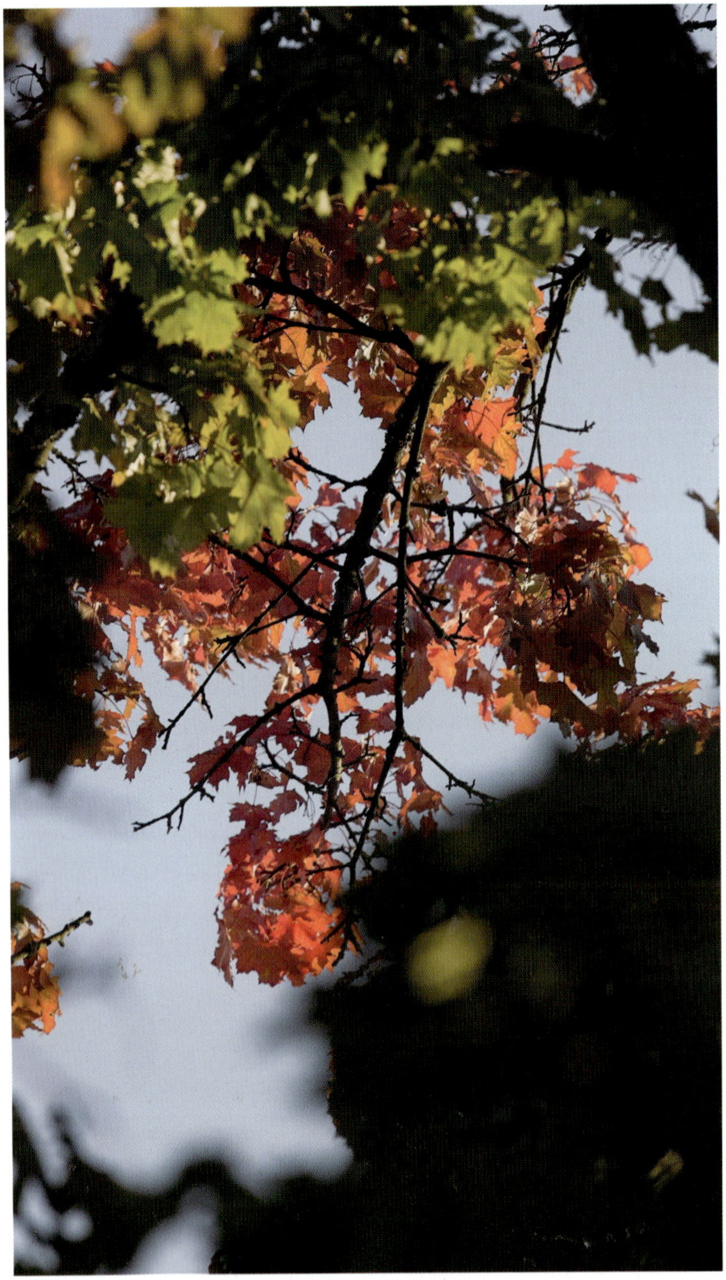

Die ersten roten Blätter an einem Baum sind ein schönes Symbol für den Beginn des Herbstes. Solche Fotos müssen nicht geplant sein, halten Sie für spontane Schnappschüsse einfach die Augen offen, wenn Sie zu Fuß unterwegs sind.

verpassen! Keine Jahreszeit lässt eine solche Vielfalt an warmen Farben entstehen wie der Herbst. Einerseits steht die Sonne schon nicht mehr so hoch am Himmel wie im Sommer, was das Licht fast unmerklich rötlicher erscheinen lässt, andererseits färben die welkenden Blätter der Bäume und Sträucher die Natur in Gelb, Rot, dunkles Grün und Ocker.

Optimale Tageszeiten im Herbst

Noch wichtiger als zu anderen Zeiten ist es im Herbst, Fotos entweder früh oder erst vor Sonnenuntergang zu machen. Dieses Licht verstärkt die Farbigkeit der Natur und taucht sie zusätzlich in intensives Licht. Gehen Sie möglichst an einem wolkigen Tag auch in einen Herbstwald. Das diffuse Licht eines bedeckten Himmels ist ideal für eine ausgewogene Beleuchtung in weichem Licht.

Einige typische Herbstmotive sind Getreidefelder, bunt gefärbte Wälder, der mit Blättern bedeckte Waldboden und Pilze, aber auch die ersten Nebel und Nachtfröste. Sind Sie auf der Suche nach Herbstmotiven, ist eine Kamera mit Zoomobjektiv hilfreich, um bei der Bildgestaltung flexibel sein zu können. Landschaften werden üblicherweise mit Weitwinkelbrennweiten und kleinen Blenden für große Schärfentiefe fotografiert. Hierbei ist ein Stativ sinnvoll, um auch mit längeren Verschlusszeiten noch verwacklungsfreie Bilder zu bekommen. Ist viel Himmel mit im Bild, kann ein Grauverlaufsfilter hilfreich sein, um den Himmel ein wenig abzudunkeln, damit er nicht überbelichtet wird.

Für stimmungsvolle Details wie ein paar welke Blätter, eine Hand voll Pilze oder leuchtend rote Beeren an einem Strauch sind Telebrennweiten gut geeignet.

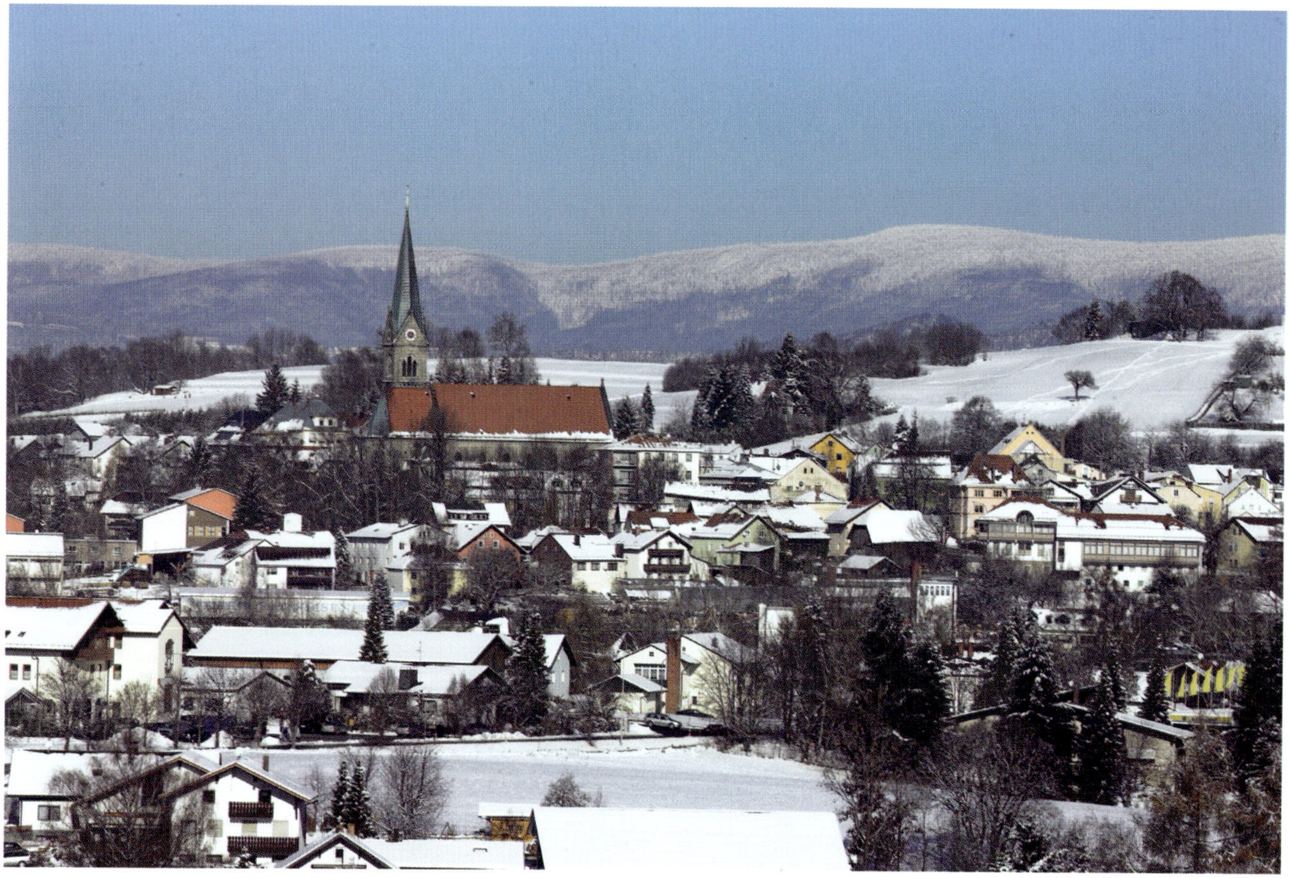

Bilder von Landschaften oder wie hier die Totale eines winterlichen Ortes lassen sich im Winter am besten am frühen Vormittag oder späten Nachmittag machen. Das Licht ist dann relativ sanft, die durch die tief stehende Sonne erzeugten Schatten geben der Landschaft Konturen. Wenn sehr viel Schnee im Bild ist, achten Sie auf die Belichtung. Die Bilder werden dann leicht zu dunkel, weil der Schnee den Belichtungsmesser der Kamera irritiert. Korrigieren Sie die Belichtungswerte in diesem um ein bis zwei Stufen nach oben, z. B. durch die Verlängerung der Verschlusszeit von 1/60 sek auf 1/125 sek oder 1/250 sek.

Winter – Schnee, Eis und blauer Himmel

Den Winter mit Schnee und Eis zu fotografieren ist in Bezug auf die Motivwahl nicht sehr schwierig. Vor allem Landschaften und Landschaftsdetails, aber auch Menschen beim Skifahren, Rodeln, beim Wandern im Schnee oder mit typischen Winteraccessoires wie Handschuhen und Mützen verdeutlichen den Winter sehr gut.

Im Winter bereitet die Belichtungsmessung regelmäßig Probleme. Denn da der kamerainterne Belichtungsmesser auf mittleres Grau geeicht ist, an dem die korrekten Werte für Blende und Verschlusszeit ausgerichtet werden, interpretiert die Kamera hellen Schnee im Bildausschnitt falsch und belichtet zu knapp. Das Resultat sind dann deutlich zu dunkle Aufnahmen. Wenig unterbelichtete Fotos lassen sich zwar mithilfe der Bildbearbeitung retten. Geben Sie Ihre Fotos aber unkorrigiert über einen Fotodrucker aus, sollten

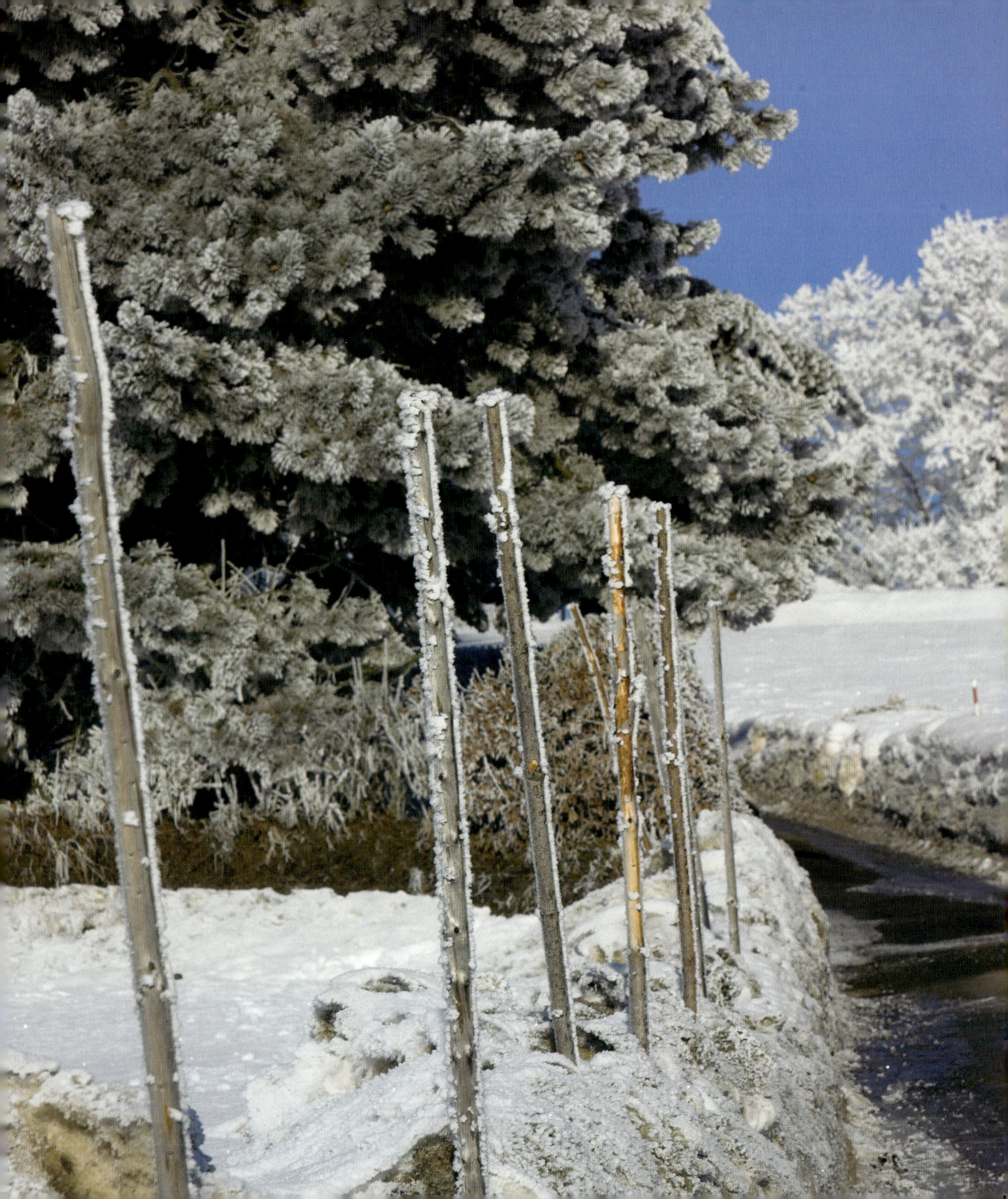

Sie keine allzu professionell wirkenden Ergebnisse erwarten.

Manuelle Belichtungskorrektur einsetzen

Da die Bildqualität bei der Korrektur am PC an Schärfe und Farbsättigung leidet, sollte die Kamera gleich zur richtigen Belichtung eingestellt werden. Das geschieht über die Funktion zur manuellen Belichtungskorrektur. Sehen Sie im Handbuch Ihrer Kamera nach, wie Sie die automatisch errechneten Belichtungswerte manuell kompensieren können, und stellen Sie für Winterfotos mit viel Schnee eine Korrektur von mindestens +1 ein. Verlängern Sie also entweder die Verschlusszeit (z. B. von 1/125 sek auf 1/60 sek) oder öffnen Sie die Blende (z.B. von 5,6 auf 2,8) um eine Stufe. Die Fotos werden dann um den eingestellten Wert heller belichtet. Kontrollieren Sie die ersten Aufnahmen auf dem Kameradisplay, und variieren Sie die Belichtungskorrektur entsprechend. Bei ausgedehnten Schneeflächen kann die nötige Kompensation durchaus auch bei Werten um +2 liegen. Um die Variation der Belichtung zu automatisieren, bieten viele Kameras das so genannte Bracketing bzw. Belichtungsreihen an.

Lichtstimmungen im Winter

Auch im Winter sollten Sie darauf achten, welches Licht vorherrscht. Mittags bei strahlendem Himmel sind die Schatten relativ kurz, Strukturen und Details werden dann wenig konturiert. Im Schatten liegende Schneeflächen erhalten eine bläuliche Färbung und wirken dadurch noch kälter. Die seitlich stehende Sonne am Morgen und am Abend modelliert Landschaften mit langen Schatten und beleuchtet die Umgebung rötlich. Der Kontrast zwischen der Kälte des Winters und dem warmen Licht eines Sonnenuntergangs kann auf Fotos sehr reizvoll sein.

Wenn Sie Frühaufsteher sind, zeigt sich der Winter bei schönem Wetter von seiner intensivsten Seite. Raureif, Eiszapfen und die vereiste Vegetation sind Motive, die sogar im Hochsommer die eisige Luft des Winters in Erinnerung rufen können.

Tipp

Akkus unbedingt vor Kälte schützen

In der Kälte geben Akkus sehr viel schneller als gewohnt ihre Energie ab. Sind Sie im Winter länger unterwegs, nehmen Sie sie aus der Kamera und stecken sie möglichst nah am Körper in eine Tasche. Die Körperwärme hilft dabei, die Ladung der Akkus zu erhalten. Außerdem sollte man im Winter immer einen Ersatzakku dabeihaben.

Table-Top-Fotografie und Stillleben

Im Grunde genommen ist die Table-Top-Fotografie nichts anderes als die Arbeit an Stillleben. Ein Motiv, das aus einem Teil oder mehreren einzelnen besteht, wird aufgebaut, beleuchtet und fotografiert. Der Begriff Table-Top bezeichnet dabei lediglich eine besondere Form des Aufnahmetisches. Table-Tops, deren Größen variieren, werden von unterschiedlichen Herstellern angeboten. Es gibt Tische für Objekte, die zwischen wenigen Zentimetern und bis zu rund einem Meter groß sind. Je nach Größe und Ausstattung mit integrierter Beleuchtung oder Lampenfassungen können diese Tische bis zu mehrere hundert Euro kosten.

Wenn Sie häufig Waren in Online-Auktionen verkaufen, sollten Sie über die Anschaffung eines Aufnahmetisches nachdenken. Ein Table-Top wird Ihnen Ihre Arbeit erleichtern. Zudem wirken die Verkaufsobjekte deutlich hochwertiger, wenn sie professionell ausgeleuchtet vor einem einheitlichen, meist weißen Hintergrund fotografiert werden.

Table-Tops mit unterschiedlicher Ausstattung

Ein Table-Top besteht aus einem Tisch oder Gestell, an dem ein Hinter- bzw. Untergrund meist in Form einer Hohlkehle angebracht wird. Auf diese Weise entsteht hinter dem Motiv ein sanfter Verlauf, der nicht ablenkt. Der mit den Tischen ausgelieferte Hintergrund ist üblicherweise weiß. Man erhält auf Anfrage aber auch einen farbigen oder schwarzen Hintergrund. Je nach Modell werden halbtransparente oder undurchsichtige Hintergrundfolien verwendet. Ein halbtransparenter Hintergrund bietet den Vorteil, dass zusätzlich von hinten oder unten beleuchtet werden kann. Dadurch lassen sich vom Fotoobjekt verursachte Schatten nahezu vollständig eliminieren. Ideal ist das, wenn Sie ein Objekt für eine Fotomontage freistellen möchten. Undurchsichtige Hintergrundfolien gibt es in glänzender und matter Ausführung. Mit glänzenden Folien können Sie interessante Spiegelungseffekte erzielen. Hierfür besonders geeignet ist ein schwarz glänzender Untergrund.

Beleuchtung für Table-Tops

Neben dem Hintergrund, der am Gestell des Table-Tops befestigt wird, gehört zu einem vollständigen Aufnahmetisch die passende Beleuchtung. Sehr einfache Table-Tops bieten keine Möglichkeit, Lampen anzubringen. Besser ausgestattete Modelle haben Halterungen für Lampenfassungen, in die auch normale Glühbirnen geschraubt werden können. Die Lampenfassungen müssen flexibel sein, damit Sie die Lampen ganz nach Bedarf ausrichten können. Die Lichtstärke einzelner Leucht-

Stillleben sind das fotografische Genre, das neben der Landschaftsfotografie wohl am meisten bewusstes Gestalten fördert. Um ein Arrangement egal welchen Themas optimal in Szene zu setzen, brauchen Sie einen Tisch oder eine andere, zu den Motiven passende, Unterlage, verstellbare Lichtquellen und viel Zeit zum Experimentieren. Um das Gefühl für Bildgestaltung zu schulen und Erfahrung im Umgang mit Kamera und Licht zu machen, sind Stillleben ideal.

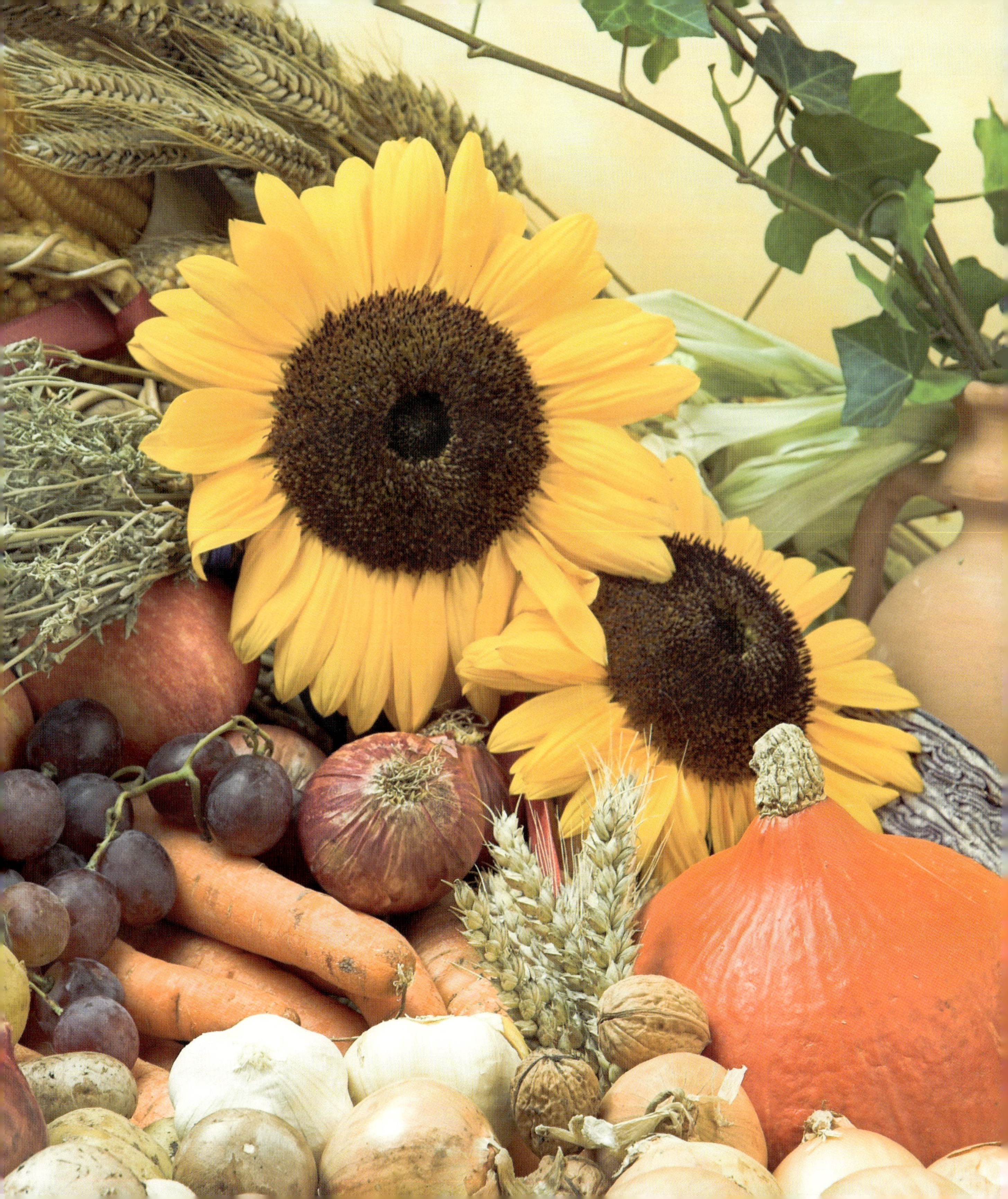

mittel wird bei Glühlampen durch den Abstand zum Motiv, alternativ mittels eines Dimmers oder auch durch unterschiedliche Leistungen der eingesetzten Glühbirnen variiert. Besitzen Sie bereits ein kleines Heimstudio mit Studioblitzgeräten, können Sie diese natürlich ebenfalls verwenden. Die Lichtintensität ist dann über Regler an den Blitzgeräten einstellbar.

Für eine besonders weiche Ausleuchtung kann man Table-Tops mit so genannten Lichtzelten aufrüsten. Dabei wird eine halbtransparente Hintergrundfolie in einem Bogen über das Motiv gespannt und die Beleuchtung über diesem Bogen platziert. Die Folie weicht das Licht auf, und es entstehen auf und unter dem Motiv keine harten Schlagschatten.

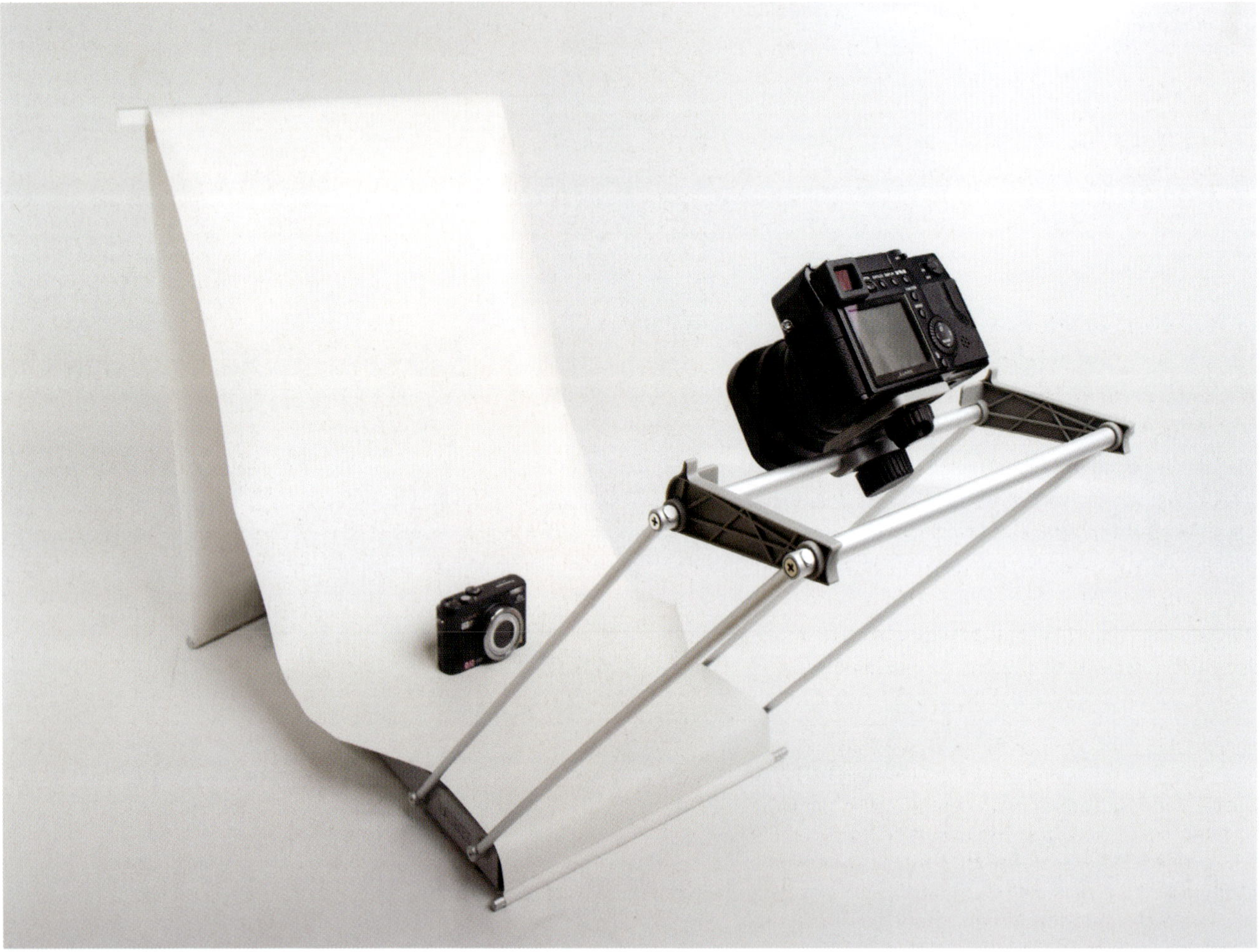

Das Studio-out-of-the-Box von Kaiser Fototechnik (www.kaiser-fototechnik.de) ist eine günstige Lösung für professionelle Produktaufnahmen, wie sie für Online-Auktionen benötigt werden.

Tipp

Perfekte Aufnahmen für Online-Auktionen

Gehen Sie für Aufnahmen, die für Online-Auktionen bestimmt sind, so nah wie möglich mit der Kamera an das Verkaufsobjekt heran. Achten Sie darauf, nicht zu verwackeln. Unscharfe Fotos wirken dilettantisch und machen misstrauisch. Will der Verkäufer vielleicht kleine Fehler kaschieren? Wählen Sie eine Perspektive, die möglichst viel vom Objekt zeigt, um so viel Information wie möglich in das Foto zu packen. Sie sollten in der Regel immer ein Table-Top oder einen gleichmäßigen weißen Hintergrund verwenden. Strukturierte Tischplatten, Tücher oder Teppiche lenken stark vom Gegenstand ab.

Halterung oder Stativ für Stillleben

Nur in Ausnahmefällen – wie beim Studio- out-of-the-Box – haben Table-Tops auch eine Halterung für Ihre Kamera. Geeignet sind solche Halterungen in der Regel nur für digitale Kompaktkameras. Ist die Haltevorrichtung am Aufnahmetisch fest montiert, lässt sich dadurch die Perspektive bei der Aufnahme nur eingeschränkt variieren. Flexibler können Sie mit einem Stativ die Blickrichtung und damit auch den Bildausschnitt wählen. Arbeiten Sie mit einer schweren Spiegelreflexkamera, benötigen Sie sowieso ein Stativ, da die Halterungen

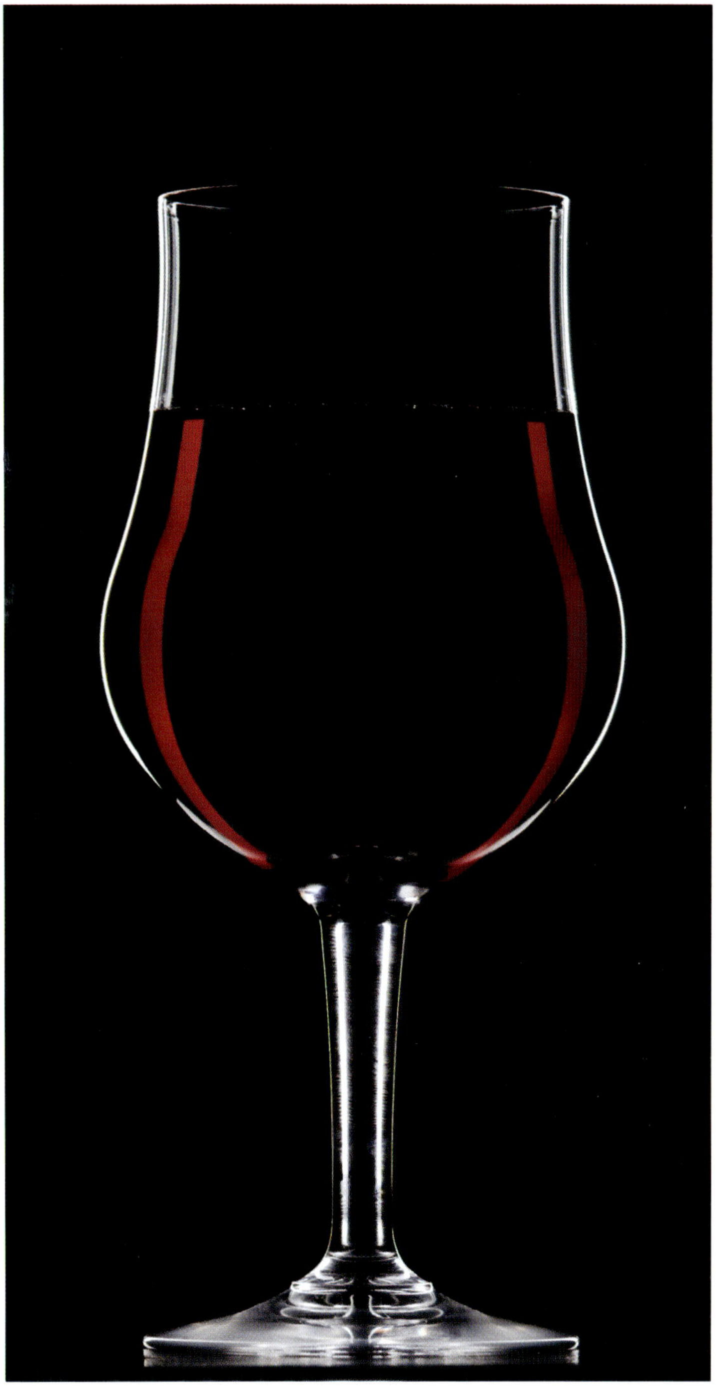

Wenn Sie sich schnell ein Erfolgserlebnis beim Fotografieren von Stillleben wünschen, versuchen Sie es mit einem gefüllten Weinglas. Stellen Sie das Glas vor eine Lichtquelle, am besten mit Softbox (alternativ einen mit Backpapier bespannten Rahmen vor der Lichtquelle aufstellen). Decken Sie dann den mittleren Teil des hellen Hintergrunds mit schwarzem Karton ab. Sorgen Sie dafür, dass der Raum beim Fotografieren so dunkel wie möglich ist, um Reflexe im Glas zu vermeiden. Die hinter dem Glas befindliche Lichtquelle ist dann für die Lichtsäume am Rand verantwortlich. Tasten Sie sich an die richtigen Belichtungswerte am besten durch einige Versuche heran, und löschen Sie die verunglückten Bilder einfach wieder.

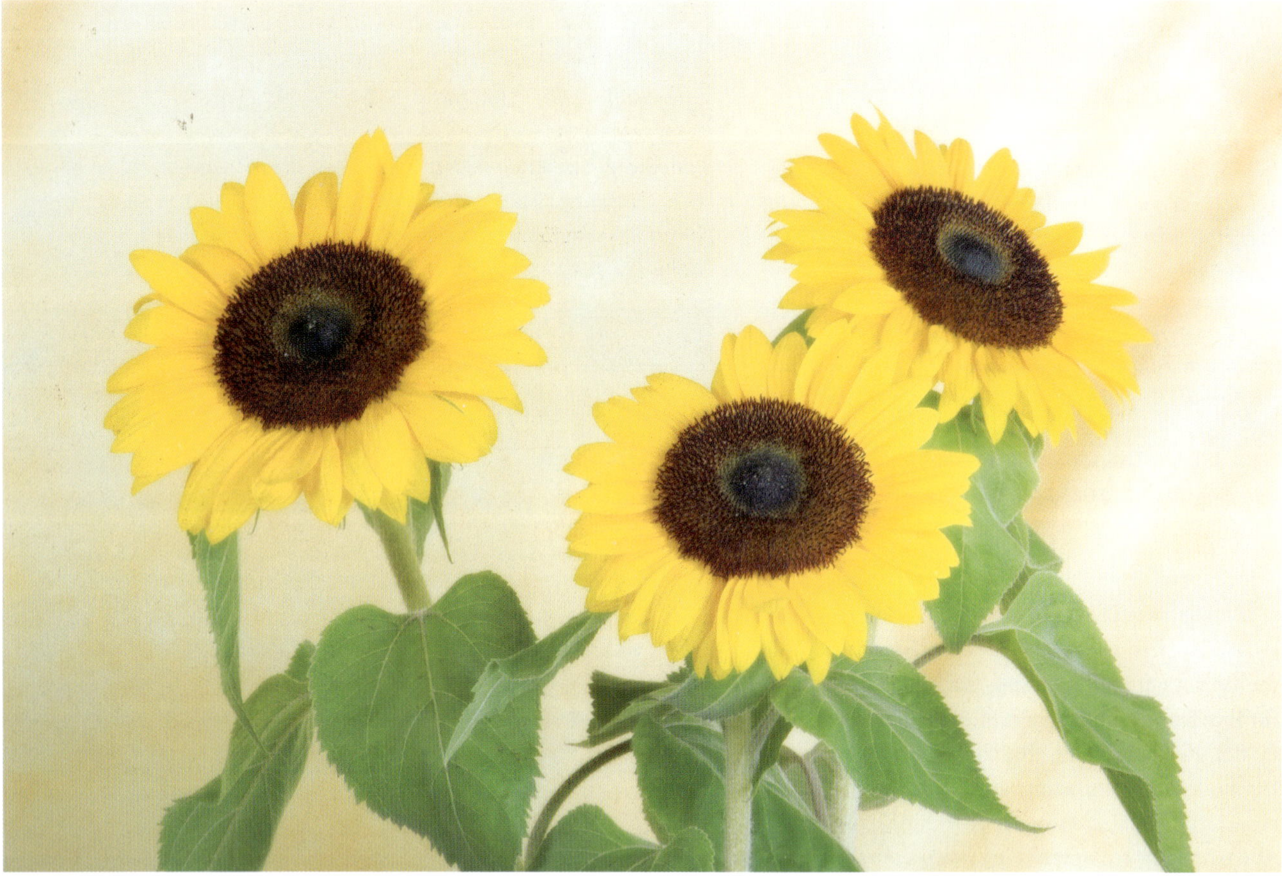

Ein passender Hintergrund und eine Hand voll blühender Sonnenblumen – mehr ist für ein schönes Stillleben nicht nötig.

von Table-Tops für das Gewicht solcher Kameras nicht geeignet sind.

Ein Stativ oder eine Halterung ist in jedem Fall ratsam, da für die Objektfotografie auf einem Table-Top für maximale Schärfentiefe kleine Blenden notwendig sind. Diese wiederum machen längere Verschlusszeiten nötig, wenn Sie mit dem Licht von Glühlampen fotografieren. Zudem hilft ein Stativ dabei, bewusster zu arrangieren und somit professionellere Aufnahmen zu erzielen.

Stillleben offenbaren fotografische Qualität

Stillleben mögen nicht gerade im Trend liegen, haben aber einen festen Platz im Repertoire der meisten Künstler und Fotografen. Denn die Beschäftigung mit leblosen Objekten für eine gelungene Fotografie ist eine große Herausforderung. Beim Stillleben kommt es besonders auf die Kreativität des Fotografen und seinen Blick für gelungene Arrangements, abgestimmte Farben und eine stimmige Beleuchtung an. Wenn Sie Ihr Auge schulen und in der Bildgestaltung Fortschritte machen wollen, sollten Sie sich ab und zu mit dem Thema Stillleben beschäftigen.

Für Stillleben eignet sich fast alles: Schuhe, Nägel, Werkzeuge, Blumen und Tücher, Gläser, Lebensmittel, alltägliche Gebrauchsgegenstände, Münzen oder Spielzeug – mit allem Möglichen lassen sich interessante Arrangements gestalten. Alte Töpfe, Teller, Besteck, Kleidung und Stoffe vom Flohmarkt können zum Fundus interessanter Gegenstände gehören, die eine Geschichte zu erzählen haben. Wann immer etwas Ihre Aufmerksamkeit auf sich zieht, sollten Sie darüber nachdenken, ob es nicht für ein paar Versuche mit der Kamera geeignet wäre.

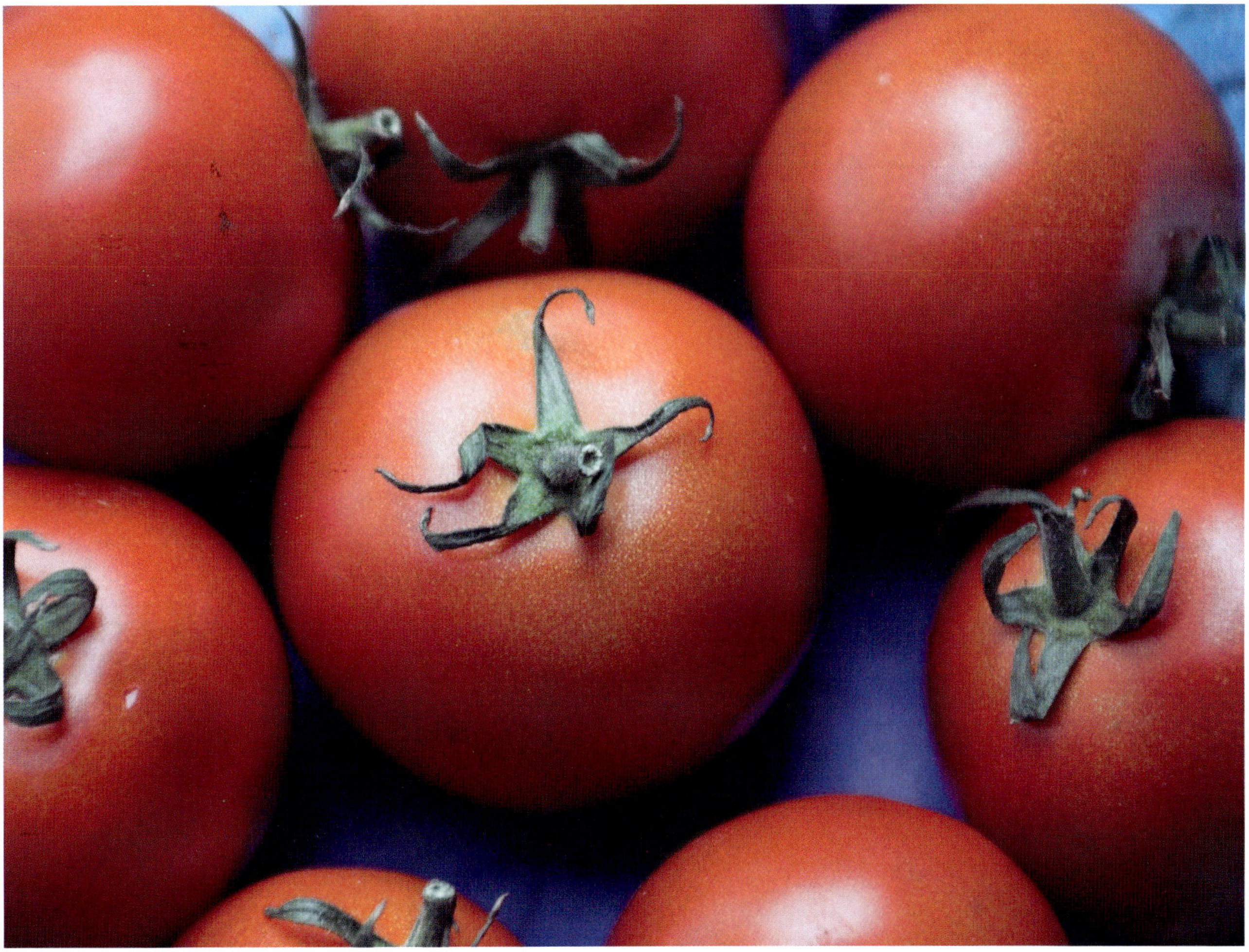

Bei scheinbar einfachen Motiven wie den Tomaten kommt es neben bewusst gewählter Ausleuchtung vor allem auch auf die Bildgestaltung an. Deshalb erscheint die mittlere Tomate ein wenig links oberhalb der Bildmitte.

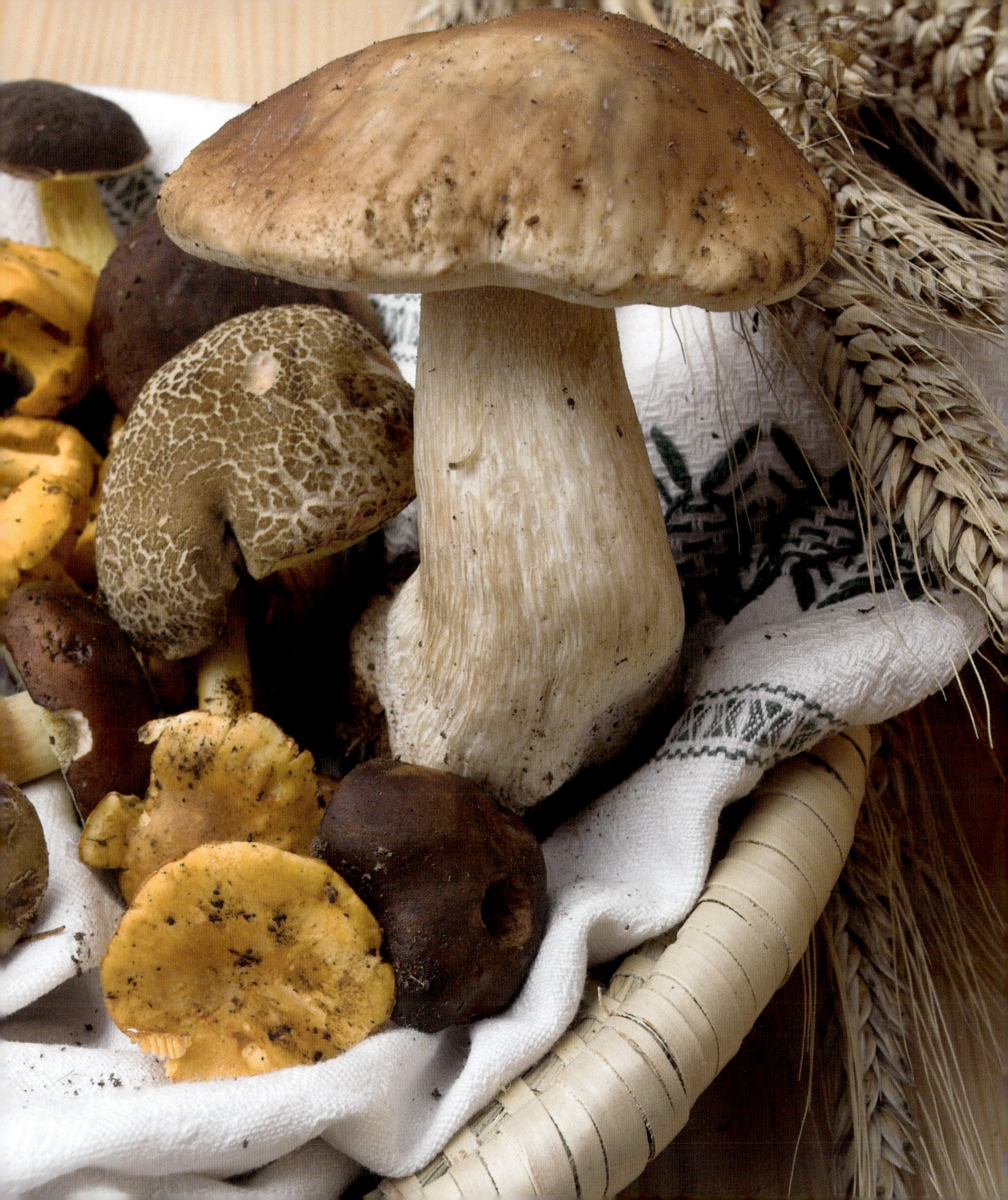

Der Hintergrund unterstreicht die Bildwirkung

Was für Requisiten gilt, sollte auch für den passenden Hintergrund gelten: Fällt Ihnen ein bestimmter Hintergrund ins Auge, merken Sie ihn sich für die spätere Verwendung. Denn für die Bildwirkung eines Stilllebens sind Hinter- und Untergrund ganz entscheidend. Die Umgebung wird in erster Linie durch die gewählten Motive bestimmt. Ein Arrangement aus altem Geschirr benötigt wahrscheinlich einen stilistisch passenden Tisch oder eine Tischdecke. Der Hintergrund kann farbig oder weiß sein. Eine altmodische Tapete könnte ebenso den passenden Rahmen abgeben wie eine Wand mit abbröckelndem Putz, zerschlissene Stoffe oder ein Gemälde. Moderne Stillleben mit metallischen oder gläsernen Objekten entfalten ihre beste Wirkung eher vor einem schwarzen oder weißen Hintergrund.

Tipps für den letzten Kick

Manchmal fehlt trotz des passenden Hintergrunds der letzte Kick. Bei Gegenständen aus Metall oder Glas hilft Wasser. Eine Sprühflasche, wie sie zum Benetzen von Grünpflanzen verwendet wird, ist perfekt geeignet, um Wassertropfen auf ein Stillleben zu bringen.

Mit Spiegelungen arbeiten

Möchten Sie mit Spiegelungen arbeiten, können Sie entweder Spiegel als Untergrund einsetzen, oder Sie verwenden schwarzes Plexiglas. Spiegel können problematisch sein, da sie neben den Motiven des Stilllebens auch Gegenstände in nächster Nähe zeigen können. Schwarzes Plexiglas ist einfacher zu handhaben und erzeugt ebenfalls perfekte Spie-

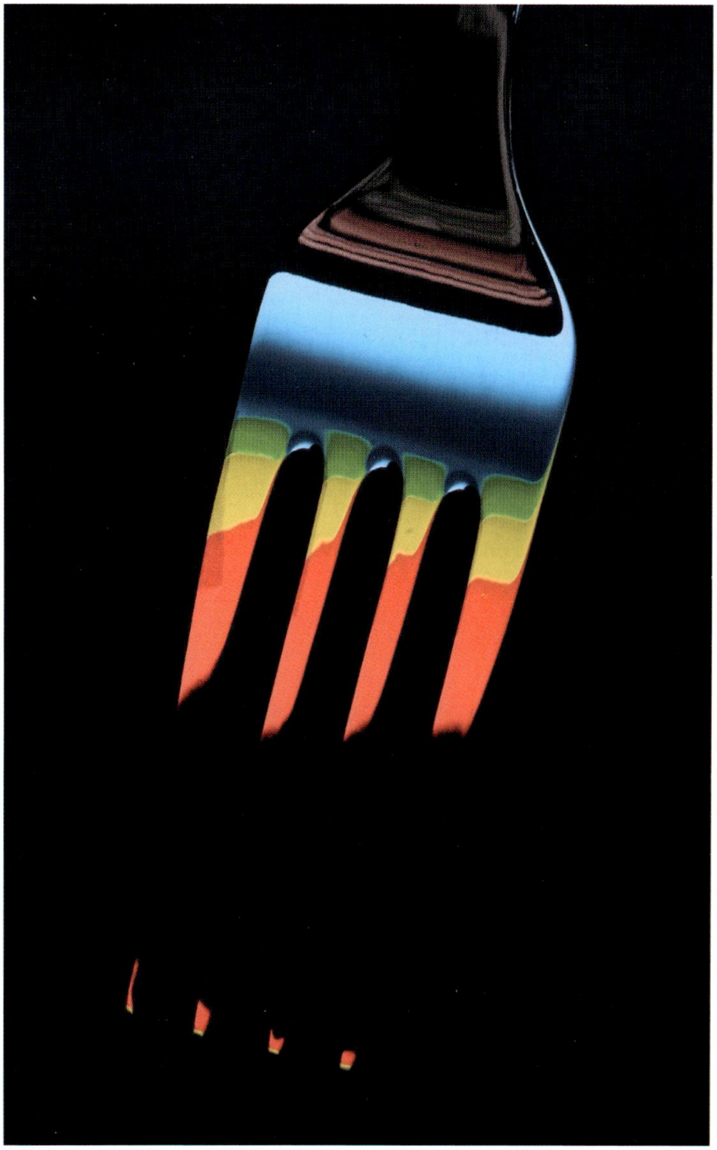

Die vor schwarzem Hintergrund in einem abgedunkelten Raum aufgenommene Gabel bekam Ihre Farbe von einem mehrfarbigen Kartonfächer. Der Fächer wurde mit einer Lampe angestrahlt, die hinter der Gabel stand. In der Gabel sieht man die Reflexion.

Für Stillleben ist nicht immer Studiobeleuchtung notwendig. Dieses Arrangement wurde ausschließlich mit natürlichem Licht fotografiert. Dazu wurde ein Fenster mit Transparentpapier abgehängt, um das Sonnenlicht weicher zu gestalten.

gelungen. Um Farbe in polierte Gegenstände zu bringen, können Sie bunte oder regenbogenfarbene Papiere einsetzen, die Sie im Schreibwarenladen bekommen. Platzieren Sie das bunte Papier so, dass es selbst nicht auf dem Foto zu sehen ist, sich jedoch in den Oberflächen der polierten Gegenstände spiegelt. Einfarbige Flächen nehmen dadurch die Farben des Papiers an.

Wie man eine gewünschte Lichtsituation erzielt

Neben dem Bildarrangement ist die Lichtgestaltung ein weiterer Faktor, bei dem Sie Ihrer Kreativität freien Lauf lassen können. Von einer weichen Ausleuchtung mit sanft modellierenden Formen und Strukturen bis hin zu harten schwarzen Schatten, die die Motive zerteilen, ist alles möglich. Aber wie erzielt man die gewünschte Lichtsituation?

Weiche Ausleuchtung

Haben Sie vor einer terrakottafarbenen Wand eine Vase mit getrockneten Blumen aufgestellt und möchten eine romantische Stimmung erzeugen, benötigen Sie eine weiche Ausleuchtung. Fensterlicht, durch das die Sonne nicht direkt hereinscheint, liefert besonders diffuses Licht für so eine Szene. Hängen Sie das Fenster mit transparentem Stoff oder Papier ab, wird das Licht zusätzlich gestreut. Einen ähnlichen Effekt erzielen Sie mit einem Blitz, vor dem eine Softbox montiert ist. Aber auch eine einfache Lampe hinter einer Milchglasscheibe kann zur weichen Ausleuchtung verwendet werden.

Harte Schatten

Harte Schatten – zum Beispiel für ein Stillleben technischer Geräte – erzielt man mit Blitzgeräten oder Lampen. Aber auch das durch ein Fenster einfallende Licht der Mittagssonne lässt harte Schatten entstehen. Falls Sie für eine punktförmige Ausleuchtung lediglich einen kleinen Lichtfleck benötigen, können Sie das Fenster mit einem schwarzen Karton abdecken und einen Spalt oder eine kreisförmige Öffnung freilassen.

Licht in Schattenpartien

Gerade bei direkter, harter Ausleuchtung versinken die dem Licht abgewandten Motivseiten in völliger Schwärze, und auf den Fotos ist später keine Zeichnung mehr zu erkennen. Um trotzdem ein wenig Licht in die Schattenpartien zu bekommen, sollten Sie je nach Größe der Motive ein paar Reflektoren oder Spiegel so platzieren, dass sie im späteren Bild nicht zu sehen sind und dabei trotzdem das Licht der Hauptlichtquelle in die Schatten hinein reflektieren. Dies ist vor dem Festlegen des Bildausschnitts und dem Betätigen des Auslösers der letzte und mitunter wichtigste Schritt beim Arrangement eines Stilllebens.

Index

A

B

D

E

F

G

H

N

O

P

R

S

Bildnachweis

Fotos:
Christian Haasz (www.haasz.net)
außer:

FOTOLIA (www.fotolia.de):
Anatoly Tiplyashin: S. 65; mako: S. 67
Peggy Guder: S. 68; Philip Date: S. 69
PhotoEuphoria: S. 70; Marzanna Syncerz: S. 71
Duard Vd Westhuizen: S. 70
Tomasz Wojnarowicz: S. 84

MEV Verlag GmbH, Augsburg (www.mev.de):
S. 30, 31, 32, 34 links, 63, 64 links, 66, 72, 73, 79, 82, 85, 86, 87, 88, 91, 95, 101, 102, 103, 107, 109, 110, 111, 114, 119, 128, 129, 132, 135 oben, 140

SIGMA Deutschl. GmbH (www.sigma-foto.de): S. 42